Sprache und Fremdsprache

Jutta Prasse (Dr. phil.; 1941-2004) war lacanianische Psychoanalytikerin in Berlin. Unter dem Pseudonym »Dora Winkler« war sie zugleich Übersetzerin literarischer Texte. **Claus-Dieter Rath** ist Psychoanalytiker in Berlin.

Jutta Prasse

Sprache und Fremdsprache. Psychoanalytische Aufsätze

Herausgegeben von Claus-Dieter Rath

[transcript]

Bibliografische Information der Deutschen Bibliothek
Die Deutsche Bibliothek verzeichnet diese Publikation in der Deutschen Nationalbibliografie; detaillierte bibliografische Daten sind im Internet über http://dnb.ddb.de abrufbar.

Umschlaggestaltung und Innenlayout:
Kordula Röckenhaus, Bielefeld
Herstellung: Andreas Hüllinghorst, Bielefeld
Druck: Majuskel Medienproduktion GmbH, Wetzlar
ISBN 3-89942-322-4

Gedruckt auf alterungsbeständigem Papier mit chlorfrei gebleichtem Zellstoff.

Besuchen Sie uns im Internet:
http://www.transcript-verlag.de

Bitte fordern Sie unser Gesamtverzeichnis und andere Broschüren an unter:
info@transcript-verlag.de

Inhalt

Vorwort

Bevor Jutta Prasse die Psychoanalyse entdeckte, befaßte sie sich in Freiburg und Wien mit germanistischen und romanistischen Studien und mit der Linguistik.

Mailand und später Paris waren die Orte ihrer psychoanalytischen Ausbildung. Mitte der siebziger Jahre, in einer Zeit des regen Austauschs zwischen vielen jungen Mailänder Analytikern und ihren Lehrern und Kollegen aus Jacques Lacans *École Freudienne de Paris* begann sie, in der norditalienischen Metropole zu praktizieren. Lacans Lehre, die das Unbewußte in die Sprache einrückt, ermöglichte ihr einen »theoretischen Ansatz der Praxis [...], von dem ich mich in meinem bisherigen Interesse und in meiner Lust an Sprachlichem, Sprachtheoretischem betroffen und beunruhigt fühlte«. In jenen Jahren interessierte sie aber auch, wie Lou Andreas-Salomé und Georg Groddeck sich mit Fragen der Weiblichkeit beschäftigten; sie beteiligte sich an der italienischen Edition einzelner Schriften der beiden. Zudem begann sie, für Verlage als »Autoren-Scout« tätig zu werden.

Im Frühjahr 1978 wurde Jutta Prasse – anläßlich des Symposiums »Lacan lesen« – Mitgründerin der *Sigmund-Freud-Schule Berlin*. Drei Jahre später ließ sie sich in Berlin nieder. Ihre Rückkehr nach Deutschland verband sie mit der Frage: »Konnte ich Lacans Theorie auf Deutsch erfassen, deutsch denken, galten die Begriffe und Denkweisen noch, waren sie noch für mich verbindlich, griffen und ergriffen sie mich noch, wenn sie mühsam ins Deutsche eingeführt, in Freuds Sprache übersetzt wurden, gab es da ein Zurück, konnte ich das Erlernte und Erfahrene heimholen in den Sprachraum der Kindheit?« Dieses »Heimholen« praktizierte sie allerdings nicht nur in ihren zahlreichen psychoanalytischen Vorträgen, von denen einige im vorliegenden Band abgedruckt sind, sondern auch in einem Zweitberuf, denn sie schuf sich unter dem Pseudonym Dora Winkler »eine zusätzliche Praxis als Übersetzerin literarischer Texte«, darunter Romane von Fruttero und Lucentini (aus dem Italienischen), von Barbara Pym (aus dem Englischen) und von Irène Némirovsky (aus dem Französischen).

Nach der Auflösung der *Sigmund-Freud-Schule* war sie Mitgründerin und Präsidentin der Berliner *Psychoanalytischen Assoziation ›Die Zeit zum Begreifen‹* (1988), Mitbegründerin der überregionalen *Assozia-*

tion für die Freudsche Psychoanalyse (1993) und der *Freud-Lacan-Gesellschaft. Psychoanalytische Assoziation Berlin* (1998), und sie war Mitglied der *Fondation Européenne pour la Psychanalyse* (seit 1991).

Ihre etwa 60 psychoanalytischen Veröffentlichungen sind im Anhang aufgeführt. Sie sind in der Mehrzahl Vorträge bei Tagungen psychoanalytischer Organisationen oder von Institutionen, die ein Interesse für die Psychoanalyse zeigten. Erschienen sind sie u.a. in den Zeitschriften *Der Wunderblock, Riss, Fragmente, Arbeitshefte Kinderpsychoanalyse, Brief der Assoziation ›Die Zeit zum Begreifen‹, Brief der Freud-Lacan-Gesellschaft.*

Ihr lag an Übermittlung und Lehrbarkeit. Wenn sie etwas begriffen hatte, setzte sie alles daran, es zu veranschaulichen. Und so interessierte sie auch die Darstellung psychoanalytischer Themen in den Massenmedien. Ihr lag nichts daran, ja, sie haßte es sogar, die Unsagbarkeit des Unsagbaren oder des Noch-Nicht-Sagbaren zu vermitteln. (Das galt für Freuds Arithmetik ebenso wie für Lacans Matheme.) Und verrätselnde Ausdrucksweisen – ob Gerede oder Jargon – waren ihr ein Graus. Um so mehr konnte sie demjenigen geduldig zuhören, der versuchte, sich aus solchen Verstrickungen herauszuarbeiten.

Sechs der hier versammelten 14 Texte wollte Jutta Prasse ausdrücklich in einem Buch veröffentlicht wissen: ihre letzten drei, noch unveröffentlichten, Arbeiten: »Das Raubtier« (James), »Der Sinn der Gattung« und »Kleine Zutaten«. Hinzu kam ihre in manchen Momenten autobiographische Arbeit »Fremdsprache«, die um Johann Peter Hebels »Kannitverstan« kreist. Drei ältere Aufsätze erwähnte sie in einem Buchprojekt ihres Berliner Arbeitskreises *Literatur und Psychoanalyse,* nämlich »›Kück‹ und Sprung«, »Seldwyla oder Eine ideale Mutter« und schließlich eine siebte Arbeit – »Die Verkörperung des Rätsels. Zu Kleists *Die Marquise von O.*« – die in ihrem Nachlaß allerdings nur als Fragment existiert; als ausformulierte Vorfassung kann eine italienische Publikation zum Thema gelten[1].

Die psychoanalytische Autorin Jutta Prasse orientiert sich an Freud und Lacan und kommt doch ohne Fachsprache, ohne Jargon aus. Jedes Kapitel dieses Buches entfaltet anhand eines Stückes Literatur ein Thema aus dem Liebesleben. Henry James, Gottfried Keller oder Charles Dickens sind dabei Bundesgenossen der Psychoanalytikerin bei der Erforschung des weiblichen und männlichen Begehrens, des Mutterideals oder von Sexualität und Wissen, also eines psychoanalytischen Generalthemas, das sie meist im Hinblick auf das uns Menschen eigene radikale Nicht-Wissen-Wollen untersucht.

Da sie den Freudschen Witz liebt, verbindet sie Seriosität und

---

1. Jutta Prasse: »Il padre incubo«, in: *COSA FREUDIANA, Bollettino di psicanalisi*, Nr. 10/11, Rom 1996, S. 73-82.

Komik, auch wenn sie Tragisches und – ihr Lieblingsthema – Rührendes behandelt. Sie zeigt, wie wir versuchen, uns im eigenen Leben etwas haltbare Realität zu konstruieren – etwa im Familienroman – und skizziert die Vorgehensweise des Psychoanalytikers, der nicht zu Erzählungen darüber, »wie es wirklich war«, ermuntert, sondern diese eher zerlegt, um sie für das unbewußte Begehren zu öffnen. Doch wie die Erfahrung der Psychoanalyse darstellen? Der Psychoanalyse als Kur und als Forschung, in bezug auf den Einzelnen und in bezug auf die auch nach über 100 Jahren noch kaum bekannten Gebiete und Strukturen? Sie weist auf das von Lacan – und auch von Freud – sogenannte *Reale* hin, als etwas, das im Gegensatz zu der von uns sinnlich wahrnehmbaren *Realität* steht: ein sich entziehender, nicht formulierbarer Rest, den man aber mit kulturellen Mitteln einfassen, umschreiben und punktuell erschließen kann.

Für ihre Texte gilt, was Jutta Prasse an den Beiträgen eines von ihr mit herausgegebenen Buches hervorgehoben hat: »fast alle handeln vom Übersetzen. Vom Übersetzen von einer sogenannten natürlichen Sprache in eine andere [...], vom Übersetzen zwischen dem Unbewußten und dem, was man zu sagen beabsichtigt, vom Übersetzen dessen, was man nicht sagen kann und will.«[2]

Jutta Prasse, 1941 in Freiburg im Breisgau geboren, starb im Frühsommer 2004 in Berlin.

***

Der Titel »Sprache und Fremdsprache« bezieht sich auf die Fremdheit unserer eigenen Sprache; sie ist uns nicht angeboren, doch nur durch sie können wir leben, begehren, träumen, lieben und begreifen.

Claus-Dieter Rath

2. Jutta Prasse: »Zu diesen Texten«, in: Jutta Prasse/Claus-Dieter Rath (Hg.): *Lacan und das Deutsche. Die Rückkehr der Psychoanalyse über den Rhein*, Freiburg i. Br. 1994, S. 9-10.

»Kück« und Sprung: Ein paar Bemerkungen zur Deutung in der Psychoanalyse und in der Literatur

In seinem Witzbuch erzählt Freud eine Geschichte, die sich mir immer wieder aufdrängt, wenn ich über Anwendungen der Psychoanalyse auf andere Gebiete der sogenannten Geisteswissenschaften nachdenke:

»Im Tempel zu Krakau sitzt der große Rabbi N. und betet mit seinen Schülern. Er stößt plötzlich einen Schrei aus und äußert, von den besorgten Schülern befragt: ›Eben jetzt ist der große Rabbi L. in Lemberg gestorben.‹ Die Gemeinde legt Trauer um den Verstorbenen an. Im Laufe der nächsten Tage werden nun die aus Lemberg Ankommenden befragt, wie der Rabbi gestorben, was ihm gefehlt, aber sie wissen nichts davon, sie haben ihn im besten Wohlbefinden verlassen. Es stellt sich endlich als ganz gesichert heraus, daß Rabbi L. in Lemberg nicht zu jener Stunde gestorben ist, in der Rabbi N. seinen Tod telepathisch verspürte, da er immer noch weiter lebt. Ein Fremder ergreift die Gelegenheit, einen Schüler des Krakauer Rabbi mit dieser Begebenheit aufzuziehen. ›Es war doch eine große Blamage von eurem Rabbi, daß er damals den Rabbi L. in Lemberg sterben gesehen hat. Der Mann lebt noch heute.‹ ›Macht nichts‹, erwidert der Schüler, ›*der Kück von Krakau bis nach Lemberg war doch großartig.*‹«[1]

Als wie großartig oder, schlichter angesetzt, als wie überzeugend sich der »Kück« von der Psychoanalyse hinüber zur Literatur zu erweisen hat, jedes mal neu, wenn er unternommen wird, dafür soll mir diese Anekdote als Apolog dienen. Bekanntlich hat die Tradition der psychoanalytischen Deutung von Literatur eine kontroverse Geschichte, auf die einzugehen geraume Zeit in Anspruch nehmen würde. Ich will mich auf einige wenige Punkte beschränken, die ich für die heute uns interessierenden ansehe, und versuchen, sie an dieser kleinen Geschichte zu veranschaulichen, auch wenn ich mir natürlich dabei bewußt bin, sie überzustrapazieren.

Wenn wir also einmal ganz unverfroren Krakau als das Gebiet, das Terrain der Psychoanalyse (in ihrer besonderen Verschränkung

1. Sigmund Freud (1905c): *Der Witz und seine Beziehung zum Unbewußten*, in: *Studienausgabe*, Bd. IV, S. 62

von Theorie und Praxis) betrachten wollen und Lemberg als das der Literatur, dann heißt das zugleich, da es sich ja um zwei Rabbinate handelt, daß es zwar räumlich getrennte, verschiedene Orte sind, jeder ein anderer Schauplatz, aber doch zwei Schauplätze, an denen es um dasselbe geht, vielleicht (in unserem unterstellten Fall sicher) mit anderen Verfassungen, anderen Gepflogenheiten, anderen Traditionen, anderen Meinungen, eventuell auch Rivalitäten. Jedenfalls geht es in Krakau wie in Lemberg um Sprachliches, und damit um sprachliche Zeugnisse von Seelenkunde, um es einmal so »altmodisch« mit Freud zu sagen.

»Wertvolle Bundesgenossen sind aber die Dichter, und ihr Zeugnis ist hoch anzuschlagen, denn sie pflegen eine Menge von Dingen zwischen Himmel und Erde zu wissen, von denen sich unsere Schulweisheit noch nichts träumen läßt. In der Seelenkunde gar sind sie uns Alltagsmenschen weit voraus, weil sie da aus Quellen schöpfen, welche wir noch nicht für die Wissenschaft erschlossen haben.«[2]

An dieser ausdrücklich thematischen Erklärung Freuds zum Verhältnis zwischen Psychoanalyse und Literatur (sie stammt aus dem Jahr 1907, als er auch den Vortrag über *Der Dichter und das Phantasieren* hielt, einem recht eigentlich der Literatur zugewandten Jahr seines Interesses) ist eine Formulierung auffällig: »eine Menge von Dingen zwischen Himmel und Erde [...], von denen sich unsere Schulweisheit noch nichts träumen läßt« – »There are more things in heaven and earth, Horatio, than are dreamt of in your philosophy [...]« *(Hamlet,* Akt I, V). Also gerade in dem Augenblick, in dem Freud von der Psychoanalyse aus, von seinem Gebiet aus erklärt, daß die Dichter in ihrem Anderswo wissen, daß sie aus nur ihnen zugänglichen Quellen Kunde haben von dem, was die Psychoanalyse interessiert, läßt er – ohne Anführungszeichen, ohne Gänsefüßchen – ein Zitat aus der Literatur in seine Aussage einfließen. Gleichsam, als wäre für ihn, Freud, das Wissen der Dichter, von dem er spricht, ein in die Sprache eingelassenes, zur Redewendung gewordenes Wissen, eine Sprachwahrheit. Aus der *Traumdeutung* und anderen Texten kennen wir dieses Freudsche Vorgehen bereits, wir wissen auch, daß es in seiner eloquenten Eleganz in der besten, gepflegtesten Wissenschaftsprosa seiner Zeit durchaus angewandt wurde. Aber an dieser Stelle wird es bei Freud thematisch: Bei den Dichtern findet er bereits vor, bereits ausgesprochen, gesagt, formuliert, in Sprache gefaßt, als ein Stück Sprache, was er zu erkennen sucht. Und er sieht das von seinem Feld, seinem Gebiet, seinem Rabbinat aus,

2. Sigmund Freud (1907a [1906]): »Der Wahn und die Träume in W. Jensens ›Gradiva‹«, in: *Studienausgabe*, Bd. IV, S. 15.

nicht vom Feld der Literaturwissenschaft aus, sondern auf seinem anderen Schau- und Zurschaustellungsplatz von Wissen. Also ein »Kück« hinüber und doch, wo ist, wo befindet sich Freud, wenn er seine theoretische Aussage mit Hilfe eines Dichterworts macht? Ist das noch entscheidbar?

Wie gesagt, ich überstrapaziere die Rabbigeschichte, aber um in deren Anschaulichkeit zu bleiben: Freud spricht zwar von den Dichtern, aber womit er spricht, wessen er sich zur Darlegung seiner Behauptung und Aussage bedient, ist ein Stückchen Text aus der Dichtung selbst. Sprache und Deutung, Redewendung und Wissen sind hiermit als untrennbar gesetzt, das eine im anderen verschachtelt und enthalten, gleichzeitig. Doch in der Anekdote hat Rabbi N. mit seinem telepathischen »Kück« den Tod von Rabbi L. in Lemberg gesehen – und sich gewaltig vertan, nicht in bezug auf dessen Sterblichkeit natürlich, irgendwann wird ihn der Tod ereilen; aber in der Zeit, der Gleichzeitigkeit des Ereignisses (»eben jetzt«), dem einzigen, was an Rabbi N.s Erkenntnis bemerkenswert wäre, hat er sich völlig geirrt (und es muß dahingestellt bleiben, ob es sich dabei um eine unbewußte Wunscherfüllung des Rabbi handelte, der vielleicht längst sehnsüchtig den Tod seines Rivalen erwartete). Auch Freud scheint mit seinem »Kück« Personen anzuvisieren, er spricht von den Dichtern. Wie Sie wissen, hat die frühe Phase der psychoanalytischen Literaturdeutung – recht naiv und mit schönster Anmaßung und Indiskretion – dieses Interesse verfolgt, jedenfalls zu einem großen Teil: Bei Freud selbst finden sich die Analysen der Kindheitserinnerung Goethes, sein Text über Dostojewski, aber auch, gleich zu Beginn, Gegenbeispiele: über den *Hamlet* in der *Traumdeutung* (ganz zu schweigen vom Ödipusmythus), Ibsens psychopathische Personen auf der Bühne und den Wahn und die Träume in Jensens *Gradiva.* Diese Texte befassen sich nicht mit der Neurose des Autors, befassen sich überhaupt nicht mit dem Autor, sondern bleiben auf der Ebene des Textes, erschließen, deuten das dort Ausgesagte so, daß ein verborgenes Wissen darin zutage tritt, das nicht dem Autor zugeordnet wird, sondern dem Text selbst, und dieses Wissen enthüllt sich im Lesen, gleichzeitig mit dem Lesen, »eben jetzt«, im Text.

Es gibt Deutungen in der Psychoanalyse, psychoanalytische Deutungen, die darauf abzielen, etwas aufzulösen, etwas zum Verschwinden zu bringen, nämlich das Symptom, dem ein Stück Sprache, ein Signifikant mangelt, den es auf andere Weise, meist körperliche, darstellt und ausdrückt. Ich denke, daß berechtigte Kritik an den psychoanalytischen Ausflügen und »Kücks« hinüber ins Gebiet der Literatur dort anzubringen ist, wo der literarische Text als Symptom des Autors aufgefaßt wird. Wenn das in aller Konsequenz geschieht, wird der Text durch eine so gestaltete Deutung als solcher zum Verschwinden gebracht, zugunsten einer supponierten (meist postum erschlossenen)

Lebensgeschichte, die dem Text vorausgegangen sein soll. Begriffe – und wer kann entscheiden, wie sehr erwünschte, erwartete – stellen sich an seiner Stelle ein, man weiß nun (etwa vom Mutterkomplex des Autors, seiner Impotenz, seiner unterdrückten Homosexualität usw. usw.), aber mit dem Genuß am Text selbst ist es vorbei. Man hat verstanden und genießt sich selbst als anders Wissenden. Der Rabbi L. (die Literatur) ist tot (um die Ecke gebracht durch solch einen Blick). Und natürlich lebt er bei prächtiger Gesundheit weiter, denn der Text ist ja doch noch da und braucht nur von neuem gelesen zu werden und schon ist zu erkennen, daß er eben doch nicht ganz verstanden worden ist, daß einem Bezüge und Anspielungen entgangen sind, kurz: daß er der alles abklärenden Deutung widersteht. Trotzdem kann hie und da auch der postum therapeutisch symptomaufdeckende »Kück« durchaus großartig gewesen sein, vielleicht, im guten Fall, als eine Art psychoanalytisch-biographische Novelle oder Roman, also wiederum als Literatur, unterhalten und Aufmerksamkeit beanspruchen (so können wir heute z.B. die Arbeiten von Theodor Reik über Goethe oder die der Marie Bonaparte über Poe noch goutieren, als psychoanalytische Erzählliteratur, als Fallgeschichten, also Geschichten, warum nicht, während Eislers in den achtziger Jahren publiziertes Goethebuch nicht einmal diese erzählerische Qualität hat und einfach nur danebenliegt).

Freud hat sich eingehend für die psychischen Bedingungen der Entstehung von künstlerischer Arbeit interessiert, so wie er sich für das Phänomen des Witzes interessiert hat. Die Voraussetzung für diese Interessen war seine grundlegende Arbeit über die Deutung, die eben nicht »Symptomdeutung« heißt, sondern *Traumdeutung*. Das heißt: Deutung eines Gebildes sprachlicher Natur (der zur Deutung kommende Traum ist immer eine Traumerzählung), die nicht auf dessen Verschwinden abzielt, denn sie ist nachträglich, und schon gar nicht auf das Aufhören des Träumens, sondern auf die jeweilige, ganz punktuelle Übersetzung dessen unbewußter Wünsche, dessen Verschlüsselungen und geheimer Zusammenhänge. Freud befaßt sich mit Phänomenen wie Traum, Tagträumerei, Phantasieren, Witz und erarbeitet die Begriffe der Traumarbeit und der Witztechnik. Und er unterscheidet uns Alltagsmenschen und die Künstler, die in einem besonderen Verhältnis zu ihrem Unbewußten, genauer: zu ihrem Träumen stehen (»sie pflegen eine Menge von Dingen zwischen Himmel und Erde zu wissen, von denen sich unsere Schulweisheit noch nichts *träumen* läßt«, sagt er). Dieses besondere Verhältnis kann nicht die Neurose sein, denn diese ist furchtbar allgemein und alltäglich in ihrer Produktivität vor allem von Symptomen. Möglicherweise ist es die Perversion in ihrer sublimiertesten Form, doch darauf wäre genauer und an anderem Ort einzugehen und würde nur die Psychoanalyse interessieren, nicht die Literatur. Wenn Freud von dem Entstehen der Literatur aus der Tagträumerei handelt und die Dichtung wie den Tagtraum als »Fortsetzung und Ersatz des einstigen kindlichen Spielens« bezeichnet[3], wenn er schildert, wie kühl uns im allgemeinen die Erzählung von Träumen unserer Mitmenschen läßt und wie beschämt wir wären, wenn unsere narzißtischen Tagträumereien in ihrer stereotyp banalen Eitelkeit und Egozentrik ans Licht kämen, dann verweist er zwar durchaus auf den besonderen, andersgearteten Menschen, den Dichter, der es zustande bringt, seine Art des Träumens (aus bewußten und unbewußten Quellen) zur Lust für andere zu enthüllen (verschleiernd zu enthüllen), aber er läßt ihm dabei doch sein »eigenstes Geheimnis« und stellt fest: »[...] in der Technik der Überwindung jener Abstoßung, die gewiß mit den Schranken zu tun hat, welche sich zwischen jedem einzelnen Ich und den anderen erheben, liegt die eigentliche *Ars poetica*.«[4] Es geht Freud in seinen »Kücks« voller Staunen um die geheimnisvolle Möglichkeit, welche die Literatur und die Kunst im allgemeinen eröffnen, die Möglichkeit, etwas genießbar, auch für andere genießbar zu machen, was sonst eher neurotischem Leid und Symptomen verhaftet ist, da es auf der Unvollkommenheit unserer Daseinsverfassung gründet (genauso wie das banale Tagträumen und die rein subjektiv auf Zulässigkeit bedachte nächtliche Traumarbeit); und diese Möglichkeit wird durch eine Technik geschaffen, auf die es gilt, ein Augenmerk zu richten. Freud hat diese aufmerksame Untersuchung für das Phänomen des Witzes unternommen. Das ist seine Ästhetik. Das Feld der Literatur in seinen ästhetischen Techniken liegt weiterhin einladend da, Parzelle für Parzelle könnte es bearbeitet werden.

Dazu hat aber auch der Rabbi L. von Lemberg etwas zu sagen. Ich möchte zum Abschluß einen Dichter zu Wort kommen lassen, der ganz kurz vor seinem Tod noch der Aufforderung nachgekommen ist, etwas von seinem Wissen über seine *Ars poetica,* etwas von seinem Wissen über seine Technik preiszugeben, und der seine Darlegungen von Lemberg (vom literarischen Hoheitsgebiet) aus mit einem Sprung beginnen läßt, der mich ungemein, fast unheimlich, an Freuds »Kück« erinnert, sozusagen als dessen Gegenstück. Italo Calvino wurde im Sommer 1984, seinem letzten Lebensjahr, von der Harvard-Universität für ein akademisches Jahr auf den dort seit 1926 für Künstler gestifteten Poetry Lehrstuhl berufen und hat seine letzte, bald zu einer Obsession gewordene Arbeit (wie seine Witwe berichtet), ausschließlich der Vorbereitung dieser geplanten Vorlesungen gewidmet, in denen er einige literarische Werte darlegt, die es seiner Meinung nach für das nächste Jahrtausend zu bewahren gilt (postum veröffentlicht unter dem Titel: *Sechs Vorschläge für das nächste Jahrtausend).* Fünf Vorlesungs-

3. Sigmund Freud (1908e [1907]): »Der Dichter und das Phantasieren«, in: *Studienausgabe*, Bd. X, S. 178.
4. Ebd., S.179

texte waren bei seinem Tod vollendet; die Titel: Leichtigkeit, Schnelligkeit, Genauigkeit, Anschaulichkeit, Vielschichtigkeit, der sechste, nicht ausgeschriebene, sollte von der Konsistenz handeln (und ein allerletzter, ein achter: vom Anfangen und Beenden).

In der ersten Vorlesung, der über die Leichtigkeit, zitiert Calvino eine in Boccaccios *Decamerone* (VI, 9) erzählte Begebenheit um den florentinischen Dichter Guido Cavalcanti:

»Nun geschah es eines Tages, als Guido von Orto San Michele ausgegangen und durch den Corso degli Adimari zu San Giovanni gekommen war, wohin er oft zu gehen pflegte und wo große Marmorgrabmäler standen, die heute in Santa Reparata sind, und viele andere, die noch um San Giovanni herumstehen, und als er umherging zwischen den Porphyrsäulen, die sich dort befinden, und jenen Gräbern und der Tür von San Giovanni, die verschlossen war, da kamen Messer Berto und seine Gesellschaft über den Platz von Santa Reparata geritten, sahen Guido dort zwischen den Gräbern und sagten: ›Gehn wir ihn ein bißchen aufziehen‹; und gaben ihren Pferden die Sporen und waren wie in einer vorgespielten Attacke über ihm, fast ehe er's bemerkt hatte, und sagten zu ihm: ›Guido, du verschmähst es, an unserer Gesellschaft teilzunehmen; aber schau, wenn du nun herausgefunden hast, daß es keinen Gott gibt, was wirst du dann davon haben?‹ Woraufhin Guido, der sich von ihnen umzingelt sah, sofort versetzte: ›Ihr Herren, ihr könnt mir in eurem Hause sagen, was euch gefällt‹; und die Hand auf einen jener Grabsteine gestützt, die groß waren, schwang er sich, federleicht wie er war, mit einem Satz auf die andere Seite hinüber und ging, nachdem er sich derart von ihnen befreit, seiner Wege.«[5]

»Hätte ich«, schreibt Calvino dazu, »ein glückverheißendes Bild für den Eintritt ins neue Jahrtausend zu wählen, ich würde dieses nehmen: den raschen, leichtfüßigen Sprung des Dichter-Philosophen, der sich über die Schwerfälligkeit der Welt erhebt und damit beweist, daß sein Ernst das Geheimnis der Leichtigkeit enthält, während das, was von vielen für die Vitalität der Zeit gehalten wird, die lärmende, aggressive, dröhnende, ins Reich des Todes gehört wie ein Friedhof für rostige alte Automobile.«[6]

Zu Beginn dieser ersten Vorlesung über die Leichtigkeit hat er erklärt:

»Nachdem ich nunmehr seit vierzig Jahren *fiction* schreibe, nachdem ich verschiedene Wege ausprobiert und verschiedene Experimente durchgeführt habe, wird es langsam Zeit, daß ich mich nach einer umfassenden Definition meiner Arbeit umsehe. Ich würde die folgende vorschlagen: Meine Tätigkeit hat vorwiegend darin bestanden, Gewicht wegzunehmen; ich habe bald den menschlichen Gestalten, bald den Himmelskörpern, bald den Städten Gewicht zu nehmen versucht; vor allem aber habe ich versucht, dem Bau der Erzählung und der Sprache Gewicht zu nehmen.«[7]

5. Italo Calvino: *Sechs Vorschläge für das nächste Jahrtausend*, München 1991, S. 27.
6. Ebd., S. 28.
7. Ebd., S. 15.

Und darauf erzählt Calvino den Mythos vom versteinernden Blick der Medusa und von dem Helden Perseus, der sich mit Flügelsandalen in die Luft erhebt und seinen Blick nicht auf das Antlitz der Gorgo richtet, sondern nur auf ihr Spiegelbild in seinem bronzenen Schild und ihr so das Haupt abschlagen kann.

»Aus dem Blut der Medusa erhebt sich ein geflügeltes Pferd, der Pegasus; die Schwere des Steins kann in ihr Gegenteil verkehrt werden; durch einen Hufschlag auf dem Berge Helikon läßt Pegasus die Quelle entspringen, aus der die Musen trinken.«[8]

»Immer ist es eine Ablehnung des direkten Anblicks, aus der Perseus seine Kraft bezieht, nicht aber eine Ablehnung der Realität der Monsterwelt, in der zu leben ihm beschieden ist; einer Realität, die er mit sich herumträgt, die er als seine Bürde annimmt.«[9]

Und von sich sagt Calvino dann:

»Immer wenn mir das Reich des Menschlichen zur Schwere verurteilt erscheint, denke ich, ich sollte wie Perseus wegfliegen in einen anderen Raum. Ich spreche nicht von einer Flucht in den Traum oder ins Irrationale. Ich meine, ich muß meinen Ansatz ändern, die Welt mit anderen Augen sehen, mit einer anderen Logik, anderen Methoden der Erkenntnis und der Verifikation. Die Bilder der Leichtigkeit, nach denen ich suche, dürfen nicht wie Träume verblassen vor der Realität der Gegenwart und der Zukunft [...].
Im unendlichen Universum der Literatur tun sich immer neue Wege auf, die es zu erkunden gilt, nagelneue und uralte Wege, Stile und Formen, die unser Bild von der Welt verändern können [...]. Doch wenn mir die Literatur nicht genügt, um mich zu vergewissern, daß ich nicht nur Träumen nachhänge, hole ich mir aus der Wissenschaft Nahrung für meine Visionen, in denen alle Schwere aufgelöst wird [...]«[10]

Und dann spricht er von den wissenschaftlichen Entdeckungen, in denen die Welt sich als durch allerfeinste und kleinste Entitäten zusammengehalten herausstellt – die Botschaften der DNS, die Impulse der Neuronen, die Quarks, und er spricht von der Informatik, dem Computerwesen, den gewichtlosen Bits, denen die schweren Maschinen gehorchen.

Wenn man als Psychoanalytiker Calvinos Darlegungen folgt, spitzt man – unwillkürlich, das ist eine schwer abzulegende professionelle Gewohnheit – auch die Ohren auf das, was er nicht sagt oder ausdrücklich behauptet, nicht sagen zu wollen. Er spricht von einer Art Urmord, aus der die Dichtung entsteht, er spricht von seinem Wunsch,

8. Ebd., S. 17.
9. Ebd., S. 18.
10. Ebd., S. 22f.

fliegen zu können, verneint entschieden, Träumen nachzuhängen, sich ins Irrationale flüchten zu wollen usw. usw. ... Urmord, Flugphantasien, Verneinungen ... Verbergen da die erklärten Wünsche und Ziele des Schriftstellers nicht auch Wünsche, die er nicht gestehen kann, ihm selbst verborgene vielleicht, verdrängte Wünsche aus seiner Kindheit, zart verhülltes Sexuelles, Potenzphantasien? Spricht er vielleicht nur so eloquent, um nicht etwas anderes sagen, aussprechen zu müssen? So könnte man auch seine Deutung der eigenen Arbeit wiederum einer Deutung unterziehen, im alten Stil des psychoanalytischen »Kücks«, von dem ich vorher gesprochen habe, und der – das betone ich mit aller Schärfe – völlig danebenläge. Denn was hätten wir davon als Erkenntnis gewonnen? Richten wir vielmehr unsere Aufmerksamkeit auf das, was er uns von seiner Technik mitteilt, und wir können – vielleicht mit Verblüffung – feststellen, daß er in seinem Vorgehen Methoden beschreibt, z.B. gerade in seinem Rückgriff auf die Wissenschaft, die viel mit der Vorgehensweise Freuds und noch entschieden mehr mit der Lacans zu tun haben. Der Gebrauch, den sie alle drei von der Wissenschaft machen, stützt mich in der Behauptung, daß sie alle drei ein ähnliches Ziel verfolgen, nämlich das: in der Sprache zu erfassen, was in der Sprache verstandesmäßig zu erfassen ist, nicht deren Aussageinhalte, sondern deren Struktur.

Die Titel von Calvinos Vorlesungen – Leichtigkeit, Schnelligkeit, Genauigkeit, Vielschichtigkeit, Anschaulichkeit, Konsistenz – sind Strukturattribute. Nur mittels einer Erkenntnisstruktur weiß der Mensch etwas von der Welt, in der er sich befindet, und von sich selbst, und diese Struktur ist sprachlicher Verfassung. Calvino erklärt im Grunde, als Dichter nichts anderes zu wollen, als mit dieser Struktur zu arbeiten und zu spielen, nicht um der Welt zu entkommen oder sie abzulehnen, sondern um sie anders und besser und leichter zu ertragen, um seine Sehnsucht zu verfolgen. Am Schluß seiner Vorlesung über die Leichtigkeit spricht er von Kafkas Erzählung *Der Kübelreiter*. Er läßt als unentscheidbar offen, was diese Geschichte von einem, der in einer eisigen Winternacht mit einem Kübel aus dem Haus geht, um sich etwas Kohle zu besorgen, und schließlich, ohne Kohle gefunden zu haben, mit dem Kübel über die Dächer der Stadt fliegt, bedeutet.

»Vielleicht wollte Kafka ja nur erzählen, daß die Suche nach ein bißchen Kohle, in einer kalten Winternacht während des Krieges, durch das bloße Schwenken des leeren Kübels zur Gralssuche eines fahrenden Ritters, zur Wüstendurchquerung einer Karawane, zum magischen Flug werden kann. Aber die Idee dieses leeren Kübels, der seinen Träger so hoch über das Niveau hebt, auf dem man Hilfe wie auch den Egoismus der anderen findet, dieser leere Kübel als Zeichen der Privation, des Verlangens und der Suche, der uns so hoch emporhebt, daß unsere bescheidene Bitte nicht mehr erfüllt werden kann – das gibt Anstoß zu endloser Reflexion.«[11]

Es geht – mit verschiedenen Zielen – um genau dasselbe in der Psychoanalyse und in der Literatur.

11. Ebd., S. 48.

Seldwyla oder Eine ideale Mutter. Gottfried Kellers »Frau Regel Amrain und ihr Jüngster«

Was wäre das, eine ideale Mutter? Eine ideale Mutter für einen Sohn? Die Phantasie eines Dichters hat uns eine geschenkt. In Gottfried Kellers *Frau Regel Amrain und ihr Jüngster* tritt sie als leibhaftige Gestalt vor uns. Es wird erzählt und dargelegt, wie das Unterfangen einer Erziehung glückt. Dabei nimmt die Darlegung einen bei Keller außergewöhnlichen Raum ein; längere Passagen lesen sich fast wie eine Abhandlung über die Prinzipien rechter Erziehung, bis hin zu solchen Erklärungen:

»Diese ganze Erzieherei kostete indessen kaum so viel Worte, als hier gebraucht wurden, um sie zu schildern, und sie beruhte allerdings mehr im Charakter der Frau Amrain als in einem vorbedachten oder gar angelesenen System. Daher wird ein Teil ihres Verfahrens von Leuten, die nicht ihren Charakter besitzen, nicht befolgt werden können, während ein anderer Teil, z.B. ihr Verhalten mit den Kleidern, mit der Nahrung und mit dem Gelde, von ganz armen Leuten nicht kann angewendet werden.«

So unverhüllt, so unverkleidet, arbeitet Keller sonst nicht, gewöhnlich sind bei ihm Aussagen und Erkenntnisse kunstreich in das Erzählte eingeschmolzen, werden Personen in den Mund gelegt, durch den Gang der Erzählung bedingt, aufgefangen und gebrochen. Aber hier ist ein Engagement für die Sache spürbar, das stellenweise den Erzählrahmen zu sprengen droht und doch auch gerade wieder auf die Erzählung als Bedingung dafür, daß die Sache glückt, verweist. Deutlich, geradeheraus, wird erklärt, daß es zwar um eine richtige, ja, ideale, Erziehung geht, aber daß die im Text erzählte eben nur gelingen konnte, weil die Mutter, die sie durchführte, ideal war, daß es also um eine ideale Mutter geht, die geschildert wird. Und da sie ja leibhaftige Gestalt der Erzählung ist, brauchen wir nur nachzulesen, um herauszufinden, wie Keller sie sich vorstellt, wie also ein Sohn, denn das ist Keller wie jeder andere Autor, sich eine Mutter gewünscht hätte. Was an Biographischem über Keller bekannt ist, soll bei dieser Lektüre keine

Erwähnung finden; es ist – wie könnte es anders sein? – in die Textur eingegangen, bestimmt die besonderen Umstände des Erzählten als Gegenentwurf zum Tatsächlichen. Wie es hätte sein können, wenn seine Mutter gewesen wäre wie Frau Regel Amrain und er wie ihr Lieblingssohn Fritz ... Aber es soll uns hier nicht interessieren, was in Kellers Leben nicht gelungen ist oder nicht gelingen konnte, was ihm vom Schicksal nicht gegeben war, denn eines ist gelungen und uns gegeben, der Text. Wie sich darin, im ganz Besonderen der Umstände, ein Begehren artikuliert und erfüllt, was diese Erzählung bei all ihrer ausdrücklichen erzieherischen Thematik so leuchten läßt und beglükkend macht, kurz dem Reizvollen an dieser Erziehungsgeschichte durch eine ideale Mutter ein wenig nachzuspüren, ist die Absicht dieser Lektüre.

Das Wesentliche dieser besonderen Umstände ist bereits im ersten Satz gegeben: »Regula Amrain«, setzt die Erzählung ein, »war die Frau eines *abwesenden Seldwylers*.«[1] Die Frau, die das Mutterideal verkörpern wird, ist die Frau eines Abwesenden, das läßt aufhorchen, und dieser Abwesende ist Seldwyler, also von dieser besonderen Spezies Mensch, von der Keller, als er endlich die mühselige Fertigstellung seines Bildungs- und Erziehungsromans vom *Grünen Heinrich* bewältigt hatte, wie von einem Druck befreit in einem Zug den ersten Novellenzyklus niederschrieb.

Wir erfahren später, daß sie selbst nicht aus Seldwyla stammt, sie hat in das Städtchen eingeheiratet, und nun ist sie, deren Vorname die Regel evoziert, gebunden an einen Abwesenden – zu Seldwyla, das, wie wir aus der Vorrede zu *Die Leute von Seldwyla* wissen, »nach der älteren Sprache einen wonnigen und sonnigen Ort« bedeutet, als dessen »Wahrzeichen und sonderbares Schicksal« Keller hervorhebt, daß »die Gemeinde reich ist und die Bürgerschaft arm, und zwar so, *daß kein Mensch zu Seldwyla etwas hat* und niemand weiß, wovon sie seit Jahrhunderten eigentlich leben. Und sie leben sehr lustig und guter Dinge, halten die Gemütlichkeit für ihre besondere *Kunst* ...«. Sie leben, allerdings nur solange sie jung sind, von einem verzweigten Schuldenwesen, bis sie in einem Alter, »wo die Männer anderer Städlein etwa anfangen, erst recht in sich zu gehen und zu erstarken« fallieren, »fallen lassen müssen« und von da an ein kümmerliches Leben fristen, allerhand bescheidenen Tätigkeiten nachgehen oder versuchen, sich fern der Heimat durchzuschlagen. Solange die Söhne Seldwylas zu Hause und jung sind, spielen sie vergnügt und großartig die Geschäftsleute (»diese sind es, welche den Ton angeben, die *Stange halten* und die *Herrlichkeit* von Seldwyla darstellen«), bis die Kinderschuhe

1. Die Hervorhebungen in Kursiv im Kellerschen Text sind von mir; J.P.

schließlich durchgelaufen sind und sie das schöne glänzende Spielzeug, mit dem sie prahlerisch herumgefuchtelt haben, »fallen lassen müssen« und übergangslos in ein glanzloses Alter geraten. Sie werden an diesem Ort nicht erwachsen, denn er bedeutet ja »in der *älteren* Sprache« nichts anderes als der »wonnige und sonnige Ort« der Kindheit, wo die reiche Muttergemeinde ihre jungen Lieblinge hätschelt und verwöhnt und, ohne wirkliche, ernsthafte Arbeit von ihnen zu verlangen, die Großen spielen läßt, bis sich am Ausgang der Jugend, die eine künstlich-kunstvoll verlängerte Kindheit ist, die Not des Lebens meldet und der verantwortungslosen Herrlichkeit ein Ende macht.

Frau Regula Amrains Mann ist ein exemplarischer Sohn dieser Muttergemeinde. Er hat

»einen großen Steinbruch hinter dem Städtchen besessen und eine Zeitlang ausgebeutet, und zwar auf Seldwyler Art. Das ganze Nest war beinahe aus dem guten Sandstein gebaut, aus welchem der Berg bestand; aber das Schuldenwesen, das auf den Häusern ruhte, hatte von jeher recht eigentlich schon mit den Steinen begonnen, aus denen sie gebaut waren; denn nichts schien den Seldwylern so wohl geeignet als Stoff und Gegenstand eines muntern *Verkehrs* als ein solcher Steinbruch, und derselbe glich einer in Felsen gehauenen römischen *Schaubühne,* über welche die Besitzer emsig hinwegliefen, einer den andern jagend.«

Zu Seldwyla herrscht die kindliche Ökonomie des Nicht-Habens, die sich allein auf Wechsel auf die Zukunft stützt, doch dieser allgemeinen genitalen Ökonomie des männlichen Kindes fehlt in ihrer Seldwyler Ausprägung gerade das sie legitimierende Wesentliche, die Zukunft. Die kindlich bleibenden Seldwyler haben kein Vaterideal, dem sie gleich werden könnten, wenn sie einmal »groß« sind. Es scheint recht eigentlich das Wahrzeichen dieser Muttergemeinde zu sein, daß es dort niemanden gibt, der für die Vaterrolle zuständig wäre (»anwesende« Väter von Söhnen kommen in den Seldwyler Erzählungen so gut wie gar nicht oder nur einmal in der schlimmen Ausprägung von »Romeo und Julia auf dem Dorfe« vor), da dort ja »kein Mensch etwas hat«. Sie bleiben große Kinder, denen ein munterer Verkehr gestattet ist, ohne daß sie etwas haben. Ein *Scheinverkehr,* der sich auf *Schaubühnen* abspielt (die Seldwyler gelten nicht zufällig im ganzen Land als die »ernsthaftesten«, vorbildlichsten Festorganisatoren und -teilnehmer), der weder auf wirklicher Produktion beruht, noch sie zu verantwortlichen Vätern macht, wenn sie wieder weitere Kinder zeugen. Im Grunde sind die Seldwyler Bürger als solche Künstler, Lebenskünstler in dem romantisch überheblichen Boheme-Selbstverständnis der Zeit Kellers, mit dessen Problematik sein Werk sich immer wieder auseinandersetzt; in diesem Sinn entsprechen so höchst komische Figuren wie John Kabys oder die drei Kammacher als Akteure eines Satyrspiels ganz eng dem vorausgehenden ernsten *Grünen Heinrich.*

Des weiteren erfahren wir von Herrn Amraim, daß er »ein ansehnlicher Mann war, der eine ansehnliche Menge Fleisch, Fische und Wein verzehren mußte und mächtige Stücke Seidenzeug zu seinen breiten, schönen Westen brauchte, himmelblaue, kirschrote und großartig gewürfelte [...]«. Ursprünglich ein Knopfmacher, hat er »als er überhaupt den rechten Phäakenaufschwung genommen: die rote Sammetweste, die goldene Uhrkette und den Siegelring« sein sitzendes Handwerk aufgegeben und den Steinbruch, diesen einer Schaubühne verglichenen Spielort und Abenteuerspielplatz übernommen, den er, auch dank seiner unbedachten allzu großen politischen Beweglichkeit (später heißt es von ihm, er habe, als er um seine Frau warb, »in allem Flor eines jugendlichen Radikalismus geglänzt, welchen er freilich mehr in der Weise handhabte wie ein Lehrling die erste silberne Sackuhr«) in schuldiger Zeit wieder verliert und sich vor den Forderungen seiner Gläubiger ins Ausland übers Weltmeer absetzen muß. Sorgen um ihn braucht sich der Leser nicht zu machen, denn:

»Man wird selten sehen, daß es großen, schweren Männern schlecht ergeht, weil sie eine durchgreifende und überzeugende Gabe besitzen, für ihren *anspruchsvollen* Körperbau zu sorgen, und die Nahrungsmittel können sich demselben nicht lange *entziehen*, sondern werden von dem Magnetgebirge des Bauches *mächtig angezogen*. So *fraß* sich der landflüchtige Amrain auch glücklich durch die Fernen [...].«

Und nun geschieht das Unerwartete (»[...] nicht solche Geschichten, wie sie in dem beschriebenen Charakter von Seldwyla liegen« erklärt Keller ja erzählen zu wollen, »sondern einige sonderbare Abfällsel, die so zwischendurch passierten, gewissermaßen ausnahmsweise, und doch auch gerade nur zu Seldwyla vor sich gehen konnten«): Frau Regula »setzt ihren Fuß auf den Sandstein« und erklärt, »kraft ihres hergebrachten Weibergutes« das Geschäft fortzuführen und die Gläubiger ihres Mannes befriedigen zu wollen. Sie gründet mit Hilfe eines tüchtigen Werkmeisters von außerhalb »zum ersten Male die Unternehmungen statt auf den Scheinverkehr auf wirkliche Produktion« und hat Erfolg, trotz aller Hindernisse, die sich ihr in den Weg stellen. Sie bezahlt die Schulden ihres Mannes und legt den Grundstein für ein stetig anwachsendes Vermögen, denn »es war nicht gegen sie aufzukommen, da sie als Frau und sparsame Mutter keine Ausgaben hatte, im Vergleich zu den Herren von Seldwyla«.

Erst an dieser Stelle und scheinbar beiläufig wird erwähnt, daß Frau Regula Mutter ist und als solche *sparsam*, als müßte das natürlicherweise zusammengehen. Die »sehr frische, große und handfeste Dame mit *kräftigen* schwarzen Haarflechten und *einem festen dunklen* Blick« hat von ihrem Manne »drei Buben von ungefähr zehn, acht und fünf Jahren, welche sie oftmals aufmerksam und ernsthaft betrachtete, darüber sinnend, ob dieselben auch wert seien, daß sie das Haus für sie *aufrechthalte,* da sie ja doch Seldwyler wären und bleiben würden. Doch weil die Burschen einmal ihre Kinder waren, so ließ *die Eigenliebe und die Mutterliebe* sie immer wieder einen guten Mut fassen, und sie traute sich zu, auch in dieser Sache das Steuer am Ende anders zu lenken, als es zu Seldwyl Mode war.«

Und hier setzt die eigentliche Handlung der Geschichte ein, mit einer abendlichen Szene, als sie neben der Schlafkammer der Kinder über den Geschäftsbüchern sitzend, die Lampe nimmt, hinübergeht und die »schlafenden kleinen Gesellen« betrachtet und dabei »besonders den kleinsten Kerl ins Auge« faßt,

»der ihr am wenigsten glich. Er war blond, hatte ein *keckes Stumpfnäschen,* während sie eine *ernsthafte gerade, lange Nase* besaß, und statt ihres *strenggeschnittenen* Mundes zeigte der kleine Fritz *trotzig aufgeworfene* Lippen, selbst wenn er schlief. *Dies hatte er alles vom Vater,* und es war das gewesen, was ihr eben so wohlgefallen hatte, als sie ihn heiratete, und was ihr jetzt auch an dem kleinen Burschen so wohlgefiel und doch so schwere Sorgen machte. Wenn eine Gesichtsart einem einmal wohlgefällt, so hilft hiergegen kein Kraut; deswegen war Frau Amrain froh, daß der Alte weg war und sie ihn nicht mehr sah; aber er hatte ihr in dem jüngsten Kind ein treues Abbild seiner äußeren Art hinterlassen, welches sie nie genug ansehen konnte.«

Diese äußere Art, diese so wahrhaft Seldwyler Erscheinung, in die Regula sich ein für allemal verliebt hat, die sie »nicht genug ansehen« kann, ist eine kindliche. Amrain und sein ihm aus dem Gesicht geschnittenes Söhnchen besitzen in ihrer reizvoll sinnlichen Körperlichkeit die Anziehungskraft des Kindlichen, etwas *Wonniges,* wie der Wortgebrauch es solchen Kindern ja zuschreibt. Regula Amrain, die Dunkle, die strenge, herbe Schönheit mit der langen geraden Nase, die was an ihr üppig ist, das Haar, in feste Flechten gebändigt hat, ist unwiderstehlich und wider alle bessere Vernunft angezogen von dem, was sie nicht ist und sich nicht zu sein gestattet, dem Weichen, Blonden, Rosigen, Wonnigen, dem zugleich der Trotz, also die Auflehnung gegen die *Regel,* in die Züge eingeschrieben ist. Amrain hat sie vom festen Boden ihrer Prinzipien (steht nicht anschaubar in den verschiedenen Arten der Gesichtsbildung Realitätsprinzip gegen Lustprinzip?) nach Seldwyla fortgelockt, *verführt.* Sie hat gegen ihn nichts ausrichten, ihn nicht lenken können, weil sie ihm als Frau anhing, »hiergegen hilft kein Kraut«. Doch nun ist er fort, abwesend, und ihre in ihrem eigenen Namen festgeschriebene Regel ist wieder in Kraft getreten. Sie ist froh, daß sie ihn nicht mehr sieht, denn sie ist sich bewußt, daß ihre Verliebtheit im Konflikt zu ihren Idealen vom rechten Leben stand, nach denen sie als Frau nur einem wirklich Stärkeren gegenüber schwach werden, nicht einem reizvollen Scheinmannsbild kindlicher Lebens- und Sinnenlust hätte unterliegen dürfen.

Die Bedingung dafür, daß sie eine ideale Mutter abgeben kann, die Mutter, die ein Sohn sich gewünscht hätte, ist also im Text eine doppelte: sie muß durch die Körperlichkeit dieses Sohnes angezogen sein (ihn nie genug ansehen können), und sie muß doch die Stärke besitzen, ihm etwas versagen zu können, was heißt, daß sie die Gefahr blinder Verliebtheit, die ein Außer-Kraft-Setzen ihres Ichideals bedeuten würde, zu erkennen und ihr zu begegnen weiß. In der Tat sind die entscheidenden Szenen der Erzählung ganz aus dem Blick, dem »festen, dunklen Blick« Frau Regels heraus entwickelt. Der ersten mit der Lampe in der Schlafkammer der Kinder (klingt nicht Psyche an, die den schlafenden Amor betrachtet und sich so um die Erfüllung ihrer Liebeswonnen bringt, mit diesem Sehenwollen bereits in den Bereich des Mangels und der Sorge eingetreten ist?) folgt die zweite noch an demselben Abend, als Frau Regel nebenan in der Stube von dem tüchtigen, schlauen Werkmeister, der ihr schon lange rät, sich von dem flüchtigen Amrain scheiden zu lassen, bedrängt wird, sich ihm hinzugeben, und »die brave Frau«, mit ihm ringend, »peinvoll zwischen ihrer in der Kammer dreifach schlafenden Sorge und zwischen dem heißen Anstürmen des wachen Lebens« schwebt. Gerade ist sie soweit, daß ihr Widerstand sich lockert (»ihr Blut floß so rasch und warm wie eines«), gerade scheint dem Werkmeister der Sieg greifbar nahe, als »eine unerwartete Hilfe« erscheint:

»Denn mit dem bangen, zornigen Ausruf: ›Mutter! Es ist ein Dieb da!‹ sprang der jüngste Knabe, der kleine Fritzchen, in die Stube und glich vollständig einem kleinen Sankt Georg. Seine goldenen Ringellocken flogen um das vom Schlafe gerötete Gesicht; feurig blickten aber die blauen Augen in lieblichem Zorn, und mutig warf sich der trotzige Mund auf. Das kurze schneeige Hemdchen flatterte wie die Tunika eines Kreuzfahrers, und in den nackten Ärmchen schwang der kleine Rittersmann eine lange Gardinenstange mit dickem, vergoldetem Knopf, den er auch mit aller erdenklichen Kraft dem aufspringenden Werkmeister auf den Kopf schlug [...].«

Als dieser sich verlegen zurückgezogen hat, »stand sie tief aufatmend und nachdenklich mitten in der Stube, das tapfere Kind auf dem Arm, welches das linke Ärmchen um ihren Hals schlang und mit dem rechten Händchen die *lange Stange* mit dem glänzenden Knopf, die es noch immer umfaßt hielt, gegen den Boden stemmte.« Auch dieses Fritzchen »hält die Stange«, wie es in Seldwyler »Herrlichkeit« bei der munteren Jugend Brauch ist, aber hier hat das Bild die bezaubernde Qualität der Madonnen mit Knäblein eines Raphael oder Leonardo da Vinci. Die Mutter die heilige Jungfrau? Die praktische Gardinenstange (wo hat er sie übrigens aus seiner dunklen Kammer so schnell hergezaubert? Sie scheint ihm recht eigentlich durch Kellers vielbeschworene »Reichsfreiheit der Poesie« in die Händchen gedrückt worden zu sein) wird ja in dieser äußerst schlagfertigen Gardinenpredigt zur Lanze des Drachentöters, des Heiligen, der die Jungfrauen vor dem Zerrissenwerden bewahrt. Der Drache, vor dem er seine Mutter rettet, ist nicht so sehr der profitlich verliebte, drängende Werkmeister, sondern die Versuchung, »nicht dem verwegenen und frechen Andringling, sondern sich selbst zu *gewähren,* was ihr Lust und Erfrischung bringen könne; die Dinge gingen zu Seldwyla vielleicht so oder so ihren Weg!« »Der Dieb«, den Fritzchen vertreibt, ist das Frau Regel als Idealmutter bedrohende Seldwyler Lustprinzip, das ihr den Charakter nehmen würde.

»[...] wer verfolgt die geheimen Wege der Fähigkeiten, wie sie im Menschenkind sich verlieren? Als er den Werkführer recht wohl erkannt: wer lehrte den kleinen Bold die unbewußt blitzschnelle Heuchelei des Zartgefühles, mit der er sich stellte, als ob er einen Dieb sähe, und die ihn so unbefangen den Widersacher vor den Kopf schlagen ließ?«

Der Dieb, den Fritzchen vorschützt, bedeutet, daß es bei der Mutter etwas zu stehlen gibt, daß sie *etwas hat* und daß er, der Widersacher und Mann nichts hat (in der Tat ist ja der Werkmeister auf das Geschäft aus). Und genau dieser Gedanke spricht sich in dem Vorsatz Frau Regels aus, als sie »aufmerksam in das Gesicht des Kindes« gesehen und es »mit Küssen bedeckt« und dann noch einmal die beiden anderen Kinder, die in Gegensatz zu dem Jüngsten ihr gleichen, aber »Nachtmützen« sind, die den Auftritt verschlafen haben, betrachtet hat. Sie »legte das Kind in sein Bettchen zurück, deckte es zu und beschloß, von Stund' an alle ihre Treue und Hoffnung auf den kleinen Sankt Georg zu setzen und ihm seine junge Ritterlichkeit zu *vergelten.*« Und sie »hielt ihr Wort und erzog ihn so, daß er ein braver Mann wurde in Seldwyl und zu den wenigen gehörte, die *aufrecht* blieben, solange sie lebten.«

Was »hat« sie nun aber, diese Mutter? Sie hat, wie Keller sagt, Charakter, also ein prächtig funktionierendes Ichideal:

»sie erzog eigentlich so wenig als möglich, und das Werk bestand fast lediglich darin, daß das junge Bäumchen, so vom gleichen Holze mit ihr war, eben in ihrer Nähe wuchs und sich nach ihr richtete.« – »Ohne dessen freie Bewegungen einzeln zu hindern, hatte sie den Kleinen viel um sich, so daß er ihre Manieren und ihre Denkungsart annahm und bald von selbst nichts tat, was nicht im Geschmacke der Mutter lag.«

»Sollte man fragen, worin denn bei dieser leichten Art und Mühelosigkeit ihre besondere Treue und ihr Vorsatz bestand, so wäre zu antworten: lediglich in der zugewandten Liebe, mit welcher sie *das Wesen ihrer Person* dem seinigen *einprägte* und sie *ihre Instinkte die seinigen werden* ließ.«

In dem Exkurs über die Erziehung wird nun hauptsächlich die Ökonomie beschrieben, deren Gesetze für Frau Regel gelten, das rechte Maß der Ansprüche in bezug auf Nahrung, Kleidung und Geld, aber auch die Ökonomie der Sprache, in der eine phantastische Lüge um ihrer selbst willen harmlos sein darf, aber keine Prahlerei oder Heuchelei toleriert wird. Doch so bedenkenswert diese Ausführungen sind – man möge sie nachlesen –, hier stellt sich eine wesentliche Frage, die Keller explizit nicht in den Sinn zu kommen scheint, und die die Erzählung doch ausdrücklich aufwirft und beantwortet: Wie gelingt es einer solchen starken *Frau* aus ihrem Kind, dem sie »das Wesen ihrer Person« einprägt, einen *Mann* werden zu lassen, einen nicht nur im moralischen Sinne »aufrechten« Mann? In der Tat

»blieb die Zeit nicht aus, wo sie allerdings einige vorsätzliche und kräftige Erziehungsmaßregeln anwenden mußte, als nämlich der gute Fritz herangewachsen war und sich für allbereits erzogen hielt, die Mutter aber erst recht auf der Wacht stand, da es sich nun entscheiden sollte, ob er in das gute oder schlechte Fahrwasser einlaufen würde.«

Als Fritz achtzehn ist, meldet sich die Sexualität, er wird verlegen in Gegenwart junger Frauen und »verschlingt« (das mit den Seldwyler Männern verbundene Motiv der Potenz als »Oralem«, des »mächtigen« Seldwyler Appetits klingt an) sie heimlich mit den Augen. Und Frau Regel sagt »sogleich in ihrem Herzen: Also da willst du hinaus, du Schuft?« Und ihr, die »ihre schwarzen Augen offen hielt und mit zorniger Bangigkeit aufmerkte«, wird denn auch prompt ein überraschender Anblick zuteil. Sie hat sich aufgemacht, um ihren Sohn, der, wie in Seldwyla der Brauch, scherzhaft verkleidet auf ein rauschendes Seldwyler Hochzeitsfest gegangen ist, vor Versuchungen zu beschützen. Sie sucht ihn vergeblich in den verschiedenen Sälen, gerät auf eine Galerie und an ein Fenster, das nach innen, auf ein tieferliegendes »altes gotisches Gemach« geht und lüftet den Vorhang ein wenig, um dort hinein zu spähen. Sie sieht einen kleinen Kreis der leichtsinnigsten, übelst beleumundeten Damen des Ortes mit ihren Verehrern in traulichem Spiel, und -:

»Nachdem Frau Amrain die Beschaffenheit dieses weiblichen Kreises erkannt, wollte sie eben Gott danken, daß ihr Sohn wenigstens auch da nicht zu erblicken sei, als sie noch eine weibliche Gestalt zwischen ihnen entdeckte, die sie im ersten Augenblicke nicht kannte, obgleich sie dieselbe schon gesehen zu haben glaubte. Es war ein großes, prächtig gewachsenes Wesen von amazonenhafter Haltung und mit einem kecken blonden Lockenkopfe, das aber hold verschämt und verliebt unter den lustigen Frauen saß und von ihnen sehr aufmerksam behandelt wurde. Beim zweiten Blick erkannte sie jedoch *ihren Sohn und ihr violettes Seidenkleid zugleich* und sah, *wie trefflich ihm dasselbe saß,* und mußte sich auch gestehen, daß er ganz geschickt und reizend ausgeputzt sei. Aber im gleichen Augenblicke sah sie auch, wie ihn seine eine Nachbarin küßte, infolge irgendeines Unterhaltungsspieles, das die fröhliche Gesellschaft eben beschäftigte, und wie er gleicherzeit die andere Nachbarin küßte, und nun hielt sie den Zeitpunkt für gekommen, wo sie ihrem Sohne den Dienst, welchen er ihr als fünfjähriges Knäblein geleistet, erwidern konnte.«

Sie bittet Fritz, sie nach Hause zu begleiten, und:

»als er sich dazu ganz bereit erklärte, flüsterte sie ihm aber mit strengem Tone zu: ›Wenn ich von einem Weibe will begleitet sein, so konnte ich die Grete hier behalten, die mir hergeleuchtet hat! Du wirst so gut sein und erst heimlaufen, um Kleider anzuziehen, die dir besser stehen als diese hier!‹« Zu Hause zerreißt sie ihr violettes Staatskleid in Stücke. »›Wie werde ich [...] ein Kleid ferner tragen, in welchem mein Sohn unter liederlichen Weibern gesessen hat, selber einem gleichsehend?‹ Und sie brach in Tränen aus und hieß ihn zu Bette gehen.« – »Es wurde kein Wort mehr darüber gesprochen;« – genau parallel zu der Sankt Georg-Szene – »aber Fritz war für einmal gerettet, denn er *schämte* sich vor seiner Mutter mehr als vor der ganzen übrigen Welt.«

Es geht nun alles gut, denn bald darauf nähert sich Frau Regel ihrem Sohne, »als er *mit seinem Vesperbrote*« – also noch mit der kindlichen oralen Befriedigung – »sich unter eine schattige Rebenlaube gesetzt hatte hinter dem Hause, von wo man zum Tal hinaus in die Ferne sah nach blauen Höhenstrichen, wo andere Leute wohnten, sie legte ihren Arm um seine Schultern, *sah ihm freundlich in die Augen* und sagte: ›Lieber Fritz! Sei *mir* jetzt nur noch zwei oder drei Jährchen *brav und gehorsam,* und *ich will* dir das schönste und beste Frauchen verschaffen aus meinem Ort, daß du dir was darauf einbilden kannst!‹« – »›eine von guter und schöner Art; aber nur wenn du sie *verdienst;* denn ich werde mich hüten, eine rechtschaffene Tochter hierher ins Elend zu bringen!‹ Damit *küßte sie* ihren Sohn, *wie sie seit undenklicher Zeit nicht getan,* und ging ins Haus zurück.« Von Stund' an denkt Fritz nur noch an diese versprochene Frau, kommt der Mutter aber zuvor und sucht sie sich in deren *Heimatort* selbst, und sie kann »den Geschmack und das Urteil des Sohnes nur loben und ebenso dessen ungetrübte Treue und Fröhlichkeit, mit welcher er dem erwählten Mädchen anhing, so daß sie sich aller weiteren Zucht und aller Listen endlich enthoben sah.«

Das eigentliche Werk ist vollendet. Die beiden weiteren Male, in denen Frau Regel als Erzieherin aktiv eingreift, betreffen Fritzens politische Haltung, sein Verhalten im Gemeinwesen. Das eine Mal besteht ihr Eingreifen in einem Nicht-Eingreifen, sie löst ihn nicht aus dem Gefängnis eines Nachbarkantons aus, wo er für sein unbesonnenes Verhalten bei Erbsensuppe (eine arge Strafe für einen Seldwyler!) einsitzen muß, das andere Mal hält sie ihm über die Verantwortlichkeit der Männer in der Verwaltung der Republik die einzige lange Rede ihres Lebens und zwingt ihn, zu den Wahlen zu gehen. Dann ist Fritz, der inzwischen die Leitung des Familienbetriebs übernommen und auch schon Kinder hat, ein wirklich erwachsener Mann, und der Abwesende, der »Alte«, der Vater kann zurückkommen. Weinend fällt Frau Regel ihrem Sohn mit dieser Nachricht um den Hals.

»›Wo kommt er denn her? Was will er, wie sieht er denn aus, was will er denn?‹ sagte

Fritz, und die Mutter erwiderte: ›Er scheint irgendein Glück gemacht und was erschnappt zu haben und nun kommt er mit Gebärden dahergefahren, als – ob er *uns in Gnaden auffressen* wollte!‹« –

Aber sie mahnt auch: »Nun, er soll *uns* nichts anhaben! Sei nur freundlich gegen ihn, *wie es einem Kinde zukommt!*« Und dann eilt sie, um »auf einem anderen Wege« gleichzeitig mit Fritz in die Stube zu treten, »denn das dünkte sie nun der beste *Lohn und Triumph* für alle Mühsal, *zu sehen, wie ihrem Manne der eigene Sohn, den sie erzogen, entgegentrat.*« Und nach dem Triumph dieses Anblicks, der sich ihr bietet, *sieht* sie auch, daß ihr Mann »sich elend fühlte, und mußte sein Elend achten. Sowie sie aber wieder etwas an ihm achten konnte, kehrte ihre Liebe augenblicklich zurück.« Sie nimmt ihn wieder auf in das Haus, das inzwischen das ihre und das ihres Sohnes ist (die beiden andern Brüder sind in fremde Gemeinden gezogen).

Und so endet die Geschichte damit, daß in einer pikanten Verkehrung des gewohnten Laufs der Dinge

»der alte Herr [...] sich von da an von seinem wohlerzogenen Sohn nachträglich noch ein bißchen erziehen und leiten [ließ] ohne Widerrede und ohne daß der Sohn sich eine Unkindlichkeit zuschulden kommen ließ. Aber der *seltsame Kursus* dauerte nicht einmal sehr lange, und der Alte ward doch noch ein gelassener und zuverlässiger Teilnehmer an der Arbeit, mit manchen Ruhepunkten und kleinen Abschweifungen [...].«

Was ist nun die Moral von der Geschichte, die man ja wie ein Handbuch für den richtigen Umgang einer Mutter mit einem Sohn lesen könnte? Großartigerweise eine ganz andere, als es scheint, nämlich überhaupt keine: die Geschichte ist so schön und so beglückend, weil sie ein verwegener ödipaler Wunschtraum eines männlichen Wesens ist. Eine Mutter zu haben, die »etwas hat«, die »kraft ihres Weibergutes« die Mängel und Verfehlungen des Vaters gutzumachen versteht, eine Mutter, die wieder zur Jungfrau geworden ist (die Mutter ist eine Heilige), sie allein zu besitzen als ihr keuscher Ritter, der sie vor den Versuchungen des Triebes bewahrt, ihr Jüngster und Liebling zu sein wie im Märchen, die Rivalen in ihrer Liebe, den Vater und die anderen Geschwister, schuldlos loszuwerden, und dann nach treuem Dienst eine junge Ausgabe dieser Mutter zur Frau zu bekommen, Vater zu werden und die Mutter dann ihrem Mann wieder zuführen zu dürfen und ihr diesen Mann nach dem eigenen Vorbild zu erziehen, der Mutter zurückzuschenken, was sie einem gegeben hat, ein Sohn sein zu dürfen, der frei von Schuld ist. Ein ödipaler Traum eines in manchem Sinne sich klein fühlenden Mannes von dem Glück, das eine Mutter zu spenden vermöchte, wenn sie und der Sohn, die aus demselben poetischen Holze geschnitzt sind, leibhaftig wären. Und daher unentscheidbar auch von dem Glück, das es für einen Mann bedeutet, sich vorzustel len, eine Mutter zu sein. Eigenliebe und Mutterliebe an demselben Strang, konfliktlos, vereint in einem gemeinsamen Ichideal, das den mangelnden Vater vollkommen ersetzt. Die scheinbar erzieherischste, moralischste Geschichte der »Leute von Seldwyla« ist die am kühnsten und offensten einem Wunschtraum entsprungene, wie sie freilich nur an diesem wonnigen, sonnigen Ort der Kellerschen Dichterphantasie »vor sich gehen« konnte. Nicht von ungefähr beharrt der letzte Satz der Erzählung in einer letzten, machtvollen und rührenden Setzung auf dem dichterischen Wurzelboden der großen, aber nie erwachsenen Kinder, dem sie entsprungen ist und der bei Keller einen Namen hat:

»Sie lebten alle zufrieden und wohlbegütert, und das Geblüt der Frau Regula Amrain wucherte so kräftig in diesem Hause, daß auch die zahlreichen Kinder des Fritz vor dem Untergang gesichert blieben. Sie selbst streckte sich, als sie starb, im Tode noch stolz aus, und noch nie ward ein so langer Frauensarg in die Kirche getragen und der eine so edle Leiche barg zu *Seldwyla*.«

Sexualität und Wissen

In der Einleitung zur *Analyse der Phobie eines fünfjährigen Knaben* (veröffentlicht 1909) bringt Freud zunächst Mitteilungen über das im Text *der kleine Hans* genannte Kind, die er schon bekommen hatte, bevor er wegen des Ausbruchs der Phobie konsultiert wurde. Die Eltern des Kindes, die zu seinen »nächsten Anhängern« gehörten und übereingekommen waren, »ihr erstes Kind mit nicht mehr Zwang zu erziehen, als zur Erhaltung guter Sitte unbedingt erforderlich werden sollte«[1], hatten ihm fortlaufende Nachrichten über ihren aufgeweckten kleinen Buben zugetragen. Und bereits die erste dieser Mitteilungen, die Freud wiedergibt, enthält eigentlich im Kern das Wesentliche dessen, was die Psychoanalyse Freuds in ihrer Stellung zu Sexualität und Wissen bestimmt, in der Praxis wie in der Theorie. In der Praxis in dem Sinne, daß hier überhaupt darauf gehört wird, daß ein Kind etwas zu fragen und zu sagen hat, daß es seine Äußerungen tun darf und sie der Übermittlung und Aufzeichnung für wert gehalten werden; in der Theorie in dem Sinne, daß hier eine Fragestellung als angerissen anerkannt wird, die das psychoanalytische Denken ebenso beschäftigt wie das Kind.

Es heißt also bei Freud, daß Hans (ungefähr im Alter von drei Jahren) an seine Mutter die Frage richtete:

»Hans: ›Mama, hast Du auch einen Wiwimacher?‹ [sein Kinderwort für den Penis]
Mama: ›Selbstverständlich. Weshalb?‹
Hans: ›Ich hab' nur gedacht.‹«

Ich hab' nur gedacht. Bei anderer Gelegenheit habe ich Hans einen Philosophen genannt, hier, finde ich, sagt er etwas von wahrhaft großer philosophischer Tragweite. Wie man auch sein »Ich hab' nur gedacht« verstehen mag, ob als Verleugnung seines Wunsches, den imaginierten Penis der Mutter zu sehen, oder als vorsichtige Andeutung eines Zweifels an der tatsächlichen Existenz dieses ihm so wichtigen Körperteils

1. Sigmund Freud (1909b): »Analyse der Phobie eines fünfjährigen Knaben«, in: *Studienausgabe*, Bd. VIII, S. 14.

bei der Mutter, es umreißt aufs Schärfste die Tatsache, daß das Denken, das bloße Denken, für das Wünschen einzustehen hat, daß es eintritt, wo ein Fehlen sich bemerkbar macht, ein möglicher Mangel ins Spiel kommt. Daß Denken und Wünschen dieselbe Wurzel haben und aus der Möglichkeit eines Mangels entspringen. Das psychoanalytische Denken Freuds hat sich auf diese Tatsache eingelassen, was ihm bekanntermaßen den Vorwurf der phallozentrischen oder logozentrischen Beschränktheit eingebracht hat, der Verkennung des eigentlichen Weiblichen, um es grob zu sagen. Diesem Vorwurf ist nichts entgegenzusetzen außer der Behauptung, daß diese Beschränktheit eine notwendige, weil durch die Struktur der Sprache bedingte ist, weil sie »von Sprache« ist, wie Lacan sagt, einer Struktur nämlich, als deren Produkt im bewußten Denken die Verneinung auftaucht, ohne die es kein bewußtes Denken gäbe.

Daraus folgt direkt, daß die Psychoanalyse keine Sexualwissenschaft ist und sein kann, daß sie, wenn sie sich auf ein »Ich hab' nur gedacht« einlassen will, auf die Begehrensstruktur des Denkens einzugehen hat, in der die sogenannten Tatsachen, nennen wir sie ruhig die Realitäten, mit Mangel behaftet sind. Die Fallgeschichte des kleinen Hans illustriert dies beispielhaft. Gerade weil in dieser ersten Kinderanalyse, die je unternommen wurde, in ihrer notwendigen Vermischung der eigentlichen psychoanalytischen Intervention mit dem Pädagogischen der sexuellen Aufklärung des Kindes die Bereiche sich scheiden.

Es ist in der Fallgeschichte des kleinen Hans, der *Analyse der Phobie eines fünfjährigen Knaben,* als die sie in die Geschichte der psychoanalytischen Literatur eingegangen ist, einige Male von Aufklärung die Rede und gar von »pädagogischem Experiment«.

Freud schreibt, nachdem er von den Umständen berichtet hat, die zu seiner Konsultation führten: »Ich verabrede mit dem Vater, daß er dem Knaben sagen solle, das mit den Pferden sei eine Dummheit, weiter nichts.«[2] Und er fährt fort:

»Die Wahrheit sei, daß er die Mama so gern habe und von ihr ins Bett genommen werden wolle. Weil ihn der Wiwimacher der Pferde so sehr interessiert habe, darum fürchte er sich jetzt vor den Pferden. Er habe gemerkt, es sei unrecht, sich mit dem Wiwimacher, auch mit dem eigenen, so intensiv zu beschäftigen, und das sei eine ganz richtige Einsicht.«[3]

Und nun heißt es weiter:

»Ferner schlug ich dem Vater vor, den Weg der sexuellen Aufklärung zu betreten. Da wir

2. Ebd., S. 30.

3. Ebd.

nach der Vorgeschichte des Kleinen annehmen durften, seine Libido hafte am Wunsche, den Wiwimacher der Mama zu sehen, so solle er ihm dieses Ziel durch die Mitteilung entziehen, daß die Mama und alle anderen weiblichen Wesen, wie er ja von der Hanna (seiner kleinen Schwester) wissen könne – einen Wiwimacher überhaupt nicht besitzen. Letztere Aufklärung sei bei passender Gelegenheit im Anschlusse an irgendeine Frage oder Äußerung von Hans zu erteilen.«[4]

Sie hören, wie genau sich bei Freud die Dinge artikulieren. Die Wahrheit, die dem Begriff »Dummheit« entgegengesetzt wird, ist eine Deutung des sexuellen Begehrens des Kindes und des dadurch ausgelösten Schuldkonflikts. Das ist die analytische Intervention Freuds, in indirekter Rede, die der Vater übermitteln soll. »Ferner« rät er dem Vater zur sexuellen Aufklärung des Kindes, gibt er ihm einen pädagogischen Ratschlag, den Ratschlag, dem Kleinen sein Erwachsenenwissen über das Sexuelle nicht vorzuenthalten, ihn auf einen Tatbestand hinzuweisen, von dem er »wissen könne«, bei gegebenem Anlaß, wenn das Kind ein Interesse an diesem Tatbestand manifestiert. Und in diesem Zusammenhang fällt das Wort vom »pädagogischen Experiment«: In der »Epikrise« heißt es nämlich dann:

»Hätte ich allein die Verfügung darüber gehabt, so hätte ich's gewagt, dem Kinde auch noch die eine Aufklärung zu geben, welche ihm von den Eltern vorenthalten wurde. Ich hätte seine triebhaften Ahnungen bestätigt, indem ich ihm von der Existenz der Vagina und des Koitus erzählt hätte, so den ungelösten Rest um ein weiteres Stück verkleinert und seinem Fragedrang ein Ende gemacht. Ich bin überzeugt, er hätte weder die Liebe zur Mutter noch sein kindliches Wesen infolge dieser Aufklärung verloren und hätte eingesehen, daß seine Beschäftigung mit diesen wichtigen, ja imposanten Dingen nun ruhen muß, bis sich sein Wunsch, groß zu werden, erfüllt hat. Aber das pädagogische Experiment wurde nicht so weit geführt.«[5]

Es ist also festzuhalten, daß die analytische Intervention vonstatten gehen konnte, ohne daß Freuds pädagogische Ratschläge voll und ganz befolgt wurden, daß sich hier zwei Ebenen unterscheiden, grundlegend unterscheiden.

Sie unterscheiden sich in ihrer Stellung zu dem »Ich hab' nur gedacht«. Die analytische Intervention, die das Symptom, die Phobie, mit dem Wort »Dummheit« belegt und dagegen als Wahrheit die Deutung des sexuellen Begehrens setzt, bewirkt bei Hans, daß ein üppiger Denkprozeß ins Rollen kommt. Jetzt fängt er an, aufs Genaueste und Phantasievollste zu sagen, was er »nur gedacht« hat, erfindet Mythen, bildet Theorien über Pferdeeigenschaften und -verhalten, Verkehrs-

4. Ebd.; Hervorh. J. Prasse.
5. Ebd., S. 121.

probleme und ihre Lösungen, bis hin zu der Szene mit den beiden Giraffen, der großen und der kleinen, »zerwutzelten«, d.h. wie ein Stück Papier zusammengeknüllten, dem reinen Symbol, das »es ja eh net auf der Welt gibt«.[6]

»Ich [der Vater]: ›Hast du von den Giraffen geträumt?‹
Er [Hans]: ›Nein, nicht geträumt, ich hab' mir's gedacht – das Ganze hab' ich mir gedacht – aufgekommen [aufgewacht] war ich schon früher.‹«[7]

Der Heilungsprozeß, die allmähliche Überwindung der Pferdephobie, besteht genau darin, daß das Kind wieder zu seinem »Ich hab' nur gedacht« zurückfindet und damit zu der Vieldeutigkeit des Sprachlichen, die in der Phobie blockiert war, im Angstanfall mit der psychischen und physischen Unbeweglichkeit vor der Gefahr, die einfach nur hieß: »Ein Pferd wird mich beißen«, keinen Spielraum mehr hatte. Das Wissen des Analytikers Freud, das Wissen des konsultierten Professors, wird nicht in der Form eines Wissens über Realitäten, als Hinweis auf Tatsächliches wirksam; Freud sagt dem Vater, er solle Hans nur erklären, das mit den Pferden sei eine Dummheit, »weiter nichts«. Das heißt, es geht nicht darum, dem Kind, wie es ja naheläge, vorzuhalten, daß die reale Gefahr, auf der Straße von einem Pferd gebissen zu werden, unwahrscheinlich klein ist, daß Pferde selten mit ihren Wagen umfallen, daß ein Pferd nicht in sein Zimmer kommen kann usw. Der Vater soll Hans in bezug auf die Pferde nicht auf Tatsachen hinweisen, von denen er wissen kann und höchstwahrscheinlich sehr wohl weiß. Nein, Hansens Dummheit bedeutet, daß er in der Phobie nichts davon wissen will, daß die gefährlichen Pferde für etwas anderes stehen, daß sie Signifikanten sind, verknüpft im »Ich hab' nur gedacht«. Das ist das Wissen Freuds, auf das er den Kleinen hinweist, das er dem Kind übermittelt. Nicht etwa in dem Sinn, daß er die Angst vor den Pferden negiert, Freud sagt nicht, du hast in Wirklichkeit gar keine Angst vor den Pferden, sondern vor etwas anderem. Freud sagt, du hast – das ist die Dummheit – Angst vor Pferden, weil sie – das ist die Wahrheit – für etwas anderes stehen, an das du dich zu denken scheust. Nicht die Wirklichkeit wird analytisch aufgerufen, sondern die Wahrheit. Und die Wahrheit ist das Verdrängte des Unbewußten, wie es nun in den Phantasieprodukten des Denkens wieder zu Wort kommen kann.

Denn Hans spricht nun von den Pferden, knüpft ein ganzes Gewebe von Geschichten um sie, das sich erweitert und andere Gestalten seiner Kinderwelt aufnimmt und einarbeitet. Er erzählt, er denkt sich etwas aus, und stufenweise läßt die Angst nach, auch wenn er oft nicht

6. Ebd., S. 37.
7. Ebd.

weiß, was das Ausgedachte heißen und bedeuten soll. Hören Sie dazu das Ende des Dialogs mit dem Vater über die Phantasie von den beiden Giraffen:

»Er [Hans]: [...] (Bemerkt, daß ich [der Vater] alles notiere und fragt: ›Weshalb schreibst du das auf?‹)
Ich: ›Weil ich es einem Professor schicke, der dir die 'Dummheit' wegnehmen kann.‹
Er: ›Aha, da hast du's doch auch aufgeschrieben, daß sich die Mammi das Hemd ausgezogen hat [eine andere seiner Geschichten], und gibst das auch dem Professor.‹
Ich: ›Ja, der wird aber nicht verstehen, wie du glaubst, daß man eine Giraffe zerwutzeln kann.‹
Er: ›Sag' ihm halt, ich weiß es selber nicht, und da wird er nicht fragen; wenn er aber fragt, was die verwurzelte Giraffe ist, kann er uns ja schreiben, und wir schreiben hin oder schreiben wir gleich, ich weiß es selber nicht.‹
Ich: ›Weshalb bist du aber in der Nacht gekommen?‹
Er: ›Das weiß ich nicht.‹
Ich: ›Sag' mir halt schnell, woran du jetzt denkst.‹
Er (humoristisch): ›An einen Himbeersaft.‹
Ich: ›Was noch?‹
Er: ›Ein Gewehr zum Totschießen.‹«[8]
} Seine Wünsche

Lacan ist in seinem Seminar *La relation d'objet* (1956-1957) ausführlich auf die Analyse des kleinen Hans eingegangen und hat der Bedeutung dieser für den Vater zunächst so rätselvollen »zerwutzelten« Giraffe eine herausragende Stellung zugewiesen. In der Tat erscheint ja in den von Freud zu Beginn aufgezählten Mitteilungen über Hans von der Phobie die berühmte Giraffenzeichnung nach dem Zoobesuch, bei der Hans selbst, zeichenhaft mit einem Strich, einer Markierung, den fehlenden Penis eingetragen hat.

»Ich (der Vater) zeichne Hans, der in letzter Zeit öfter in Schönbrunn war, eine Giraffe. Er sagt mir: ›Zeichne doch auch den Wiwimacher!‹ Ich darauf: ›Zeichne du ihn selbst dazu!‹ Hierauf fügt er an das Bild der Giraffe folgenden Strich (die Zeichnung liegt bei), den er zuerst kurz zieht und dem er dann ein Stück hinzufügt, indem er bemerkt: ›Der Wiwimacher ist länger.‹«[9]

Nach dem Dialog über die Giraffenphantasie heißt es nun im Text:

»Am selben Tag noch findet der Vater die Auflösung der Giraffenphantasie.
Die große Giraffe bin ich, respektive der große Penis (der lange Hals), die zerwutzelte Giraffe meine Frau, respektive ihr Glied, was also der Erfolg der Aufklärung ist.

8. Ebd., S. 38.
9. Ebd., S. 19.

Giraffe: vide Ausflug nach Schönbrunn. Übrigens hat er ein Bild einer Giraffe und eines Elefanten über seinem Bette hängen.«[10]

Wie der Vater später selbst erfahren soll, ist diese gewiß »richtige« Deutung nicht die einzig mögliche; er selbst nennt kurz darauf im Scherz seine Frau »große Giraffe«, worauf Hans sagt: »Nicht wahr, und die Hanna ist die zerwutzelte Giraffe.«[11]

Das Wesentliche an der zerwutzelten Giraffe in ihrer Ausdehnbarkeit beziehungsweise ihrem Kleingemachtwordensein ist ihre Zeichenhaftigkeit. Auf der Zeichnung kann man, wo der Penis fehlt, einen ansetzen, man kann ihn erst kürzer, dann länger zeichnen, aber er muß gefehlt haben, es muß eine Leerstelle dafür sichtbar gewesen sein, also ein strukturierter Ort. Große und kleine Giraffen, eine Zeichnung auf glattem Papier und auf zusammengeknülltem Papier können aber auch anschaulich die verschiedenen Zustände des erigierten oder geschrumpften Gliedes bedeuten. Und die ›Trutzreaktion‹, von der Freud spricht, das Sich-Draufsetzen auf die zerwutzelte Giraffe in der Phantasieerzählung, die Darstellung des Besitzergreifens, kann auch heißen: »Ich lasse mich nicht kastrieren«, – »wenn er zerwutzelt ist, könnt ihr ihn mir nicht nehmen« (die mütterliche Drohung, man werde ihm sein Glied abschneiden lassen, erfolgte ja angesichts der kindlichen Masturbation, also angesichts der Erektion, von der Mutter als ›Schweinerei‹ bezeichnet). In jedem Fall heißt es aber:

»Ich lasse mir diese Vorstellung nicht nehmen, ich halte fest an diesem phallischen Zeichen, an dieser Markierung, auch wenn das Papier, auf dem sie steht, zusammengeknüllt werden kann und weggeworfen werden müßte. Und das tue ich, obwohl ich nun aufgeklärt bin«.

Die Vorstellung, die so auf dem brüchigen Grunde der Abwesenheit, des zerstörbaren Papiers, des Fehlens erscheint, ist stärker als ihre, Hans nun entzogene materielle Grundlage, sie überdauert – aber als Signifikant. Die wesentliche Zeichenhaftigkeit der zerwutzelten Giraffe ist, gerade in ihrer Mehrdeutigkeit, die, daß sie ein Zeichen für die Existenz des Signifikanten ist.

Lacan spricht immer wieder von der die Realität annullierenden Macht des Signifikanten: Hansens zerwutzelte Giraffe ist dafür ein wahrhaft ›griffiges‹, ›faßliches‹ Beispiel. Und hier ist es Zeit, auf die Verneinung zurückzukommen, die zu Beginn dieser Ausführungen bei dem »Ich hab' nur gedacht« erwähnt wurde – als das, was das bewußte

10. Ebd., S. 38f.

11. Ebd., S. 39.

Denken markiert, wenn nicht konstituiert. Freud schließt seinen kurzen, ungeheuer dichten Aufsatz »Die Verneinung« (1925 veröffentlicht, also 16 Jahre nach der »Analyse der Phobie eines fünfjährigen Knaben«) mit folgenden Sätzen:

»Die Leistung der Urteilsfunktion wird aber erst dadurch ermöglicht, daß die Schöpfung des Verneinungssymbols dem Denken einen ersten Grad von Unabhängigkeit von den Folgen der Verdrängung und somit auch vom Zwang des Lustprinzips gestattet hat.
Zu dieser Auffassung der *Verneinung* stimmt es sehr gut, daß man in der Analyse kein ›Nein‹ aus dem Unbewußten auffindet und daß die Anerkennung des Unbewußten von seiten des Ichs sich in einer negativen Formel ausdrückt. Kein stärkerer Beweis für die gelungene Aufdeckung des Unbewußten, als wenn der Analysierte mit dem Satze: *›Das habe ich nicht gedacht‹*, oder: *›Daran habe ich nicht (nie) gedacht‹*, darauf reagiert.«[12]

Die zerknüllte Giraffe in Hansens Phantasie, die es ja, wie er sagt, »eh net auf der Welt gibt«, die er, wie er ganz sicher zu wissen behauptet, *gedacht* und nicht etwa geträumt hat, wie der Vater erst vermutet, ist ein Symbol seiner Urteilsfunktion: Bejahung oder Verneinung, beides zugleich: Denkbarkeit. Ganz dem Lustprinzip unterworfen (jedes lebendige Wesen hat einen Wiwimacher, und wenn er nicht zu sehen ist, kann einer hinzugefügt werden, kann es einen bekommen), Wunschdenken, aber eben Denken und als solches auf dem Weg zur Verneinung, zum »Nein«: der Wiwimacher kann auch fehlen, wie Hans von seiner kleinen Schwester weiß und, wie die Erwachsenen ihm nun gesagt haben, daß das bei allen weiblichen Wesen so sei. Doch wie kommt hier die Aufklärung, die pädagogische Intervention ins Spiel? Heißt es nicht bei Freud über die Verneinung, sie sei das Merkzeichen der intellektuellen Aufhebung des Verdrängten, was noch nicht seine Annahme bedeutet? Und läuft es hier bei dem Kind Hans nicht gerade umgekehrt? Geht es bei ihm nicht im Gegenteil gerade darum, daß ein »Nein« (Frauen haben keinen Penis; damit wird die Kastrationsgefahr real) verdrängt werden will, ein »Nein«, das über Hinweise auf das Tatsächliche, auf die Realität, über Vermittlung, erzieherische, pädagogische Vermittlung von Wissen über Realien erfolgt ist? Es so zu deuten, wäre ein grober Irrtum. Das »Nein« der pädagogischen Aufklärung wird nämlich in der Trotzphase des »Sich-Draufsetzens« keineswegs verdrängt, sondern abgelehnt, geleugnet, was etwas ganz anderes ist. Freud: »Etwas im Urteil verneinen, heißt im Grunde: ›Das ist etwas, was ich am liebsten verdrängen möchte.‹ Die Verurteilung ist der intellektuelle Ersatz der Verdrängung.«[13] Das »Nein« ist nämlich der einzi-

12. Sigmund Freud (1925h): »Die Verneinung«, in: *Studienausgabe*, Bd. III, S. 377.
13. Ebd., S. 374.

ge Signifikant, der nicht zu verdrängen ist, es ist nach Freuds Behauptung kein »Nein« aus dem Unbewußten aufzufinden. Denn das »Nein« ist ja eine Nachfolge der bereits geschehenen Verdrängung,

»ein Merkzeichen derselben, ein Ursprungszertifikat etwa wie das ›made in Germany‹! Vermittels des Verneinungssymbols macht sich das Denken von den Einschränkungen der Verdrängung frei und bereichert sich um Inhalte, deren es für seine Leistung nicht entbehren kann.«[14]

Beim kleinen Hans sind auch sehr schön die beiden Leistungen der Urteilsfunktion aufzuzeigen, von denen Freud schreibt: das Zu- oder Absprechen einer Eigenschaft und das Urteil, ob eine Vorstellung in der Realität Existenz hat oder nicht. Freud entwirft in seinem Verneinungsaufsatz einen psychologischen Ursprungsmythos über die Entwicklung des Denkens aus den Triebregungen. Zunächst entstehe das Urteil über Eigenschaften rein nach dem Lustprinzip des Angenehmen/Unangenehmen:

»In der Sprache der ältesten, oralen Triebregungen ausgedrückt: ›Das will ich essen oder will es ausspucken‹, und in weitergehender Übertragung: ›Das will ich in mich einführen und das aus mir ausschließen.‹ Also: ›Es soll in mir oder außer mir sein.‹ Das ursprüngliche Lust-Ich will [...] alles Gute sich introjizieren, alles Schlechte von sich werfen. Das Schlechte, das dem Ich Fremde, das Außenbefindliche, ist ihm zunächst identisch.«[15]

Doch auch die sich später einstellende, dem Interesse des »endgültigen Real-Ichs« entsprechende Realitätsprüfung löst sich nicht aus dieser Dichotomie von Innen und Außen.

»Es ist, wie man sieht, wieder eine Frage des Außen und Innen. Das Nichtreale, bloß Vorgestellte, Subjektive, ist nur innen; das andere, Reale, auch im Draußen vorhanden. [...] Das Studium des Urteils eröffnet uns vielleicht zum ersten Mal die Einsicht in die Entstehung einer intellektuellen Funktion aus dem Spiel der primären Triebregungen. Das Urteilen ist die zweckmäßige Fortentwicklung der ursprünglich nach dem Lustprinzip erfolgten Einbeziehung ins Ich oder Ausstoßung aus dem Ich. Seine Polarität scheint der Gegensätzlichkeit der beiden von uns angenommenen Triebgruppen zu entsprechen. Die Bejahung – als Ersatz der Vereinigung – gehört dem Eros an, die Verneinung – Nachfolge der Ausstoßung – dem Destruktionstrieb.«[16]

Das Unbewußte, das Verdrängte wäre also nach diesem Ursprungsmythos des Psychischen ursprünglich in einem Außen, Ichfremden zu lo-

14. Ebd.

15. Ebd.

16. Ebd., S. 375f.

kalisieren. Zu Beginn war hier von der Möglichkeit eines Fehlens die Rede, aus der das Denken entstehe. Wie kommt es von der Ausstoßungsreaktion im Primärvorgang zu einem Fehlen? Genau an dem Punkt, wo der Schrei (reines Ausstoßen, körperliche Abwehr eines unangenehmen Reizes wie z.B. Hunger oder Kälte oder Schmerz) zum Ruf wird, wo der andere auftaucht, der den Schrei sprachlich als Ruf deutet. Und mit dem Ruf tritt auch die Vorstellung der Befriedigung auf, deren halluzinatorische Form durch die »Not des Lebens« gestört wird, der Realitätsprüfung bedarf. Im Realen fehlt nichts, erst der Trieb, der zur Sprache kommt, schafft ein Fehlen, erst einer Vorstellung kann die Entsprechung in der Realität fehlen, einer Vorstellung, die an die Stelle des Tatsächlichen tritt, und von da an ist Realität sprachlich strukturiert und mit Mangel behaftet. Vielleicht wird an diesem Punkt evident, warum Lacan vom Unbewußten sagt, es sei strukturiert wie eine Sprache. Und im Sprachlichen wird die Freudsche – mythische – Dichotomie von Außen und Innen so unentscheidbar wie bei einem Möbiusband.

Zur Realität gehört aber auch – wir kommen zum kleinen Hans zurück – die Geschlechtlichkeit, d.h. das anatomische, biologische Vorhandensein des Geschlechtsunterschiedes. Damit dieses anatomische Vorhandensein Realität, denkbar, wird, muß es sprachlich strukturiert sein, d.h. mit Fehlen, Mangel behaftet, kann das andere Geschlecht nicht das ›Eigentliche‹ sein, das als Befriedigung vorschweben würde. Das ist die psychoanalytische Auffassung der Sexualität: durch Sprache laufender, mit Sprache gekreuzter Trieb, dessen Befriedigung im Zeichen des Mangels vonstatten geht wie alles Vorstellbare, nicht mehr ›natürlich‹ sein kann im Sinn, daß der Trieb ein fraglos, sprachlos gegebenes Objekt hätte. Das ist das psychoanalytische Wissen über die Sexualität, von dem aus Freuds Beobachtung, daß alle Kinder, sobald sie sprechen, auch anfangen, Sexualtheorien aufzustellen, sich absetzt von jeglicher Hoffnung, daß eine nicht durch Zwang beeinflußte und gestörte, spontane Entwicklung der Triebe zu einem natürlichen Sich-Finden der Geschlechter führen könnte. Damit die Geschlechter sich paaren (›finden‹ zu sagen, wäre wohl schon zuviel), damit sie sich begatten, ist Sitte notwendig, zur Erhaltung der Gattung, ein Wort, das süddeutsch auch genau jene »Erhaltung guter Sitte« bedeutet, das Ziel, das bei Hansens möglichst zwangsfreier Erziehung doch nicht aus den Augen verloren werden sollte. Die gute Sitte steht in der Erziehung ein für das, was die Psychoanalyse symbolische Ordnung nennt. Sie, die Sitte, rationalisiert den Mangel. Weil Menschen sprechen, brauchen sie Gesetze. Als Freud beim kleinen Hans zum ersten Mal das Wort Aufklärung gebraucht – seine Eltern möchten ja aufgeklärte Erziehungsprinzipien anwenden –, stellt er es gleich mit Entzug des Ziels der kindlichen Libido: es gibt bei den Frauen keinen Penis zu sehen. Diese Mitteilung, die auf das Wissen vom Tatsächlichen abzielt (»wie er ja von der Hanna wissen könne«) ist ein »Nein« tout court, das Wissen über das Sexuelle als Verneinung, als Hinweis auf das Ichfremde, Verdrängte im Feld des Triebs, das das Feld des Anderen ist; und dieses verneinende Wissen korrigiert die – sehr ›feministisch‹ angehauchte – Antwort der Mutter auf die frühe Frage, ob sie auch einen Wiwimacher habe. »Selbstverständlich« hatte sie geantwortet, als wäre das Geschlecht nicht erst über ein Fehlen denkbar, als gäbe es überhaupt in diesem Zusammenhang etwas, was sich von selbst verstünde. Aber die Existenz der Vagina und des Koitus versteht sich nicht von selbst. Deshalb ist die Aufklärung, die Freud gerne so weit vorgetrieben gesehen hätte, ja überhaupt vonnöten. Weil die Denkbarkeit der Geschlechter notwendig ein Fehlen einschließt, das durch Sprache bewirkte Fehlen an Tatsächlichem, hat ein »Nein« einzutreten, auf der Ebene des Wissens: nein, Frauen haben keinen Penis; auf der Ebene der Sitte: nein, du darfst nicht mit deiner Mutter schlafen. Der Libido das Ziel zu entziehen, heißt nicht, das Begehren abzuschneiden, ganz im Gegenteil. Ein ›Nein‹ der Sprache, ein ›Nein‹ als Symbol (und ich nenne noch einmal die zerwutzelte Giraffe) ist der kleine ›Fortschritt‹ – so nennt es Freud – des bewußten Denkens, die kleine Freiheit gegenüber dem Unbewußten der Verdrängung, die dem Menschen in seiner sprachlich bedingten, d.h. unwiderruflichen, nicht wiedergutzumachenden Fehl- oder Mangelstruktur der Triebe gegeben ist. Diesem eigentlich psychoanalytischen Wissen kann sich – denke ich – auch eine Pädagogik verpflichten, deren Aufgabe es gewiß, im Gegensatz zu der der Psychoanalyse, ist, den Menschen die Hoffnung auf eine größere Freiheit in der Kultur nicht zu rauben, das Unbehagen in der Kultur etwas weniger schmerzlich zu machen.

Zum Untergang des weiblichen Ödipuskomplexes

Das Wort »Untergang«, das Freud verwendet, um das Ende des Ödipuskomplexes zu bezeichnen, ist suggestiv. Unwillkürlich assoziiert die Vorstellung allerlei andere, anschauliche oder gar poetische Kontexte, beschwört vor dem inneren Auge Sonnenuntergänge in spektakulären Farben, ja, den Gipfel des Spektakulären, den Untergang der Titanic. Es heißt von Weltreichen und Dynastien, sie seien untergegangen, dem Abendland ist ein solches Ende diagnostizierend beschrieben worden. Und mit Ausnahme der Schiffe und ermatteten Schwimmer ist der Gebrauch des Wortes metaphorisch oder sitzt beim Sonnenuntergang einem Schein auf, denn obwohl wir längst wissen, daß das Verschwinden der Sonne am Horizont durch die Drehung der Erdkugel verursacht wird, sehen wir sie eben untergehen, hinter die Häuser, die Berge oder ins Wasser sinken. Es gibt keine zufällige oder unbedeutende Wortwahl, hat uns die Psychoanalyse Freuds gelehrt. Es wird nicht ohne Bedeutung sein, daß dem von ihm gewählten gleichnishaften Begriff »Untergang« entweder etwas wie eine Täuschung, bloßer Anschein, anhaften kann oder daß er da, wo er etwas stofflich Tatsächliches wie das Schiffsunglück, die Katastrophe und die spätere Faszination durch das untergegangene Relikt, das Wrack, das am Meeresgrund liegt, bezeichnet, unwiderstehlich die Neugier oder Habgier des Tauchers reizt, der von diesen versunkenen Informationen oder Schätzen magisch angezogen wird.

Weiter ist es merkwürdig und zu bedenken, daß in diesem wäßrigen Kontext ja auch das Wort »Verdrängung« vorkommt, als physikalischer Begriff, als die Wassermasse, die von einem schwimmenden Gegenstand verdrängt wird. Untergang ist also physikalisch verstanden nicht gleich Verdrängung, allenfalls ein Sonderfall. Freud spricht jedoch auch von »Verdrängung des Ödipuskomplexes«. (»Dies Doppelangesicht des Ichideals leitet sich aus der Tatsache ab, daß das Ichideal zur Verdrängung des Ödipuskomplexes bemüht wurde, ja, diesem Umschwung erst seine Entstehung dankt. Die Verdrängung des Ödipuskomplexes ist offenbar keine leichte Aufgabe gewesen.«[1]) Er er-

1. Sigmund Freud (1923b): *Das Ich und das Es*, in: *Gesammelte Werke*, Bd. XIII, S. 263.

wähnt in diesem Zusammenhang auch eine »Verdrängungsleistung«[2], aber für diesen besonderen Fall, den Ausgang des Ödipuskomplexes, den er auch »Umschwung« nennt, ist ihm das Wort doch nicht spezifisch, nicht stark, nicht gewalttätig genug:

»Ich sehe keinen Grund, der Abwendung des Ichs vom Ödipuskomplex den Namen einer ›Verdrängung‹ zu versagen, obwohl spätere Verdrängungen meist unter der Beteiligung des Über-Ichs zustande kommen werden, welches hier erst gebildet wird. Aber der beschriebene Prozeß ist mehr als eine Verdrängung, er kommt, wenn ideal vollzogen, einer Zerstörung und Aufhebung des Komplexes gleich. Es liegt nahe, anzunehmen, daß wir hier auf die niemals ganz scharfe Grenzscheide zwischen Normalem und Pathologischem gestoßen sind. Wenn das Ich wirklich nicht viel mehr als eine Verdrängung des Komplexes erreicht hat, dann bleibt dieser im Es unbewußt bestehen und wird später seine pathogene Wirkung äußern.«[3]

So greift er zu Bezeichnungen wie »Zertrümmerung«[4] oder »Zerschellen« (»Beim Knaben [...] wird der Komplex nicht einfach verdrängt, er zerschellt förmlich unter dem Schock der Kastrationsdrohung.«[5]) oder, wie gesagt, eben zu dem spektakulären, eine Tragödie suggerierenden, schicksalsschweren Wort »Untergang«, das als Titel seines Aufsatzes aus dem Jahr 1924, *Der Untergang des Ödipuskomplexes,* wie ein ironisches Echo von Oswald Spenglers Opus klingt, das ja nichts weniger behauptete, als die *Umrisse einer Morphologie der Weltgeschichte*[6] zu entwerfen.

Ein Hauch von Ironie, von augenzwinkernd bewußter, ironisch gebrochener Theatralik, umwittert also (durch diesen wohl schwerlich unabsichtlichen Bezug auf einen solchen Bucherfolg, wie der 1922 wieder neu aufgelegte *Untergang des Abendlandes* es war) ausgerechnet Freuds Entwurf der Entstehung unserer als soziale Höchstleistung bewerteten moralischen und idealen Ausrichtung (nämlich unseres Aufgebens des inzestuösen Sexualobjekts mittels einer Identifizierung mit den erwachsenen Partnern des ödipalen Dreiecks, der Hereinnahme der begehrten Person und/oder des ja oft auch ebenso geliebten wie gehaßten Nebenbuhlers ins Ich, wo diese als antreibende, fordernde,

2. Ebd.
3. Sigmund Freud (1924d): »Der Untergang des Ödipuskomplexes«, in: *Gesammelte Werke*, Bd. XIII, S. 399.
4. Sigmund Freud (1923b): *Das Ich und das Es*, in: *Gesammelte Werke*, Bd. XIII, S. 260.
5. Sigmund Freud (1925j): »Einige psychische Folgen des anatomischen Geschlechtsunterschieds«, in: *Gesammelte Werke*, Bd. XIV, S. 29.
6. Oswald Spengler: *Der Untergang des Abendlandes*, München 1918/1922.

oft Strafe heischende komplexe Gewissensinstanz das Über-Ich bilden – welcher Vorgang im Folgenden dann den Kern aller Fähigkeit zu Sublimierungen ausmachen soll). Die Phase des Ödipuskomplexes in der Entwicklung des Kindes erscheint somit wie ein versunkenes Atlantis oder Vineta, oder wie die sagenhaften Städte grauer Vorzeit sonst heißen, die einst in Pracht und Herrlichkeit existiert haben sollen und deren Untergang in den Meeresfluten die Legende einem Strafgericht Gottes zuschreibt. Einem Strafgericht, weil ihre Einwohner sich überhoben haben, in Selbstherrlichkeit, Hochmut, Verschwendung und skrupellos genießender Ausschweifung lebten. Und wenn, wie es in manchen Sagen heißt, manchmal die auf der festen Erde Lebenden noch wie eine erschütternde dumpfe Mahnung die Kirchenglocken der versunkenen Stadt unter Wasser läuten hören, dann könnte auch das ein theatralisch romantisches Bild für das Phänomen des Gewissens sein, das ja auch retrospektiv wirkt, so als wäre die sagenhafte graue Vorzeit des noch ungebändigten Trieblebens bereits voller Schuld gewesen, als hätte es sozusagen eben doch schon von jeher – wenn auch damals leichtsinnig nicht geachtete – Kirchen gegeben, obwohl das göttliche Gesetz ja gerade erst im und durch den Untergang aufgerichtet worden ist.

Mehr als eine, im wesentlichen auf Schuldgefühle angewiesene, durch sie wirksame Verdrängung, behauptet Freud, ist also zur Beendigung des Ödipuskomplexes notwendig, da diese phallische Phase, wie auch schon die orale und anale, zwar äußerliche Verbote und Versagungen, aber noch keine verinnerlichte Schuld, kein eigentliches Schuldbewußtsein zu kennen scheint. Es muß sich ihm etwas entgegenstellen, das, Freuds Wortwahl und Beschreibung des Vorgangs nach, mit einer äußeren Wahrnehmung verbunden ist, von außen her an die Wünsche und Leidenschaften des Kindes im Ödipuskomplex stößt, damit dieses »Zerschellen«, diese »Zertrümmerung« statthat. Beim Knaben ist es die Entdeckung der Penislosigkeit der Frau, die früheren, trotzig ungläubig in den Wind geschlagenen Kastrationsdrohungen in Bezug auf seine onanistischen Betätigungen plötzlich Wahrscheinlichkeit verleiht.

»Irgend einmal bekommt das auf seinen Penisbesitz stolze Kind die Genitalregion eines kleinen Mädchens zu Gesicht und muß sich von dem Mangel eines Penis bei einem ihm so ähnlichen Wesen überzeugen. Damit ist auch der eigene Penisverlust vorstellbar geworden, die Kastrationsdrohung gelangt nachträglich zur Wirkung.«[7]

Noch ohne konkrete Vorstellung, wie ein körperlicher Liebesakt vor

7. Sigmund Freud (1924d): »Der Untergang des Ödipuskomplexes«, S. 397.

sich geht, hat laut Freud das Kind der phallischen Phase sich bei der onanistischen Beschäftigung mit seinem Penis entweder (oder: sowohl – als auch) in die Rolle der Mutter oder die des Vaters phantasiert.

»Die Annahme der Kastrationsmöglichkeit, die Einsicht, daß das Weib kastriert sei, machte nun beiden Möglichkeiten der Befriedigung aus dem Ödipuskomplex ein Ende. Beide brachten ja den Verlust des Penis mit sich, die eine, männliche, als Straffolge, die andere, weibliche, als Voraussetzung. Wenn die Liebesbefriedigung auf dem Boden des Ödipuskomplexes den Penis kosten soll, so muß es zum Konflikt zwischen dem narzißtischen Interesse an diesem Körperteile und der libidinösen Besetzung der elterlichen Objekte kommen. In diesem Konflikt siegt normalerweise die erste Macht; das Ich des Kindes wendet sich vom Ödipuskomplex ab.«[8] Und weiter: »Die Objektbesetzungen werden aufgegeben und durch Identifizierung ersetzt. [...] Die dem Ödipuskomplex zugeordneten libidinösen Strebungen werden zum Teil desexualisiert und sublimiert, [...] zum Teil zielgehemmt und in zärtliche Regungen verwandelt«.[9]

Das Genitale, meint Freud, ist also somit gerettet, aber seine Funktion als Lustspender ist aufgehoben, die Latenzzeit, die zeitweilige Unterbrechung der sexuellen Entwicklung des Kindes, setzt ein.

Sehr viel schwieriger sollte sich für Freud nun die auf dieser, für den Knaben entworfenen Grundlage aufbauende, ihr entsprechende Konstruktion der Verhältnisse beim weiblichen Kind erweisen, die er erst in der Folge und in mehreren Ansätzen in Angriff genommen hat. Die Grundfrage, wie Freud sie zusammenfaßt, lautet so:

»Auch das weibliche Geschlecht entwickelt einen Ödipuskomplex, ein Über-Ich und eine Latenzzeit. Kann man ihm auch eine phallische Organisation und einen Kastrationskomplex zusprechen? Die Antwort lautet bejahend, aber es kann nicht dasselbe sein wie beim Knaben.«[10]

Auch hier geht es wieder um die Entdeckung der anatomischen Verschiedenheit der Geschlechter, und sie betrifft in Freuds Theorie der Weiblichkeit genau so wie in der des Männlichen im wesentlichen das Vorhanden- oder Nichtvorhandensein des Penis, also eine Markierung (0 oder 1) in einem binären System. Nach Freuds berühmter, in ihrer Lakonik durchaus nicht der (freiwilligen, unfreiwilligen?) Komik entbehrenden Beschreibung ist das kleine Mädchen, anders als der kleine Junge, der die Gegebenheiten bzw. Nichtgegebenheiten erst einmal zu übersehen, dann vor sich selbst zu verleugnen sucht, »[...] im Nu fertig mit ihrem Entschluß. Sie hat es gesehen, weiß, daß sie es nicht hat, und

8. Ebd., S. 399.

9. Ebd.

10. Ebd., S. 400.

will es haben.«[11] Das weibliche Kind erlebt bei Freud seine entdeckte Penislosigkeit also als Minderung, als Mangel, als Herabsetzung seiner phallischen Lust an der Klitoris, als wäre diesem eher fühlbaren als sichtbaren Organ durch die Entdeckung des weit spektakuläreren Penis im Vergleich etwas verlustig gegangen, ja, als wäre es kastriert.

»Es ergibt sich also der wesentliche Unterschied, daß das Mädchen die Kastration als vollzogene Tatsache akzeptiert, während sich der Knabe vor der Möglichkeit ihrer Vollziehung fürchtet.«[12]

Bekanntlich haben sich an dieser Behauptung die psychoanalytischen Geister geschieden. Mehr oder minder vehement wurde Freud von anderen Analytikern und Analytikerinnen auf Grund ihrer eigenen Beobachtungen und klinischen Erfahrungen widersprochen, und im Zuge des Feminismus wurde ihm auch eine totale, macho-patriarchale Verkennung, ja, Unterdrückung der weiblichen Selbsterfahrung vorgeworfen. Diese Polemik in einem auch nur einigermaßen umfassenden Überblick zu entfalten, würde zumindest ein dickes Buch füllen, und es wäre so gut wie unmöglich, sie unparteiisch darzustellen, da niemand, der die Psychoanalyse ernst nimmt, ausschließen könnte, in seiner wissenschaftlichen Beschäftigung mit dieser Frage doch von seinem unbewußten eigenen Begehren gelenkt zu sein. Die Überlegungen, die ich nun dazu anstellen möchte, sind diesem Wissen verpflichtet, sind notwendig subjektiv und können auch nur eine Auswahl aus dem gewaltigen Komplex sein, ein persönlicher stückhafter Ordnungsversuch meiner Lektüren und der Erfahrungen aus meiner psychoanalytischen Arbeit.

Zwei Punkte scheinen mir in der Freudschen Konstruktion des weiblichen Ödipuskomplexes und dessen Untergangs hervorzuheben zu sein: Zum einen die Funktion der Entdeckung des geschlechtsunterscheidenden Penis, die er in der libidinösen Entwicklung des kleinen Mädchens mit anderer Wirkung ansetzt als die Entdeckung des Knaben, daß ähnliche Kinder wie er, nämlich die Mädchen, ein solches Genitalorgan nicht besitzen. Im Unterschied zum männlichen Kind, wo diese Entdeckung das Ende, das Zerschellen, den Untergang des Ödipuskomplexes bewirken soll, bildet sich beim kleinen Mädchen aus der präödipalen libidinösen Beziehung zur Mutter nun – neben verschiedenen Reaktionen der Verleugnung oder des Neids – der Ödipuskomplex erst heraus, als ein sekundärer: »längs der vorgezeichneten symbolischen Gleichung Penis = Kind« gleitet seine Libido innerhalb der phallischen Phase »in eine neue Position. Es gibt den Wunsch nach

11. Sigmund Freud (1925j): »Einige psychische Folgen«, S. 24.
12. Sigmund Freud (1924d): »Der Untergang des Ödipuskomplexes«, S. 401.

dem Penis auf, um den Wunsch nach einem Kinde an die Stelle zu setzen, und nimmt *in dieser Absicht* den Vater zum Liebesobjekt.«[13] Wo die Entdeckung beim Knaben eine gefährliche Bedrohung seines Narzißmus bedeutet, Kastrationsangst auslöst, hat in Freuds Konstruktion das Mädchen nichts mehr zu verlieren, es konstatiert einen vor aller Erinnerung liegenden, nun aber plötzlich offenbar gewordenen Verlust. Sein Narzißmus erleidet durch die Entdeckung eine Einbuße, es fühlt sich benachteiligt und verfällt dem Neid auf das andere, besser ausgestattete Geschlecht. In der 33. Vorlesung *Die Weiblichkeit* (1932) schreibt Freud:

»Der Ödipuskomplex des Knaben, in dem er seine Mutter begehrt und seinen Vater als Rivalen beseitigen möchte, entwickelt sich natürlich aus der Phase seiner phallischen Sexualität. Die Kastrationsdrohung zwingt ihn aber, diese Einstellung aufzugeben. Unter dem Eindruck der Gefahr, den Penis zu verlieren, wird der Ödipuskomplex verlassen, verdrängt, im normalen Falle gründlich zerstört und nun als sein Erbe ein strenges Über-Ich eingesetzt. Was beim Mädchen geschieht, ist beinahe das Gegenteil. Der Kastrationskomplex bereitet den Ödipuskomplex vor anstatt ihn zu zerstören, durch den Einfluß des Penisneides wird das Mädchen aus der Mutterbindung vertrieben und läuft in die Ödipussituation wie in einen Hafen ein.«[14]

Also wieder verwendet Freud ein nautisches Bild. Wenn ein Schiff aber einmal in den Hafen eingelaufen ist, wird die Aussicht auf einen Untergang allerdings kaum mehr wahrscheinlich sein, diese Gefahr liegt hinter ihm. Und in der Tat heißt es bei Freud nun:

»Mit dem Wegfall der Kastrationsangst entfällt das Hauptmotiv, das den Knaben gedrängt hatte, den Ödipuskomplex zu überwinden. Das Mädchen verbleibt in ihm unbestimmt lange, baut ihn nur spät und dann unvollkommen ab.«[15]

Beim Mädchen spricht Freud also nicht eigentlich von Untergang. Und das führt uns zu dem zweiten Punkt, den ich hervorheben möchte und der vom ersten abhängt, mit ihm kausal verschränkt ist: Er betrifft die Frage der Aufrichtung des Ichideals oder Über-Ichs, die Freud beim Knaben ja als der – für das Mädchen bedeutungslosen – Kastrationsdrohung geschuldet erklärt. In der Tat setzt Freud den eben zitierten Passus aus der *Weiblichkeit* so fort:

»Die Bildung des Über-Ichs muß unter diesen Verhältnissen leiden, es kann nicht die

---

13. Sigmund Freud (1925j): »Einige psychische Folgen«, S. 27/28.

14. Sigmund Freud (1933a [1932]): *Neue Folge der Vorlesungen zur Einführung in die Psychoanalyse*, in: *Gesammelte Werke*, Bd. XV, S. 138.

15. Ebd.

Stärke und die Unabhängigkeit erreichen, die ihm seine kulturelle Bedeutung verleihen und – Feministen hören es nicht gerne, wenn man auf die Auswirkungen dieses Moments für den durchschnittlichen weiblichen Charakter hinweist.«[16]

Das phallische kleine Mädchen hat keinen Penis, kein allerwertvollstes Anhängsel seiner Person zu verlieren, es hat höchstens eine Schädigung des narzißtischen Bilds von sich selbst zu riskieren, es kann zu der Meinung kommen, unvollständig und damit nicht begehrens- oder liebenswert zu sein. Was heißt das – wohlgemerkt immer auf der logischen Basis der Freudschen Konstruktion – für sein Ichideal? Wenn das aus Kastrationsangst aufgerichtete männliche Ichideal der narzißtischen Erhaltung, ja, Rettung des Genitales dient, indem es seine sexuelle Funktion zunächst unterbindet, sozusagen auf Eis legt, ist das im Grunde eine vom Narzißmus her gesehene Herabsetzung des sexuellen Begehrens, deren spätere Problematik beim Mann Freud ja als »allgemeine Erniedrigung des Liebeslebens« beschrieben hat. Nur die zärtlichen, verehrenden Regungen der Mutter/Frau gegenüber sind ichgerecht, das rein Sexuelle hingegen kann in einem Abgespaltensein, ja, im Widerspruch zum Ichideal verharren. Der Narzißmus kann beim Mann also einer Gespaltenheit oder einem inneren Konflikt unterliegen, der sich so äußert, daß die sexuelle Befriedigung des Triebs eine Verachtung für das zu diesem Ziel gewählte, dazu bereite Objekt mit sich bringt oder geradezu zur Bedingung hat oder auch, daß seine Potenz da versagt, wo er eine Frau verehrt oder gar auf ein weibliches Begehren stößt, das seinen Penis in Gefahr bringen könnte, weil das Interesse daran von jemandem, der so etwas nicht hat, nur heißen könnte, daß »sie« ihn haben, ihm also wegnehmen will. Und gleichzeitig fordert sein Narzißmus, daß er seinen Mann stehen soll, nicht nur in sublimierter Weise in sozialen, moralischen Konkurrenzzusammenhängen, sondern eben auch im Bett: Denn wozu hat er das kostbare Organ gerettet, wenn es dann keine Betätigung und deren Anerkennung findet? Bei der Frau ist dagegen im Ödipuskomplex, der von Freud für sie das Attribut des Sekundären hat, kein phallisches Anhängsel zu retten. Die Klitoris als lustspendendes Organ soll in der Freudschen Konstruktion ja nicht gerettet werden, sondern in der späteren Vollendung der weiblichen sexuellen Entwicklung ihre Funktion an die Vagina abtreten, von der aber zunächst in der phallischen Phase, die zum Ödipuskomplex führt, noch keine Rede sein soll. Der Ödipuskomplex ist auf der Grundlage dieser Einbuße ein Hafen für das Wünschen, für die Hoffnung, etwas zu bekommen, die verlorene Vorstellung der eigenen Vollkommenheit zurückzugewinnen. Eine Lösung für den Penisneid, wenn die Erwartung scheitert, daß der eigene kleine

16. Ebd., S. 139.

Phallus, die Klitoris, noch wachsen wird. Wenn das Mädchen keinen eigenen gewachsenen Penis mehr bekommen kann, dann dafür doch (wie die Mutter) ein Kind – vom Vater. Und zu diesem Behuf muß das kleine Mädchen dem Vater gefallen, es muß sich vom Vater geliebt fühlen, sein Interesse und schenkendes Wohlwollen auf sich ziehen können – mehr als die Mutter, zu der es im Ödipuskomplex, wenn dieser den Namen berechtigt trägt, in Konkurrenz und Rivalität tritt. Und so sind die Motive dafür, daß der Ödipuskomplex schließlich wieder aufgegeben wird, höchstens einer Kette von Enttäuschungen und Versagungen geschuldet (Desinteresse des Vaters am weiblichen Kind oder väterliche Verachtung des weiblichen Geschlechts überhaupt, möglicherweise der Umstand, daß die Mutter – und nicht das ödipal verliebte Mädchen – wieder ein Kind von ihm bekommt, zum Beispiel.)

»Beim Mädchen«, schreibt Freud, »entfällt das Motiv für die Zertrümmerung des Ödipuskomplexes. Die Kastration hat ihre Wirkung bereits früher getan, und diese bestand darin, das Kind in die Situation des Ödipuskomplexes zu drängen. Dieser entgeht darum dem Schicksal, das ihm beim Knaben bereitet wird, er kann langsam verlassen, durch Verdrängung erledigt werden, seine Wirkungen weit in das für das Weib normale Seelenleben verschieben. Man zögert es auszusprechen, kann sich aber doch der Idee nicht erwehren, daß das Niveau des sittlich Normalen für das Weib ein anderes wird. Das Über-Ich wird niemals so unerbittlich, so unpersönlich, so unabhängig von seinen affektiven Ursprüngen, wie wir es vom Mann fordern. Charakterzüge, die die Kritik seit jeher dem Weibe vorgehalten hat, daß es weniger Rechtsgefühl zeigt als der Mann, weniger Neigung zur Unterwerfung unter die großen Notwendigkeiten des Lebens, sich öfter in seinen Entscheidungen von zärtlichen und feindseligen Gefühlen leiten läßt, fänden in der oben abgeleiteten Modifikation der Über-Ichbildung eine ausreichende Begründung.«[17]

Gleich in den nächsten Sätzen setzt Freud zwar gleichsam entschuldigend und zurücknehmend hinzu, daß auch bei Männern das Über-Ich meistens zu wünschen übrig lasse und daß wegen der angeborenen Bisexualität aller Individuen die reine Männlichkeit und Weiblichkeit theoretische Konstruktionen bleiben müßten, aber es geht eben gerade um diese Konstruktionen. Und diejenige für die Weiblichkeit besagt, daß das Über-Ich bei der typischen Frau verbunden ist mit Affektivem, d.h. mit der alles überragenden Bedeutung, geliebt zu werden, sich für liebens- und/oder begehrenswert halten zu können, damit sie vom Anderen das ihr Fehlende, sie Ergänzende bekommt. In anderen Worten, daß das Über-Ich nicht abstrakt wird, sondern mit dem Anspruch an Personen und deren Wertschätzung verbunden bleibt, z.B. mit der Schätzung durch einen Mann, dessen Ideale (oder Meinungen, Ziele,

17. Sigmund Freud (1925j): »Einige psychische Folgen«, ebd., S. 29/30.

Interessen, moralische oder amoralische Positionen) einfach übernommen werden, so wie z.B. Tschechows Erzählung *Seelchen* das höchst eindrücklich und anschaulich tragikomisch beschreibt.

Was bedeuten nun diese Freudschen Konstruktionen für die praktische analytische Arbeit, besser gesagt: Kann und wenn ja wie kann man heute noch damit arbeiten? Die gesellschaftlichen, sozialen Veränderungen in der Stellung der Frauen seit Freud sind schließlich unübersehbar. Ich muß dazu aus einem seiner Brautbriefe an Martha zitieren:

»Es ist auch ein gar zu lebensunfähiger Gedanke, die Frauen genauso in den Kampf ums Dasein zu schicken wie die Männer. Soll ich mir mein zartes, liebes Mädchen zum Beispiel als Konkurrenten denken: das Zusammentreffen würde doch nur damit enden, daß ich ihr [...] sage, daß ich sie lieb habe und daß ich alles aufbiete, sie aus der Konkurrenz in die unbeeinträchtigte stille Tätigkeit meines Hauses zu ziehen. Möglich, daß eine veränderte Erziehung all die zarten, des Schutzes bedürftigen und so siegreichen Eigenschaften der Frauen unterdrücken kann, so daß sie wie die Männer ums Brot werben können. Möglich auch, daß es nicht berechtigt ist, in diesem Fall den Untergang des Reizendsten, was die Welt uns bietet, unseres Ideals vom Weibe zu betrauern; ich glaube, alle reformatorische Tätigkeit der Gesetzgebung und Erziehung wird an der Tatsache scheitern, daß die Natur lange vor dem Alter, in dem man in unserer Gesellschaft Stellung erworben haben kann, [die Frau] durch Schönheit, Liebreiz und Güte zu etwas [anderem] bestimmt.«[18]

Nun, dieser Untergang ist wirklich geschehen, zwar haben die Frauen der ärmeren Stände auch schon früher im Kampf ums Dasein ganz selbstverständlich auf den ihnen vorbehaltenen Gebieten mitgekämpft, aber heute werben Frauen tatsächlich, und oft wirklich in harter Konkurrenz mit den Männern, um Brot und werden dazu erzogen; das männliche Ideal vom Weibe, wie der verlobte Freud es ausspricht und dem der verheiratete Freud wohl angehangen hat, ist tatsächlich untergegangen, aber ich denke, es wäre ein voreiliger Kurzschluß, mit dieser heute so unzeitgemäß anmutenden Aussage zu seinem Frauenideal – und wohlgemerkt, er spricht von Ideal – gleich die ganze, weitaus später in minutiöser Arbeit entstandene Freudsche Konstruktion von Männlichkeit und Weiblichkeit und deren Bedingung durch den Ödipuskomplex und dessen geschlechtsverschiedene Bewältigung als untergegangen zu betrachten und abzutun.

Ich möchte zu Freuds Konstruktion der Weiblichkeit hier eine der Frauen zu Wort kommen lassen, deren Porträtphotographie er auf

18. Sigmund Freud: *Brautbriefe*, Briefe an Martha Bernays aus den Jahren 1882-1886, Frankfurt/M. 1968, S. 57 [Brief v. 15. 11. 1883; Taschenbuchausgabe, S. 64].

seinem Bücherregal aufgestellt hatte und die eine gewiß außergewöhnliche Frau war und die ein in der Freizügigkeit ihres Liebeslebens, der Freiheit und Selbstgewißheit ihres Intellekts und der tapferen Art, nach dem verlorenen Familienvermögen sich mit Schreiben ihren Unterhalt zu verdienen, kühn alle Konventionen überschreitendes Leben führte und die trotzdem seinem Frauenideal und seiner Konzeption vom weiblichen Über-Ich gehuldigt hat: Lou Andreas-Salomé. 1928 hat sie zur Frage des weiblichen Über-Ichs einen Aufsatz mit dem Titel veröffentlicht *Was daraus folgt, daß es nicht die Frau gewesen ist, die den Vater totgeschlagen hat.* Es ist eine Freuds Thesen von *Totem und Tabu* aufgreifende Abhandlung über Schuld und die Entstehung der Religiosität, die für Lou Andreas-Salomé im Erotischen wurzelt, dessen Urgrund der Narzißmus ist. In diesem Aufsatz nur in Verkürzung, in anderen Schriften, z.B. in *Zum Typus Weib, Psychosexualität, Narzißmus als Doppelrichtung* ausführlicher, erklärt sie als die Urverletzung die Ablösung des Einzelwesens von der es umgebenden Welt, die Erkenntnis »nicht alles« zu sein, das Auftauchen des Anderen und der Trennung, sich zerteilen zu müssen in

»bewußte Eigenliebe und in Liebesüberbrückungen zu den Einzelobjekten draußen. Das gelingt am frühesten am leiblichen Erleben; besitzen wir an unserer Leibhaftigkeit doch dasjenige Stück Außenwelt zu eigen, das wir einerseits nur so indirekt kennen lernen können, wie sonstige Fremdstücke der Welt, und das andererseits unverbrüchlich uns selbst, unser Selbst, bedeutet.«[19]

Aber in diesem Auftauchen setzt sie einen entscheidenden Unterschied für die Geschlechter. Für den Mann beschreibt sie das so:

»[...] die Breite des Allesseins steilt sich [...] auf in die senkrechte Linie der Wertung, des über alles Schätzenswerten. Gewertet wird erst, wo schon verglichen wird, wo das quantitativ Ausschließliche, Unteilbare, das man vor sich selbst darstellte, qualitativ ersetzt zu werden strebt. Der Anspruch, alles zu sein, wandelt sich in die Aufforderung, sich anzustrengen; das infantil Gewünschte wird zur männlichen Aktion am Leben.«[20]

In der Eifersucht auf den Vater erschlägt das männliche Kind in der Phantasie sein narzißtisches Vor- und Ebenbild, das sich ihm im selben Zug in der Verinnerlichung aus Reue und Schuldbewußtsein zur göttlichen, idealen, nie ganz zu erreichenden Instanz erhebt. Oder an-

19. Lou Andreas-Salomé: »Was daraus folgt, daß es nicht die Frau gewesen ist, die den Vater totgeschlagen hat«, in: *Almanach für das Jahr 1928*, Wien 1927, S. 24-30, hier S. 26.

20. Ebd., S. 27.

ders gesagt: Das männliche Kind, das alles zu sein glaubte für sich und die Mutter, für sich unabgelöst von der Mutter, das ein und alles war mit sich und der Welt, erkennt in dem diese Einheit störenden, trennenden Vater den Rivalen und Größeren, wünscht ihn zu beseitigen, und wird, zerknirscht durch den Vergleich mit dessen bedrohlicher Überlegenheit, ein Strebender, der in Schuldbewußtsein ein Leben lang einem väterlichen Ideal dienen wird. Für die Frau heißt es nun bei Salomé:

»Man darf beinahe sagen, [...] von diesem Verzicht auf die narzißtische Breitenlagerung als stärkstem Ansporn zum wertverpflichtenden Aufstieg wird das weibliche Geschlecht nur wenig berührt. Es fällt gleichsam nicht ganz heraus aus der Vaterliebe, der das männliche Geschlecht sich erst wieder anpassen muß; in Freuds Terminologie hieße das: im Weibe muß der Inzestwunsch nicht ganz so total überwunden sein wie im Manne; wie ja auch die Kastrationsdrohung am Weibe sinnlos wird. Wohl überschätzt auch das Weib seine Vater-Imago, ja restloser noch als der Mann, aber es geschieht zwiespaltloser; der das Objekt vergöttlichende Blutrausch verfeinert sich nur bis ins Geistigste hinauf; verliert nie gänzlich den letzten zarten Schwips gewissermaßen, der immer noch aus der leiblichen Urverwandtschaft gespeist ist, aus der sich darin verwirklichenden Vater-(= Gottes=)Kindschaft.«[21]

Schlichter gesagt (obwohl diese unbekümmerte Formulierung vom Schwips beachtlich ist): Nach Lou Andreas-Salomé bedeutet die Entdeckung des Geschlechtsunterschieds in der phallischen Phase für das männliche Kind die Aufrichtung des Ideals des Stärkeren, des Vaters, den es als Kastrationsdrohung schuldvoll wegen seiner Todeswünsche am realen Vertreter zu einer abstrakt göttlichen Gesetzesinstanz verinnerlicht, für die Frau hingegen zieht sich das Phallische ins Innere des Körpers zurück als nun verborgener und geborgener unveräußerlicher Schatz, so wie sie es aus der eigenen Erinnerung an den »Wunderkasten« mit den juwelenartigen Knöpfen, die im Unterschied zum Geld nie weggegeben wurden und mit denen das kleine Mädchen spielen durfte, beschreibt.

Diese schatzartigen Knöpfe als gehütetes, in einem Kasten aufbewahrtes Attribut des Weiblichen verweisen in ihrer Symbolik der Brustwarzen gleichzeitig auf die Trennung, auf von der Mutter ablösbare Teile, wie auf das Bewahren, das »Unveräußerliche«, wie sie sagt. Die Frau bewahrt ihr Kostbares unsichtbar im Inneren, wie die Berge, in deren Höhlen Schätze liegen und die ja tatsächlich »Jungfrau« heißen können. Mit der fortschreitenden Sozialisierung – schreibt Salomé über ihre eigene Erfahrung –

21. Ebd.

»zog sich dasjenige, worüber kein Anderer zu verfügen hat, von den sozusagen äußeren Gütern des Lebens ins gleichsam Unsichtbare, Unfaßbare zurück, als etwas, das man sich nicht erst erwerben, verdienen, erkämpfen, aus zweiter Hand empfangen kann, sondern unverlierbar, ein für allemal, laut oberster Instanz, besitzt. Diese oberste Instanz ist in einem strenggläubigen Elternhaus von selbst gegeben. So wurde hier, unter dem Ausdruck der gegebenen Religion, ein Stück zurückbehalten von der ›Allmacht der Gedanken‹ im Freudschen Sinne des Wortes, diese Allmacht über die Tatbestände wurde als Knopf deponiert da, wo der Augenschein der Wirklichkeit nicht mehr hinreichte.«[22]

Das erotisch religiöse Gottesbild und Gotteskindtum der Frau stellt so die imaginierte Entschädigung für die Verletzung des frühkindlichen Narzißmus dar, es ist eine Art unsichtbarer, unendlich gütiger göttlicher Großvater, der die Taschen voller Spielzeug hat und dem das kleine Mädchen auf den Schoß klettern darf. Schuld muß dabei kaum eine Rolle spielen, das Mädchen »hat eben seine Gesetzlichkeit und Ordnung anderswo«.[23] Daher hat Lou Andreas-Salomé die Frau auch das »Glückstier« nennen können, das menschliche Wesen, dem Leiblichkeit und Geistiges nicht auseinanderfallen, weil von der frühen Kinderzeit an die phantastische Vorstellung eines Stückes allereigensten, unantastbaren Leiblichen eben reine Phantasie, eine geistige Gewißheit von Gottes Gnaden ist, so daß dem eigentlich Weiblichen das Paradoxon gelingt,

»das Vitalste als das Sublimierteste zu erleben. Dieses Vergeistigen und Idealisieren in seiner Unwillkürlichkeit läßt sich veranlaßt denken dadurch, daß dem weiblich-einheitlichen Wesen nach, in den Übertragungen der Liebe lebenslang deren ursprünglicher Ausdruck fühlbarer gegenwärtig bleibt als dem Mann – jene uranfängliche Verschmelzung mit dem Ganzen, darin wir ruhten, ehe wir uns selber gegeben waren und die Welt in Einzelgestaltungen vor uns aufging.«[24]

Diese Mittelstellung der Frau zwischen »Kreatürlichem und Überpersonellem« bestimmt als ihre spezifische Kulturleistung, als das Schöpferische an ihr, die Mutterschaft. Sie ist es,

»die das Weib in seinem weiblichsten Umkreis so zurande leben läßt, daß es, einen neuen Lebenskreis aus sich schaffend, einer männlichen Wesensleistung nahe zu kommen scheint: zeugend, nährend, schützend, führend. Von jeher weckte es damit des Mannes Neid, als vergriffe es sich damit am Mannesähnlichsten, und entwiche ihm damit zu-

22. Lou Andreas-Salomé: »Zum Typus Weib«, in: *Imago. Zeitschrift für Anwendungen der Psychoanalyse auf die Geisteswissenschaften*, Bd. III, 1, 1914, S. 1-14, hier S. 4.

23. Lou Andreas-Salomé: »Was daraus folgt«, S. 28.

24. Lou Andreas-Salomé: »Zum Typus Weib«, S. 11.

gleich am unerreichlichsten in des Leibes Mysterium, wie ihm die eigene Mutter das Unerreichliche des Schönsten war.«[25]

Lou Andreas-Salomé hat damit in ihrer begeisterten Zustimmung zu Freud im Grunde dessen Thesen auf den Kopf gestellt: Aus dem Verlust, den freudianisch gesehen die Kastration für den weiblichen Narzißmus darstellt, macht sie einen unverbrüchlichen Gewinn an innerem Reichtum, aus dem Nicht-Haben eine erotisch getönte Seinsfülle, aus dem Penisneid den Neid des Mannes auf die Mutterschaft – und in der Tat, wenn man ihre Schriften und ihre Briefe liest, gewinnt man den Eindruck eines Menschen, dem jedes Sich-vergleichen-Müssen, jeder Größenwahn, jede Angeberei genau so fremd war wie irgend ein Neidgefühl und der sich jederzeit seiner körperlichen und geistigen Anziehungskraft als etwas völlig Selbstverständlichem so sicher war, daß das gar nicht erwähnt oder vielleicht nicht einmal bewußt zu werden brauchte.

Solche Frauen, wie Salomé sie als weiblichen Typus konstruiert, wären über den Penisneid erhaben, den sie eine »Gleichheitssucht« nennt, im

»Wettkampf um Rechte; was die Frau ja auch wählen kann, bleibt sie sich nur klar bewußt, daß, unvermeidlich, ihre ureigensten Quellengebiete dabei eintrocknen, daß sie damit die Grenze übertritt zur Dürre und Drangsal von Zwiespalten, die sie, in Rebellenehrgeiz und Schuld, sich selbst entfremden; kurz: daß sie den Vater totzuschlagen beginnt.«[26]

In ihren Worten ausgedrückt, müßte ich freilich sagen, daß die Frauen, die in meiner psychoanalytischen Praxis zu mir sprechen, alle zumindest ein Stück dieser Schuld auf sich geladen haben, daß sie an Zwiespalt leiden, daß sie ein Ichideal haben, das ihnen oft einen fast ausweglosen Konflikt auferlegt zwischen intellektuellem und beruflichem Ehrgeiz und Geliebt-werden-Wollen, und wenn sie keine Kinder haben, Zweifel daran, ob sie nicht doch Mütter werden sollen oder dürfen, oder Verzweiflung, möglicherweise das Wesentliche im Leben verpaßt zu haben; wenn sie Kinder haben, die immer peinigende Angst, keine gute Mutter zu sein, etwas falsch zu machen, der Aufgabe nicht zu genügen, ob sie sich ihr nun ganz widmen oder daneben einem Beruf nachgehen. Die von der Gesellschaft vermittelten Vorstellungen über die ideale Frau haben sich gewiß radikal kompliziert, sie soll ja am Besten alles in sich vereinen: beruflich erfolgreich, sexuell attraktiv

25. Lou Andreas-Salomé: »Was daraus folgt«, S. 28f.

26. Ebd., S. 29.

und genußfähig und dazu noch eine warmherzige, ermutigende, verläßliche, immer aufmerksame Mutter sein. Es kommen auch Frauen, die viele Sitzungen lang über die immer noch nicht vollzogene eigene Emanzipation, ihre Abhängigkeit vom Versorgtwerden oder Versorgt-werden-Wollen klagen oder darüber, daß sie auch heute noch dauernd auf Benachteiligungen oder verächtliche Behandlung wegen ihres Geschlechts stoßen. Selbstverständlich sind die solchen Klagen zugrunde liegenden Ideale einer jeden Einzelnen geprägt durch den ganz realen, oft, weil allzu sattsam bekannt, nur banal artikulierbaren Einfluß, den soziale Verhältnisse und gesellschaftlich anerkannte Ideale ausüben und ausübten, in der Kindheit durch die Erziehung, durch Eltern, deren Vorstellungen und Unbewußtes ja ebenfalls dem Einfluß dieser Ideale unterworfen sind. Aber in der Psychoanalyse gibt es nur Einzelfälle, gibt es nur den besonderen Menschen und seine besondere Positionierung in der Gesellschaft und in seinem Geschlecht, es gibt nur sein durch besondere Umstände ausgebildetes Ichideal, sein Leiden daran, ihm nie zu genügen, und die besondere Art, wie er zu jemandem davon spricht, dem er unterstellt, daß dieser durch dieses Sprechen mehr über ihn erfährt, mehr über ihn weiß als er selbst, also die besondere Art, wie er an den anderen, zu dem er spricht, Anspruch erhebt. Bedeutet das Ernstnehmen der Freudschen Konstruktionen ein Wissen darüber, wie ein »normaler«, ein »richtiger« Mann, eine »normale«, eine »richtige« Frau sein müßte, sich zu verhalten und zu empfinden hätte, damit anhand dieses Modells ein Neurotiker/eine Neurotikerin, bei dem/bei der etwas im aufzustellenden Ablauf seiner/ihrer psychosexuellen Entwicklung schiefgelaufen ist, geheilt werden kann? Und muß der Analytiker dabei in Rechnung stellen, daß es sozusagen eine männliche und eine weibliche Variante von Über-Ich gebe, streng abstrakt, kategorisch imperativisch aufs Allgemeine zielend beim Mann und im Persönlichen verhaftet, aufs Anziehendsein, aufs Geliebtwerden, aufs Befruchtetwerden, aufs Fruchtbarwerden (Mutterwerden) ausgerichtet bei der Frau? Das sind natürlich rhetorische Fragen, denn es ist noch nie die Aufgabe der Psychoanalyse gewesen, normativ zu wirken oder Normen anzuwenden. Ihre Aufgabe ist es, sich das Sprechen anzuhören, sich erzählen zu lassen und aus den Strukturen dieses Sprechens, dieses Sich-Wendens an einen anderen, aus den an ihn gerichteten Ansprüchen, aus den für ihn bestimmten Erzählungen zu erschließen, worum es im Besonderen geht, worum es diesem besonderen Menschen, indem er zu einem anderen spricht, geht und wovon er nichts weiß.

Und hier will ich an das mythisch Katastrophische, Poetische, Scheinhafte erinnern, das Freud mit seiner möglicherweise ja auch leise ironischen Wortwahl »Untergang des Ödipuskomplexes« beschwört. Auch seine Mitteilungen über den Ödipuskomplex und dessen Ausgang bei den beiden Geschlechtern sind Erzählungen, überpersönliche Mythen, und wenn man sie als solche nimmt, sind sie so brauchbar wie am Tag ihrer ersten Niederschrift, denn in vielen einzelnen Variationen werden sie im Besonderen immer wieder nacherzählt, in den Analysen immer wieder zu hören sein, auch wenn die Erzählung vielleicht alle von Freud erzählend vorgebrachten einzelnen Umstände zu widerlegen scheint. Jeder Einzelne hat eine mythische Zeit des frühkindlichen Trieblebens hinter sich und somit sein versunkenes Atlantis, dessen im Wasser läutende Kirchenglocken drohend und mahnend und vielleicht auch wehmütig lockend im Sprechen während der Analyse noch zu vernehmen sind. Mythen unterscheiden sich allerdings von den besonderen Erzählungen dadurch, daß sie an alle, nicht an jemanden Besonderes gerichtet sind, daß sie für die Allgemeinheit innerhalb einer Kultur gelten. Und für alle gilt, was Freud in *Die endliche und die unendliche Analyse* den »gewachsenen Fels« des Biologischen[27] nennt: die Tatsache, daß es biologisch, anatomisch, zwei verschiedene Geschlechter gibt, von denen das eine einen unter bestimmten Umständen erektionsfähigen Penis hat, das andere ein anders gestaltetes Genitale, Brüste und im allgemeinen auch für eine gewisse Zeitspanne die organische Möglichkeit, ein Kind zu empfangen und zu gebären. Es war nicht Freuds Entdeckung, daß in jedem Individuum verkümmerte körperliche Anlagen des anderen Geschlechts vorhanden sind, das hatte die Wissenschaft seiner Zeit bereits erkannt, und er hat dem Rechnung getragen; selbst die Entdeckung, daß der sexuelle Trieb dem Wissen vom anderen Geschlecht vorangeht, sich zunächst unabhängig von der Geschlechterdifferenz betätigt, ist nicht nur seine persönliche – aber die logische Konsequenz, die er daraus ableitet, ist einer der Kernpunkte der Psychoanalyse. Diesen Eintritt in das Wissen von der Existenz des anderen Geschlechts, die Bändigung und Umgestaltung der Triebregungen und deren Ausrichtungen auf Objekte, versieht Freud mit dem Begriff der Kastration. Aber was heißt das? Tatsächlich genommen wäre das ein Gedanke, gegen den sich aller gesunde Menschenverstand doch einfach empören müßte – denn es geht hier beim Kind ja nicht wie bei der wirklich vorgenommenen Kastration in der Tierzucht um eine Unterbindung der Zeugungsfähigkeit oder Fruchtbarkeit, von denen das Kind ja noch gar nichts wissen kann, sondern um den Verlust des Genitales schlechthin, um Haben oder Nicht-Haben und um das Sein »mit oder ohne«. Es geht aber bei dem Freudschen Begriff der Kastration nicht um das reale Genitale, es geht um einen phantasmatischen Verlust von etwas dem Trieb Dienenden, den Trieb Verkörpernden, und diese Tatsache wird an seiner mythischen Erzählung von der Sexualentwicklung des kleinen Mädchens deutlicher als an der ent-

27. Sigmund Freud (1937c): »Die endliche und die unendliche Analyse«, in: *Gesammelte Werke*, Bd. XVI, S. 99.

sprechenden vom männlichen Kind. Beim Mädchen spricht Freud von der *symbolischen* Gleichung Kot-Penis-Kind, längs der die Libido gleitet, also von symbolischer Ersetzung, von sprachlicher Metaphorik, die in den Trieb eingreift, dessen Ziel verschiebt, das Begehren bestimmt. Bei der Konstruktion für das Mädchen läßt er ausdrücklicher die Wirkung der Sprache als solche mit ihrer Verschiebung der Bedeutungen hervortreten. Und daß er – gegen allen Einspruch aus sich dem Tatsächlichen verpflichtet glaubenden Beobachtungen anderer – unbeirrt daran festgehalten hat, daß es auch beim Mädchen um den Begriff der Kastration gehe (ganz ähnlich wie, wenn auch anders als beim Jungen), das verleiht diesem Begriff der Kastration die Bedeutung eines symbolischen Verlusts – nicht des realen Penis, sondern des imaginären, phantasmatischen, und daher ist trotz Freuds Ausdrucksweise in seinen mythischen Erzählungen vom frühkindlichen Triebleben, wo er meistens von Penis spricht, weil Mythen eben auf der konkret anschaulichen, stofflichen Ebene angesiedelt sind, auf der theoretischen Ebene sein Ausdruck dafür das Phallische. Phallus aber ist kein Wort, das einfach ein Ding oder Organ bezeichnet, es ist ein Wort, das auf sich als Wort verweist oder wie Freuds Leser Jacques Lacan sagt: auf sich als Signifikanten. Der Ödipuskomplex, der sich in der phallischen Phase konstituiert, läuft in Freuds Beschreibung im Zeichen dieses Signifikanten ab, der nach Lacan bestimmt ist, die Wirkungen der Tatsache, daß man spricht, schlechthin zu bezeichnen. Das ist eine theoretische Erkenntnis oder auch Hypothese, wie Sie wollen, Kinder werden in der »phallischen Phase« natürlich nie auf das Wort Phallus stoßen – und übrigens auch nicht auf das Wort Kastration. Aber sie stoßen auf die Wirkungen der Sprache, die ihr körperliches Erleben nicht nur einfach begleitet oder ergänzt oder mitteilbar macht, sondern den anderen, von dem ihnen die Sprache kommt, als anderen in ihrem Erleben selbst einführt und somit eine Trennung von ihm (von der Mutter) und gleichzeitig auch eine Spaltung in ihnen selbst, – und das ist ein nie wieder einholbarer Verlust einer Einheit oder Ganzheit oder Ungebrochenheit des Erlebens von Trieb und Befriedigung, von der wir nur retrospektiv mythisch etwas erinnernd zu ahnen meinen. Sie stoßen im Sprechen auf das Begehren des anderen. Und mit diesem Anderen der Sprache im Erleben des Kindes verquickt sich seine Entdeckung der Existenz eines anderen Geschlechts, welche Entdeckung sich somit als persönlicher Verlust signifiziert. Das Gesetz (das Wort des Vaters, das väterliche Gesetz, das das Kind von der Mutter trennt) ist eine Rationalisierung dieses Verlusts. Der Satz: *Du sollst die Mutter nicht begehren,* der ja auch heißt: *Später wirst du andere Frauen begehren dürfen,* hebt den unfaßbaren Verlust auf die verständliche, und daher beruhigende Ebene des Verbots und der gesetzten Grenze. Beim Mädchen wirkt das Gesetz des Vaters kaum mit einer solchen Rationalisierungsmöglichkeit. Ein durch den Vater verkörpertes, ausgesprochenes Inzestverbot in der präödipalen Mutterbindung gibt es eigentlich nicht, wenn der Vater trennend eingreift, dann weil er entweder auf die Mutter oder auf das Kind eifersüchtig ist, und so wird er versuchen, die Mutter oder das Kind zu verführen, seinen Anspruch geltend zu machen, deren Begehren zu erwecken. Der Verlust, den das Mädchen erfährt, spielt sich in der präödipalen Phase ab, und es werden ihm dazu so gut wie keine Rationalisierungen durch das Gesetz anhand gegeben, und das erklärt, warum – völlig gleichgültig wie emanzipiert die Frauen heute sind – ihr Sprechen stärker dem Anspruch verhaftet bleibt, der – ob es sich nun um Identifizierung mit der Vater- oder mit der Mutterimago handelt – eben nie untergeht, da er unerfüllbar bleibt. Es geht in diesem Anspruch darum, einen Verlust signifiziert zu bekommen. Den Verlust zu signifizieren, darum geht es in den Analysen, und aussprechbar, konstruierbar wird er über die mythischen Erzählungen von der Kindheit, die irgendwann – und sei es am Ende der Analyse – die Tragik eines längst zurückliegenden Untergangs beschwören werden.

Große Erwartungen, kleine Aufmerksamkeiten

Der Titel ist aus einer Scheu vor dem Thema »Aufmerksamkeit« entstanden. Wie ließe sich das einschränken, begrenzen, fragte ich mich, auf etwas Partikuläres bringen, an dem man ansetzen könnte, auf etwas *Kleines* also? Und da waren sie, die *kleinen Aufmerksamkeiten,* und von ihnen war zu den *großen Erwartungen* nur noch ein Schritt, denn genau diese, wem auch immer ich sie unterstellt haben mag, waren ja der eigentliche Grund für die Scheu vor den Thema.

Große Erwartungen – Great Expectations: da es einen Roman gibt, den Charles Dickens 1861 unter diesem Titel veröffentlicht hat[1], soll ihm Aufmerksamkeit zuteil werden. Worum geht es bei diesen ganz bestimmten *großen Erwartungen?* Um das Ungewöhnliche, scheint es erst einmal.

Der Held der Geschichte, der kleine Pip, der, im Säuglingsalter verwaist, von seiner mit einem Grobschmied, dem herzensguten Joe, verheirateten älteren Schwester »von Hand« aufgezogen wurde (d.h. erst mit der Saugflasche, dann mit Püffen und Ohrfeigen), wird eines Tages unverhofft in die höheren Kreise seines verschlafenen Heimatstädtchens beordert, um der exzentrischen reichen Miss Havisham etwas Zerstreuung zu verschaffen und mit deren Adoptivtochter, der schönen Estella, Karten zu spielen. Natürlich stellt er sich in seiner Befangenheit wegen der ungewohnten Situation nicht gerade geschickt an und gelangt durch diese Begegnung angesichts der spöttischen Blicke Estellas schlagartig zu der schmerzlichen Erkenntnis, daß er nur ein ganz gewöhnlicher, ordinärer Junge ist, »common« eben, im Gegensatz zu der vornehmen und seltsamen, ja recht eigentlich absonderlichen neuen Welt, die sich da vor ihm auftut, ohne ihm wirklich Einlaß zu gewähren. Betrübt geht er, als sein Besuch zu Ende ist, nach Hause.

»Während dieses Marsches erkannte ich tief, was für ein gemeiner Bauernknirps ich sei (*a common labouring boy*), grob von Händen und in plumpen Stiefeln; daß ich in die

---

1. Charles Dickens: *Große Erwartungen.* München 1993. *Great Expectations,* London 1894.

lächerliche Gewohnheit verfallen war, die Buben ›Unter‹ zu nennen (*calling knaves ›Jacks‹*); wie ich so viel unwissender sei, als mir das am vorigen Abend geschienen, und daß ich mich ganz allgemein auf einer beklagenswerten und niedrigen Lebensstufe befinde.«[2]

Natürlich hat Pips überraschende Einladung in das Haus des völlig zurückgezogen lebenden alten Fräuleins die höchste Neugier seiner Umgebung erweckt; seine cholerische Schwester und Mr. Pumblechook, ein entfernter Onkel der Familie, der sich etwas darauf einbildet, Pips Besuch bei Miss Havisham vermittelt zu haben – sie hat ihn nämlich nach einem Jungen fragen lassen, der zum Spielen zu ihr kommen könnte –, harren daheim schon ungeduldig der Erzählung all der Dinge, die er gesehen und erlebt haben mag. Keiner von ihnen hat Umgang mit dieser reichsten Dame des Ortes, keiner hat sie je zu Gesicht bekommen. Doch Pip kann in seiner Betrübnis nicht von seinem Besuch bei Miss Havisham sprechen. Er weiß, die Merkwürdigkeiten, deren Zeuge er geworden ist, würden nicht verstanden werden, ihm selbst sind sie ja unverständlich (Miss Havisham lebt nämlich, in ein altes Brautkleid gehüllt, mit angehaltenen Uhren in einem verdunkelten Raum bei Kerzenlicht und behängt die schöne Estella mit Juwelen); er will das ihm Widerfahrene und die Beschämung über seine neuentdeckte Gewöhnlichkeit seiner Schwester und Pumblechook nicht preisgeben und wird zur Strafe für sein Schweigen mit dem Gesicht gegen die Küchenwand gestoßen. Schließlich kann er ihren Quälereien nicht mehr standhalten (vor allem, als Mr. Pumblechook, um den verstockten Knaben mürbe zu machen, ihm wieder nach seiner hassenswerten Gewohnheit mit Rechenaufgaben zusetzt), und so liefert er ihnen zu guter Letzt den verlangten Bericht, d.h. er improvisiert frisch von der Leber weg erfundene Antworten auf ihre Fragen, die selbst die kühnsten Erwartungen seiner neugierigen Quälgeister noch bei weitem übertreffen. In seiner Erzählung saß nämlich die Dame mitten im Zimmer in einer schwarzen Sammetkutsche, ließ sich durch das Kutschenfenster auf goldenen Tellern Kuchen und Wein reichen, während sich am Boden vier riesige Hunde um Kalbskotelette balgten, die sie aus einem silbernen Korb fraßen. Dann spielten alle menschlichen Anwesenden mit wunderschönen bunten Fähnchen, die sie in den Händen hielten und lustig schwenkten, und schließlich kämpften sie noch mit richtigen Schwertern und schrieen »Hurra«.

»Hätten sie noch weiter gefragt, so würde ich mich ohne Zweifel verraten haben; denn ich war eben auf dem Punkt, ihnen aufzubinden, daß ein Luftballon im Hofe gewesen, und ich hätte es gewagt, wäre ich nicht zwischen diesem Phänomen und dem eines Bären in der Brauerei unentschieden gewesen. Aber sie waren so sehr mit den Wundern

2. Charles Dickens: *Erwartungen*, S. 109/*Expectations*, S. 37.

beschäftigt, die ich ihren Sinnen bereits vorgeführt hatte, daß mir solches erspart blieb.«[3]

Erst als der gute Joe aus der Schmiede hereinkommt und bei seiner Frau Wiedererzählung von Pips angeblichen Erlebnissen in hilflosem Erstaunen seine blauen Augen aufreißt, erfaßt Pip Reue über seine Flunkerei, aber nur Joe gegenüber. Den anderen beiden, die sich nun in Vermutungen darüber ergehen, was für Pip bei Miss Havisham noch alles herausspringen könne, da sie doch bestimmt »etwas für den Jungen tun« werde, gönnt er es von Herzen, daß er sie so angeführt hat. Als er und Joe dann später endlich allein sind, gesteht er ihm, daß er gelogen hat; alle vorgestellten Herrlichkeiten nimmt er ihm wieder weg, so zäh Joe auch für diese Wunderbarkeiten kämpft; nicht einmal einen klitzekleinen Hund, der doch ohne weiteres wirklich hätte dort gewesen sein können, läßt er übrig, und auch nicht ein einziges winziges Fähnchen, was Joe ganz besonders zu schmerzen scheint.

»Und hierauf sagte ich Joe, daß ich mich sehr unglücklich fühle, daß ich mich Mrs. Joe und Mr. Pumblechook gegenüber nicht auszusprechen vermochte, weil sie so böse zu mir gewesen, daß ich dort, bei Miss Havisham, eine schöne, doch furchtbar stolze junge Dame getroffen, die mir sagte, daß ich gewöhnlich sei; daß ich wisse, ich sei gewöhnlich und etwas anderes sein möchte [*that I knew I was common and that I wished I was not common*], und damit habe, ich wisse nicht wie, mein Lügen begonnen.
Das war nun eine metaphysische Angelegenheit und für Joe mindestens so schwierig zu lösen wie für mich selbst. Doch Joe entkleidete den Fall vollständig aller Metaphysik und bemeisterte ihn so. – ›Über eines mußt du dir klar sein, Pip; Lügen sind Lügen‹, sagte er nach einigem Nachdenken.«[4]

Wir wollen es uns nicht so einfach machen wie der rechtschaffene Joe, denn unsere Aufgabe als Leser ist ja zum Glück nicht moralischer Natur. Unser Nachdenken soll sich also gerade mit dem beschäftigen, was Pip als Erzähler seiner Geschichte eine »metaphysische Angelegenheit« nennt, daß nämlich das neu erworbene Wissen um seine »Gewöhnlichkeit« sein Lügen hervorgebracht habe. Wir wissen natürlich – und Dickens war in dieser Hinsicht ein großer Kenner der kindlichen Seele –, daß Kinder Phantasiegeschichten erzählen, um ihre Wirklichkeit auszuschmücken, daß ihre Tagträumereien bisweilen in Erzählungen über frei erfundene Erlebnisse ans Licht kommen, an denen recht genau ihre Wünsche und Sehnsüchte abzulesen sind. Wir wissen auch, daß Freud in seinem Aufsatz *Der Dichter und das Phantasieren* die tagträumerische Korrektur der unbefriedigenden Wirklichkeit zur

3. Charles Dickens: *Erwartungen*, S. 116/*Expectations*, S. 39.
4. Charles Dickens: *Erwartungen*, S. 118/*Expectations*, S. 40.

Quelle der dichterischen Schöpfung erklärt hat, daß er also den Dichtern zugesteht, was sonst nur Kindern zugestanden wird, nämlich spielend bessere Welten als die der schalen Wirklichkeit zu erschaffen.[5] Aber betrachten wir die eben zitierte Szene etwas eingehender: Pip ist der Protagonist eines Dickensschen Romans, eines Romans des neunzehnten Jahrhunderts, der gewisse (und wir dürfen ruhig sagen: große) Erwartungen des Lesers voraussetzt und erfüllen will oder muß. »Romanhafteres«, Romantischeres als die Figur der knochendürren, grauhaarigen Miss Havisham in ihrem vergilbten Brautschmuck, in ihrem nur durch Kerzenschein erleuchteten, öden großen Haus, wo im Festsaal seit Jahrzehnten eine von Spinnweben überzogene und von Ungeziefer wimmelnde Hochzeitstorte unberührt auf der Tafel steht, ist nicht leicht auszudenken. Alle Uhren ihres Hauses sind in der Minute angehalten worden, als sie an ihrem Hochzeitsmorgen bei der Brauttoilette entdecken mußte, daß sie einem schurkischen Betrüger auf den Leim gegangen war, der es nur auf ihr Geld abgesehen hatte. Seither lebt sie erstarrt in diesem Augenblick, der eine Atlasschuh, den sie damals, als ihre Hoffnungen mit einem Schlag niedergeschmettert wurden, noch nicht angezogen hatte, steht weiter unberührt auf ihrem Toilettentisch, wo auch die Juwelen liegen, die sie an ihrem Ehrentag schmücken sollten und mit denen sie zuweilen ihre schöne Adoptivtochter behängt, die einmal furchtbare Rache für Miss Havishams gebrochenes Herz nehmen soll. Denn Estella soll so schön und stolz und hartherzig werden, daß sie den Männern mitleidslos die Herzen brechen und sie zur Verzweiflung treiben kann, das ist der einzige Gedanke an die Zukunft, der einzige Plan, den Miss Havisham noch hegt. Der Knabe Pip ist das ahnungslose Versuchskaninchen, an dem Estellas zukünftige Macht erprobt wird.

Die Welt von Miss Havisham ist also zugleich vornehm in gesellschaftlicher Hinsicht (sie ist die Honoratiorin des Provinzstädtchens) und absolut romanhaft, ungewöhnlich: so sehr das Gegenteil von »common« in jeder Bedeutung, als es nur vorstellbar ist. Doch auch der kleine Pip, der sich angesichts dieser Ungewöhnlichkeit so plötzlich und schmerzlich seines Gewöhnlichseins bewußt wird, hat im romanhaften Sinn durchaus etwas vorzuweisen, auch er ist unter dem Aspekt des Romanhaften durchaus nicht »von schlechten Eltern«. Er gehört zwar gesellschaftlich gesehen als Ziehsohn eines Grobschmieds zu den einfachen Leuten, seine Schwester bildet sich ja bereits etwas auf die weitläufige Verwandtschaft mit dem aufgeblasenen, dummen Samenhändler Pumblechook ein, der ein Mieter von Miss Havisham ist, aber

5. Sigmund Freud (1908e [1907]): »Der Dichter und das Phantasieren«, in: *Studienausgabe*, Bd. X.

nie die Ehre hatte, sie je von Angesicht zu Angesicht zu sprechen; doch die Erzählung beginnt in der romantischen Szenerie eines entlegenen kleinen Kirchhofs auf den Marschen mit dem Furioso von Pips Begegnung mit einem entsprungenen Sträfling, der das hilflose Kind so mit Drohungen verschreckt, daß er ihm aus Joes Schmiede eine Feile für das Fußeisen besorgt, das er immer noch an seinem wunden Bein mit sich schleppt, und ihm Essen aus der Speisekammer seiner Schwester stiehlt, darunter die Weihnachtspastete (was dem Knaben wirklich Todesmut abverlangt). Pips Erkenntnis seiner »Gewöhnlichkeit« betrifft also allein aus seiner Perspektive heraus seine soziale Stellung und seinen Bildungsstand, für den Leser ist er von Anfang an kein Gewöhnlicher, sondern ein Romanheld eben, der zu den schönsten Erwartungen Anlaß gibt. Und diese erfüllen sich auch prompt durch die überraschende Einführung der geheimnisvollen Dame Havisham, die ausgerechnet ihn zu sich ins Haus einlädt. Für den Leser erfüllen sich also die zu Beginn geweckten Erwartungen von romanhaft Interessantem, Ungewöhnlichem genau in dem Augenblick der Erzählung, als der Romanheld selbst durch diese unverhoffte Konfrontation mit dem Ungewöhnlichen sich seiner Gewöhnlichkeit bewußt wird. Pip fühlt sich nun »common« und wünscht so sehr, er wäre »nicht common«, er hat die schöne Estella gesehen und ihre Verachtung erleiden müssen, und von nun an wird er sich danach sehnen, sich aus seiner vermeintlichen Gewöhnlichkeit zu erheben, um ihre Achtung zu gewinnen. Doch an dem Punkt der Erzählung, als er von seinem ersten Besuch nach Hause kommt, hat er nicht die geringste Aussicht auf so einen Aufstieg, ist er zu keinerlei »expectation« berechtigt.

Genau hier muß jetzt für unseren Romanhelden das einsetzen, was Freud als den »Familienroman der Neurotiker« bezeichnet hat[6], nämlich die Phantasie, ein anderer zu sein, durch romanhafte Umstände für sich eine andere Herkunft als die augenscheinliche zu entdekken, an die Stelle der »gewöhnlichen« Eltern bedeutendere Persönlichkeiten setzen zu können, die dem Idealbild von Großartigkeit, das die wirklichen Eltern in der frühesten Kindheit einmal verkörperten, besser entsprechen als die später in ihrer Fehlbarkeit und Gewöhnlichkeit erkannten leiblichen. Der verwaiste Pip hat überdies seine Eltern nie gekannt, er kann nun tatsächlich wie die Neurotiker, von denen in Freuds Aufsatz die Rede ist, allerlei Phantasien über eine unverhoffte Erhöhung seiner niedrigen Existenz entwickeln, nur stellt er dabei die Identität seiner verstorbenen Eltern nie in Frage. Und es ist in diesem Zusammenhang interessant, daß der Roman mit Pips Genealogie und

6. Sigmund Freud (1909c [1908]): »Der Familienroman der Neurotiker«, in: *Studienausgabe*, Bd. IV.

seiner Lektüre des Grabsteins seiner Eltern auf dem einsamen Kirchhof auf den Marschen beginnt. Er kennt seine Eltern nur als Schriftzüge.

»Da ich weder meinen Vater noch meine Mutter je gesehen, noch von einem von ihnen ein Bild (denn sie lebten lange vor der Zeit der Photographien), schloß ich unvernünftigerweise aus ihrem Grabstein auf ihr Äußeres. Seltsam genug, nach der Gestalt der Buchstaben auf seinem Grabe stellte ich mir meinen Vater vor als gedrungenen, kräftigen, gebräunten Mann mit schwarzem, gelocktem Haar. Aus den Zügen und dem Charakter der Inschrift ›so wie Georgiana, die Gattin des Obigen‹ gewann ich die kindliche Überzeugung, daß meine Mutter kränklich und sommersprossig gewesen.«[7]

Für den Leser setzt also Pips Familienroman bereits mit dem Romanbeginn ein, als der fürchterliche, von einem vor den Marschen ankernden Schiff entflohene Sträfling neben den Grabsteinen der Eltern auftaucht; der ganze Roman ist ja nach der literarischen Gattung angelegt, der Freud für eine bestimmte Art von neurotischen Phantasien die Bezeichnung »Familienroman« eingegeben hat. Dabei werden sowohl die eigentliche Romanhandlung wie Pips sich später entwickelnde Phantasien auf der Ebene der Adoption verlaufen. Denn Pips leibliche Eltern haben seit je nur als reine Schriftzüge für ihn existiert, Pip kann also nur auf frühkindlich großartige Vorstellungen von Zieheltern zurückgreifen. Es ist die Ebene der Adoption, auf der Pip Miss Havishams Adoptivtochter Estella begegnet, die der Grund für seinen neurotischen Familienroman im Familienroman ist. Um vornehm und ungewöhnlich zu sein, braucht man also eine vornehme und ungewöhnliche Adoptivmutter. Als er schließlich durch einen geheimnisvollen Gönner, der ihm zunächst auf unbestimmte Zeit seine Identität nicht enthüllen will, tatsächlich zum Gentleman gemacht werden soll, verleitet ihn folgerichtig seine Verliebtheit in Estella, die in ihm den Wunsch geweckt hat, im gesellschaftlichen Sinn nicht gewöhnlich, sondern ihr gleichgestellt zu sein (»ebenbürtig« kann man ja nicht sagen), zu der aus seiner Perspektive naheliegenden Fehldeutung, daß Miss Havisham hinter seiner Erhöhung stecken muß. (Damit wäre auch ein ödipal inzestuöses Motiv gegeben, denn Pip ist ja von seiner Schwester aufgezogen worden, nun würde Estella gleichsam zur Adoptivschwester.)

Aber der aufmerksame Leser hat auf der Metaebene des Romans längst die andere Nähe, das andere Naheliegende bemerken müssen: das Miteinanderauftauchen von Pip, dem Grabstein seiner Eltern und dem entsprungenen Sträfling am Romanbeginn. So werden sich denn auch im Lauf der Erzählung, sozusagen streng arithmetisch

7. Charles Dickens: *Erwartungen*, S. 5/*Expectations*, S. 1.

nach dem Ansatz der Gleichung, die auf den ersten Seiten aufgestellt wird, die Erwartungen des Lesers genau umgekehrt zu den Erwartungen des Romanhelden erfüllen, in einer Umkehrung von mathematisch eleganter Symmetrie: Pips Adoptivvater, der ihn zum Gentleman machen möchte, ist der Sträfling, und dieser wird sich wiederum als der leibliche Vater der durch Adoption vornehm gewordenen Estella herausstellen ...

Doch zunächst soll Pip seinen erwartungsvollen Verwandten berichten, was er bei Miss Havisham erlebt hat, und er tischt ihnen seine Lügengeschichten auf, weil er einen radikalen Bruch empfindet zwischen seinen Sehnsüchten, die durch diesen Besuch in ihm ausgelöst worden sind, und den sensationslüsternen und gierigen Erwartungen seiner gemeinen und durch dieses jüngste Erlebnis von ihm erst richtig als gewöhnlich und unvornehm erkannten Umgebung. Pip hat an diesem Punkt der Erzählung keine Erwartungen, er hat nur Sehnsüchte; seine Schwester und Pumblechook dagegen haben zwar optimistische, aber nicht ganz unrealistische Erwartungen, daß die reiche Dame »etwas für den Jungen tun« und damit auch für sie etwas abfallen werde. Ein paar Jahre später, als Miss Havisham seiner Besuche müde wird, erfüllt sie diese Erwartungen ja in der Tat, sie stiftet für ihn das von der Innung erforderte Lehrgeld, damit Pip bei Joe in der Schmiede dessen Handwerk erlernen kann. Damit erfüllt sie genau und reichlich, was von dieser Seite her, die nichts mit Pips Sehnsüchten gemein hat, von ihr erwartet werden konnte; und doch bleibt selbst hier, auf dieser banal haushälterischen Seite, ein unerfüllter Rest. Pips cholerische »Von-Hand«-Aufzieherin zeigt sich nämlich sehr enttäuscht und gekränkt, daß sie zu Pips Verabschiedung nicht mit Pip und Joe zusammen zu Miss Havisham geladen wurde.

Die Szene, wie Joe nun seiner Frau und Pumblechook zu Hause von Miss Havishams Geschenk berichtet, ist ein wahres Kabinettstückchen über das Thema Erwartung und Enttäuschung. Dem aufmerksamen Joe, der seine Frau nur allzu gut kennt, hat nämlich ihre Enttäuschung nicht entgehen können. Er überbringt ihr daher zunächst frei erfundene Grüße und Entschuldigungen von seiten Miss Havishams, die in Wirklichkeit nie geruht hat, von der Existenz von Pips Schwester die geringste Notiz zu nehmen.

»›Miss Havisham‹, sagte Joe, mich dabei fest anblickend, wie um sich einer Sache genau zu entsinnen, ›wünschte ganz besonders, wir sollten Mistress J. Gargery ihre – Empfehlungen oder Grüße, Pip?‹

›Empfehlungen‹, bemerkte ich.

›Ja, so glaube ich auch – daß wir Mistress Gargery ihre Empfehlungen überbringen sollten ...‹

›Da habe ich ja viel davon!‹ erwiderte meine Schwester, sah aber gar nicht ungehalten aus.«[8]

Joe schmückt die Höflichkeiten der Dame noch weiter aus, und dann macht er es spannend und läßt seine Frau und Pumblechook den Betrag, den er im Beutel für die Familie nach Hause bringt, erraten, nicht ohne auch diesen, wieder in freier Erfindung, als extra für Pips Schwester bestimmt, zu erklären.

»›Was würde die anwesende Gesellschaft sagen zu zehn Pfund?‹ erkundigte sich Joe.
›Sie würde sagen‹, antwortete meine Schwester ziemlich kurz, ›ganz hübsch. Nicht zu viel, doch es geht.‹
›Es ist mehr als das‹, verriet nun Joe. [...]
›Was sagte die anwesende Gesellschaft‹, ließ sich Joe vernehmen, ›zu zwanzig Pfund?‹
›Das wäre ein stattlicher Betrag!‹ war die Meinung meiner Schwester. ›Nun denn, es ist auch mehr als zwanzig Pfund.‹«[9] usw.

So steigert er durch einen simplen rhetorischen Kunstgriff die tatsächliche Erfüllung der Erwartung, bis sie diese schließlich zu übertreffen scheint, ganz als wüßte er, als wäre ihm bewußt, daß korrekt und genau erfüllte Erwartungen im Grunde doch nur enttäuschen können.

Auch der rechtschaffene Joe lügt hier, als er Miss Havishams Empfehlungen ausrichtet, um Pips Schwester zufriedenzustellen und den schiefhängenden Haussegen geradezurücken. In seiner Herzensgüte verpackt er das mitgebrachte erwartete Geschenk in das, was im Italienischen »piccole attenzioni« heißt und weit weniger banal ist, als die »kleine Aufmerksamkeit« im Deutschen, nämlich das Aufmerken auf die seelische Verfassung des anderen, auf dessen unausgesprochene Wünsche. Er überbringt ihr das Geld mit den erlogenen Empfehlungen der vornehmen Dame und macht es dadurch für seine Frau erst richtig wertvoll. Joe, der Pip erklärte, »Lügen sind Lügen«, lügt nun selbst – aus Aufmerksamkeit, als Aufmerksamkeit. So wie Joe seine Aufmerksamkeit einsetzt, bedient sie also die Erwartungen des anderen an der Stelle, wo diese nicht befriedigt wurden und unbefriedigt bleiben müssen und wo derjenige, der die Aufmerksamkeit schenkt, sie nicht befriedigen kann. Es handelt sich um eine, beim guten Joe freilich recht harmlose, List. Wenn man den italienischen Ausdruck, jemand sei »pieno di piccole attenzioni« übersetzen will, stellt sich als bestes Wort dafür »zuvorkommend« ein. Joes erwiesene kleine Aufmerksamkeit kommt listig einem Ausbruch zuvor, der durch die unbefriedigte große Erwartung zu erwarten wäre (Pips Schwester ist ja wirklich nicht

8. Charles Dickens: *Erwartungen*, S. 173.

9. Charles Dickens: *Erwartungen*, S. 174/*Expectations*, S. 60.

zur Übergabe des Geldes geladen worden, diese einzige große Gelegenheit in ihrem Leben, einmal Miss Havishams Haus betreten zu dürfen, ist schnöde an ihr vorübergegangen, und dafür kann Joe schließlich nichts, hätte nun aber tagelang unter der schlechten Laune seiner cholerischen Frau zu leiden).

In diesem Sinne hat auch Pip mit seiner Flunkerei über Sammetkutsche, goldene Teller, Kalbskotelette fressende Hunde, bunte Fähnchen und Schwerter Erwartungen über die Exzentritäten der Reichen bedient, in diesem Sinne sind auch Pips Lügen kleine Aufmerksamkeiten, die er seinen Verwandten zuteil werden läßt, weil er ihre großen Erwartungen weder befriedigen kann noch will, denn in seinem Fall tritt der Zweck der Ablenkung von sich selbst schärfer hervor als bei Joes liebevoller Notlüge. Auch Pip schenkt ihnen etwas, weil er sie nicht enttäuschen darf, er täuscht sie, weil er sie enttäuschen muß. Er wirft sozusagen seinen Quälgeistern Brocken hin, die ihre Vorstellung eine Weile beschäftigen und von ihm abhalten sollen, weil er sich ihren Erwartungen entziehen muß, die seinen neu entdeckten Sinn für die Gewöhnlichkeit beleidigen. Daß seine Verwandten gierig sind auf Ungewöhnliches und daß sie gierig sind danach, daß etwas aus seinem Kontakt mit der reichen Dame für ihn (und selbstredend damit für sie) herausspringen soll, daß sie solche Erwartungen haben, das trennt ihn nun in seinem neu entdeckten Leid über seine Gewöhnlichkeit so radikal von ihnen, daß er zunächst gar nicht sprechen kann. Denn in ihrem geilen Anspruch, einmal etwas Ungewöhnliches zu hören, bekümmern sie sich offenbar im Gegensatz zu ihm überhaupt nicht um ihre eigene Gewöhnlichkeit.

Aus alle dem sind nun – immer noch innerhalb der Grenzen dieses Romans – ein paar Schlüsse zu ziehen:

- Wer sich als gewöhnlich erkennt, hat keine Erwartungen, er hat Sehnsüchte.
- Nur wer nichts von seiner Gewöhnlichkeit weiß oder sich darüber keine Gedanken macht, hat Erwartungen, d.h. er macht sich vor, keine Sehnsüchte zu haben, die nicht berechtigt wären.
- Erwartungen können durch kleine Aufmerksamkeiten bedient werden; wer sie so bedient, versucht, Erwartungen durch kleine Aufmerksamkeiten gleichsam zu beschwichtigen, abzulenken. Die erwiesene kleine Aufmerksamkeit kommt der großen Erwartung zuvor und stellt sie so eigentlich als etwas Unerfüllbares dar, setzt sie als enttäuschte, und doch …

Was für eine Szene spielt sich zum Beispiel ab, wenn jemand mit roten Backen und zitternden Händen Schleife und buntes Papier von einem überreichten Geschenk nestelt und der Geber ob der fühlbaren großen Erwartung verlegen und beschwichtigend erklärt, es handle sich doch nur um »eine kleine Aufmerksamkeit«? Im besten Falle handelt es sich wirklich um eine solche, also nicht um das schnell noch im Duty-free-Shop des Flughafens gekaufte obligate Parfüm, sondern um etwas, von dem der Geber weiß, daß der Beschenkte eine Schwäche dafür hat (gleich, wie gering der materielle Wert der Gabe auch sein mag); es kann eine besondere Leckerei sein, ein bestimmtes Büchlein usw., im Idealfall ist es etwas Überraschendes, also Unerwartetes.

Die kleine Aufmerksamkeit erfüllt nicht die große Erwartung, ja, ganz im Gegenteil, sie erfaßt sie in diesem Nichterfüllen als etwas Unbefriedigtes und versetzt sie damit auf die Ebene der Sehnsucht. Und dennoch erfüllt sie gleichzeitig etwas sehr Genaues, sehr Punktuelles, ganz Besonderes, einen Wunsch, den man einmal beiläufig geäußert hat oder den man nie imstande war, zu formulieren, ja, von dem man vielleicht auch gar nicht wußte, daß man ihn hatte.

Great Expectations ist ein Roman über Sehnsucht, Erwartungen und Aufmerksamkeiten. Was sind Erwartungen im Grunde? Es sind Vorstellungen, auf deren Verwirklichung man zählt, mit deren tatsächlichem Eintreffen man rechnet. (Übrigens wird sehr viel gerechnet und gezählt in diesem Roman, von den Rechenaufgaben, die Pumblechook zu stellen pflegt, über die angewiesenen und in Aussicht gestellten Geldbeträge und die buchhalterischen Versuche Pips, seiner Ausgaben und Schulden »mit einem Spielraum« Herr zu werden, bis hin zu Mr. Jaggers, dem Anwalt, der in der Konversation immer verlangt, daß man beliebige Größen und Mengen durch Nennung genauer Zahlen schätzt.) Als Pip, der inzwischen bei Joe als Lehrling in der Schmiede arbeitet, plötzlich durch den Anwalt die sein Leben von Grund auf verändernde Neuigkeit erfährt, daß er ganz gegen seine bisherige Annahme doch »große Erwartungen« hat, daß ein unbekannter Gönner ihm ein großes Vermögen in Aussicht stellt und für seine Umerziehung zum Gentleman sorgen wird –

»[...] that he be immediately removed from his present sphere of life and from this place, and be brought up as a gentleman – in a word, as a young fellow of great expectations«

da heißt es:

»My dream was out; my wild fancy was surpassed by sober reality; Miss Havisham was going to make my fortune on an grand scale.«[10]

»My dream was out«: Die deutsche Übersetzung macht daraus, in Ana-

10. Charles Dickens: *Expectations*, S. 80.

logie zu der Bedeutung von »out« in »the fire is out« – oder »the light is out«: »Mein Traum war aus.«[11] Und dagegen läßt sich nichts einwenden, ein Traum, der *out*, also *herausgekommen*, der in die Wirklichkeit hinausgetreten ist, der plötzlich von außen, aus der Wirklichkeit auf einen zustürzt, ist als Traum aus, ist vorbei. Pips hoffnungslose, unbefriedigte Sehnsüchte, sich zum Gentleman zu erheben, um Estellas würdig zu sein, sind mit einem Schlag in große Erwartungen umgewandelt worden. Nun wird ihm eine nie gekannte allgemeine Aufmerksamkeit zuteil; der Schneider, bei dem er sich neue Kleider bestellt, hat sich zwar erst kürzlich die Maße des Dorfjungen Pip notiert, doch angesichts der neuen Situation besteht er darauf, noch einmal sehr viel detaillierter Maß zu nehmen, die Maße eines jungen Herrn mit großen Erwartungen schlagen eben anders zu Buche.

Der Rest des Romans handelt nun davon, wie diese großen Erwartungen den Helden täuschen, wie er durch sie getäuscht wird und enttäuscht werden muß, wie er alle Erwartung wieder verlieren muß (einschließlich des in Aussicht gestellten Vermögens), damit sich am Ende seine Sehnsucht, Estella zu gewinnen, doch noch verwirklichen kann. Er muß die Erfahrung machen, daß ein Leben als junger Gentleman vor allem Schuldenmachen für schäbige, zweifelhafte Genüsse bedeutet, er muß den Schock erleiden, daß nicht Miss Havisham, sondern der in Australien zu Geld gekommene Sträfling sein Gönner ist, er muß den Schmerz erleiden, Estella auf immer an einen gemeinen, herzlosen Grobian zu verlieren, den sie heiratet, weil er die beste Wahl für eine Frau ohne Gefühle ist und der am Schluß, dank der Vorsehung des Autors, durch einen Reitunfall sterben wird, nachdem er seine Frau so gequält hat, daß ihr Herz durch das erfahrene Leid wieder zum Leben erweckt wird und sie endlich begreift, was Pips Liebe zu ihr für sie bedeutet.

So erfüllt sich also im Dickensschen Roman die Sehnsucht »tatsächlich«, so erfüllt sich die Erwartung des mit einem *happy end* rechnen dürfenden Lesers, aber eben auf die vertrackte Weise, daß die »großen Erwartungen«, unter deren Titel er steht, sich als Täuschung und Illusion erweisen. Und in diesem Sinne ist Dickens' Spätwerk *Große Erwartungen* als ein Roman über den Roman und das Romanhafte zu lesen. In Freuds Aufsatz *Der Dichter und das Phantasieren*, bei dem er für seine These über die dichterische Quelle der Tagträumerei

»die anspruchsloseren Erzähler von Romanen, Novellen und Geschichten, die dafür die zahlreichsten und eifrigsten Leser und Leserinnen finden«[12],

11. Charles Dickens: *Erwartungen*, S. 233.

12. Sigmund Freud (1908e [1907]): »Der Dichter und das Phantasieren«, in: *Studienausgabe*, Bd. X, S. 176.

heranzog, heißt es:

»Wir verkennen nun keineswegs, daß sehr viele dichterische Schöpfungen sich von dem Vorbilde des naiven Tagtraumes weit entfernt halten, aber ich kann doch die Vermutung nicht unterdrücken, daß auch die extremsten Abweichungen durch eine lückenlose Reihe von Übergängen mit diesem Modelle in Beziehung gesetzt werden könnten.«[13]

Dickens' *Great Expectations* läßt sich lesen wie eine Demonstration für diese Freudsche Hypothese, wie ein Stück der lückenlosen Übergänge zwischen naiver Tagträumerei (der Erfüllung der Sehnsüchte des Lesers, die im Roman – und eben nur im Roman, denn das ist sein Daseinsgrund – zu Erwartungen werden dürfen) und großer Literatur. Und das Strukturelement, das diese Übergänge schafft, das ästhetischen wie intellektuellen Genuß möglich macht neben der naiven Befriedigung narzißtischer Träumerei, ist – der Einsatz der Aufmerksamkeit. Diese Gattung des Romans, diese Gattung, die meistenteils »Familienroman« im Freudschen Sinne ist, d.h. Literatur, in der die erzählte »Wirklichkeit« romantische Träume von unverhofften Wendungen und Fügungen realisiert und die Liebenden sich am Ende »kriegen«, hat Erwartungen zu erfüllen: sie muß mit den Mitteln des sogenannten »literarischen Realismus«, also mit einer gewissen Plausibilität und einer überzeugenden Schilderung von sozialen und landschaftlichen Milieus und menschlichen Charakteren und der Wiedergabe deren Sprache eine erzählte »Wirklichkeit« schaffen, in der dennoch das, worauf es ankommt, die Handlung, so aufgeht, daß sich, im Gegensatz zum »wirklichen Leben«, alles erfüllt. Selbst wenn es nicht zu einem allumfassenden glücklichen Ausgang kommt, selbst wenn ein bitterer Tropfen von Resignation einfließen darf oder gar am Ende der große Schmerz um einen Verlust oder Tod steht, der Hintergrund dieser Romangattung ist die Erfüllung von Träumen, und sei es in einer jenseitigen Welt.

Aber nun wird in *Great Expectations* erzählt, wie große Erwartungen am besten durch Lügen befriedigt werden, weil große Erwartungen überhaupt Illusionen über mögliche Befriedigungen sind, weil die tatsächliche Befriedigung der Erwartung immer Enttäuschung bedeutet. Und diese Lügen brauchen, um zu wirken, um Überzeugung zu erwirken, das Detail, die Aufmerksamkeit auf den besonderen Zug, auf das Kleine, Differenzierte. Pips Lügen sind mit so knappen wie genauen Schilderungen von Farben und Formen ausgestattet (Miss Havishams Fahne war zum Beispiel ganz klein und mit goldenen Sternen besät), er behauptet nicht einfach und ganz allgemein, es sei in dem vornehmen Haus alles herrlich gewesen und er sei gut behandelt worden; Joe verschafft mit seinem gespielten Zögern über Miss Havishams

13. Ebd., S. 177.

Wortwahl (sagte sie Grüße oder Empfehlungen?) seiner erlogenen Erinnerung Glaubwürdigkeit. Man braucht aber nur für das Wort Lügen das Wort Erfindungen zu setzen, detaillierte, irgendwo, anderswo, und sei es im Traum, genau beobachtete Schilderungen von Einzelheiten, und man hat das künstlerische Prinzip erzählender Literatur benannt. Dickens beschenkt uns überreichlich mit »kleinen Aufmerksamkeiten« und vollzieht damit eine völlige Umkehrung von Wahrheit und Lüge. Er erzählt, wie man sich durch Lügen aus dem unangenehmen Anspruch großer Erwartungen herauswinden kann, wie man diese von sich ablenken kann, aber er erzählt auch, daß das nur Lügen sind, wo man große Erwartungen zu bedienen hat, weil große Erwartungen die Lüge provozieren. Damit, nimmt man diese kleinen Stellen ernst, schenkt man ihnen die Beachtung, auf die sie Anspruch erheben (immerhin spricht der Autor von einem »case of metaphysics«), deklariert sich im Dickensschen Roman die schlüssig durchgeführte Handlung als solche mit ihrer die romantische, romanhafte Erwartung erfüllenden Auflösung im Grunde zur Lüge, die Handlung mit ihrer Auflösung fließt gleichsam aus derselben Quelle wie Joes Erfindung der Grüße von Miss Havisham an seine frustrierte Frau. In der kränkenden, harten Wirklichkeit existiert Pips Schwester für die reiche Dame Havisham nicht, aber Joe erzählt ihr das Märchen, daß ihrer mit vielen Entschuldigungen und Respekt gedacht worden sei. So wird auf der Ebene des sprachlichen Berichts die reale Kränkung und Enttäuschung ausgeglichen, wie das auf der Ebene der Romanhandlung geschieht, wo durch die Erzählung einer Geschichte, in der alles auf seinen Platz kommt und sich fügt, die gebrechliche Einrichtung der Wirklichkeit korrigiert und kompensiert wird. Bei Freud lesen wir:

»Sie erinnern sich, wir sagten, daß der Tagträumer seine Phantasien vor anderen sorgfältig verbirgt, weil er Gründe verspürt, sich ihrer zu schämen.«[14]

Genau in dieser Lage befindet sich im Roman Pip, bevor ihm enthüllt wird, daß er »große Erwartungen« habe. Dann geht es bei Freud so weiter:

»Ich füge nun hinzu, selbst wenn er sie uns mitteilen würde, könnte er uns durch solche Enthüllung keine Lust bereiten. Wir werden von solchen Phantasien, wenn wir sie erfahren, abgestoßen oder bleiben höchstens kühl gegen sie. Wenn aber der Dichter uns seine Spiele vorspielt oder uns das erzählt, was wir für seine persönlichen Tagträume zu erklären geneigt sind, so empfinden wir hohe, wahrscheinlich aus vielen Quellen zusammenfließende Lust. Wie der Dichter das zustande bringt, das ist sein eigenstes Geheimnis; in der Technik der Überwindung jener Abstoßung, die gewiß mit den Schranken zu

14. Ebd., S. 178f.

tun hat, welche sich zwischen jedem einzelnen Ich und den anderen erheben, liegt die eigentliche *Ars poetica.*«[15]

Und nun heißt es:

»Zweierlei Mittel dieser Technik können wir erraten: Der Dichter mildert den Charakter des egoistischen Tagtraumes durch Abänderungen und Verhüllungen und besticht uns durch in der Darstellung seiner Phantasien rein formalen, d.h. ästhetischen Lustgewinn, den er bietet. Man nennt einen solchen Lustgewinn, der uns geboten wird, um mit ihm die Entbindung größerer Lust aus tiefer reichenden psychischen Quellen zu ermöglichen, eine *Verlockungsprämie* oder eine *Vorlust.* Ich bin der Meinung, daß alle ästhetische Lust, die uns der Dichter verschafft, den Charakter solcher Vorlust trägt und daß der eigentliche Genuß des Dichtwerkes aus der Befreiung von Spannungen in unserer Seele hervorgeht. Vielleicht trägt es sogar zu diesem Erfolge nicht wenig bei, daß uns der Dichter in den Stand setzt, unsere eigenen Phantasien nunmehr ohne jeden Vorwurf und ohne Schämen zu genießen. Hier stünden wir nun am Eingange neuer, interessanter und verwickelter Untersuchungen, aber, wenigstens für diesmal, am Ende unserer Erörterungen.«[16]

Ohne daß psychoanalytische Gesichtspunkte bemüht werden mußten, hat es sich in der Lektüre des Dickensschen Romans gezeigt, wie die Aufmerksamkeit der Erwartung *zuvorkommt* und daß sie ein Geschenk ist, das nicht der Erwartung entspricht, aber von deren Enttäuschung abzulenken vermag, deren Enttäuschung verschleiert; wie das genaue Evozieren eines Details, eines besonderen Zugs für eine Weile lustvoll beschäftigen kann. Die Aufmerksamkeit ist im Roman die einzelne Zelle, die Keimzelle der Erfindung – ohne Aufmerksamkeit könnte kein Detail zu sprachlicher Gestalt kommen –, und damit verkörpert sie *par excellence* das Mittel des ästhetischen Lustgewinns als Vorlust.

Nun hat sich seit Freud beim anspruchsvollen Leser die Erwartung in bezug auf einen Roman gewiß weit von der naiven Erfüllung einer Tagträumerei fortentwickelt, er wird sich in intellektuellen Kreisen seiner Lust an einer romantischen, sich am Ende wunderbar fügenden Romanhandlung fast ebenso schämen wie seiner geheimen narzißtischen Tagträumereien. Aber der durch ästhetische Mittel erweckten Vorlust darf und kann er sich dafür um so intensiver hingeben, gerade weil er um die Illusion der erfüllten Erwartung weiß. In seiner Detailfreude, in den leuchtenden, aufblitzenden kleinen Gesten, in den ganz und gar besonderen Zügen der Schilderung und der Sprachgesten ist Dickens ein großer Meister des Übergangs, ganz verhaftet der herkömmlichen Romanhandlung des neunzehnten Jahrhun-

15. Ebd., S. 179.

16. Ebd.

derts, und dabei so voller kleiner Aufmerksamkeiten, daß man sie darüber vergessen darf. *Great Expectations* zeigt damit eine andere Möglichkeit auf, das bedrückende Gewöhnliche zu überwinden: die Erlösung von der Gewöhnlichkeit ist nicht im Ungewöhnlichen zu suchen, sondern im Besonderen, im einzelnen Zug. Die Aufmerksamkeit kann auch noch dem winzigsten, sonst übersehenen Phänomen den Status der Merkwürdigkeit verleihen, und das ist eine wahrhaft literarische Lust.

Die heutige ernstzunehmende Literatur einschließlich des Romans entspricht nicht mehr der Gattung des Familienromans, wie Freud sie für die Phantasien des Neurotikers in Anspruch nehmen durfte. Sie hat das Privileg verloren oder verworfen, daß sich solche Phantasien in ihr erfüllen dürfen, daß sie für die Erfüllung von Sehnsüchten zuständig ist, daß für den Leser also die Sehnsucht in berechtigte Erwartung umgemünzt wird. Aber wie die moderne Literatur mit den naiven Sehnsüchten umgeht, muß an dieser Stelle anderen Untersuchungen vorbehalten bleiben. Hier soll zum Abschluß von der Psychoanalyse die Rede sein, davon, was psychoanalytisch gesehen die Aufmerksamkeit bedeutet und wie sie zur Erwartung steht. Unleugbar gibt es ja eine Parallele zwischen der psychoanalytischen Praxis und der Gattung des Romans, wie Freud sie kannte. Wenn jemand sich entschließt, eine Analyse anzufangen, weiß er, daß bei diesem Unterfangen seines Sprechens seine Träume und Sehnsüchte herauskommen werden, aber was erwartet er davon?

Ich weiß von jemandem, der sich entschloß, eine Analyse anzufangen, um Analytiker zu werden, weil er dachte, er könne damit seinen Genuß an der erzählenden Literatur ins wirkliche Leben verpflanzen. Er liebte eben Geschichten, doch wenn er gehofft hatte, in der Analyse würde sich der Roman seines Lebens schreiben und später als Analytiker würde er den ganzen Tag lang Geschichten hören dürfen, wurde er gründlich enttäuscht. Schon bei der Erzählung seiner eigenen Geschichten und Tagträumereien mußte er feststellen, daß sich dieses Erzählen weder zum eigenen Vergnügen noch zu dem seines Analytikers eignete, daß all das, was daran hätte goutierbar sein können, sich als Aufmachung, ästhetisch diktiertes Zurechtbiegen, Beschönigung, Pointierung, kurz als literarische Bemühung erwies, die ins Leere lief. Das lag an der Art, wie der Analytiker zuhörte: er hörte aufmerksam zu, gewiß, aber es ließ sich in dieser Aufmerksamkeit weder Spannung noch Befriedigung erspüren. Nur manchmal hakte er ein, bei einem beiläufigen Wort. Falls er Erwartungen hatte, so waren sie also nicht durch Geschichten zu bedienen, auch nicht durch Verkündigungen kluger Einsichten oder lobenswerter Absichten, es interessierte ihn offenbar nur, daß sich ein bestimmtes Wort eingestellt hatte, das manchmal, wie dann herauskam, für ein anderes stand, das wiederum zu anderen führte usw. Diese Erwartung konnte nur dadurch bedient werden, daß drauflos gesprochen wurde, und allmählich verzichtete die Person, von der ich erzähle, im Sprechen in der Analyse auf ihre literarischen Ambitionen, beschied sich mit dem banalen Gewöhnlichen ihrer Rede und wurde entschädigt durch das zwar unspektakuläre, aber nicht minder ergreifende Besondere, mit dem, gegen alle Absicht oder Voraussicht, Wörter plötzlich Sinn machten oder auch an Bedeutung verloren. Nun, die Person, von der die Rede ist, hat dadurch ihren Genuß an Literatur und am Geschichtenhören und -erzählen nicht eingebüßt, im Gegenteil, sie meint, heute aufmerksamer lesen zu können als früher, vor ihrer Erfahrung der Psychoanalyse, vor ihrer Begegnung mit dem, was Freud mit dem Begriff der »gleichschwebenden Aufmerksamkeit« als den Erwartungszustand, den er dem Analytiker anempfiehlt, bezeichnet.

Und doch hatte auch in der Analyse manchmal etwas wie ein Austausch von »kleinen Aufmerksamkeiten« vonstatten gehen können: nämlich wenn der Analysant einen Traum erzählte oder von einer Fehlleistung berichtete oder von einer Irritation durch eine scheinbar unerklärliche Nebensächlichkeit oder durch eine körperliche Empfindung, ein Symptom. Dann reagierte auch der Analytiker mit merkbarer Aufmerksamkeit, horchte auf, fragte manchmal nach und verstieg sich zu einer Deutung, in der er einen der literarischen Produktion vergleichbaren Zusammenhang konstruierte.

Wenn wir bei Freud nachlesen, was er unter Aufmerksamkeit versteht, muß man sich der mühsamen Lektüre des *Entwurfs einer Psychologie*[17] aussetzen, wo der Begriff als ein besonderer Zustand des Wahrnehmungsbewußtseins auftritt. Die Hauptfunktion der Aufmerksamkeit ist hier Schutz, Hemmung, Abwehr von unlustvollen Erfahrungen, wie sie in der Erinnerung festgeschrieben sind. Die zweite Funktion dient dem Aufsuchen von Dingen, die lustvolle Vorstellungen befriedigen könnten. Jedenfalls ist auch hier die Aufmerksamkeit immer zuvorkommend, kommt sie der Erwartung zuvor. Aufmerksamkeit funktioniert also, wo bereits Bahnungen vorliegen, und sie bewegt sich in ihrer Suche nach Befriedigung auch in einem Geflecht von Verdrängungen, von Bahnungen, deren Besetzung vermieden werden soll, um nicht Unlust oder Schmerz erfahren zu müssen. Sie tastet gleichsam ab, ob Besetzung opportun ist oder nicht; der Affektzustand, der dieses Abtasten überspringt, verhindert die Aufmerksamkeit. Nun ist aber, auf der Folie des *Entwurfs,* die Freudsche Forderung der gleich schwebenden Aufmerksamkeit ein Unding, denn das würde ja bedeuten, daß alles gleich gefährlich, alles gleich lustversprechend ist. So richtet sich, wenn man versucht, das konsequent weiterzudenken, das

17. Sigmund Freud (1950c [1895]): *Entwurf einer Psychologie*, in: *Gesammelte Werke*, Nachtragsband.

Postulat der »gleichschwebenden Aufmerksamkeit« einzig und allein auf die Erwartung, also darauf, daß der Analytiker nichts Besonderes, oder eben alles Mögliche zu erwarten hat, was schlicht heißt, daß seine eigenen Sehnsüchte in der Analyse zu schweigen haben. Wenn er keine Erwartungen haben soll, muß man aber nach unserer Dickens-Lektüre annehmen, daß er sich, wie Pip, als gewöhnlich erkannt hat, also als einer, der Sehnsüchte hat, die keine Erwartungen sind. Wenn der Psychoanalytiker also eingreift, dann sollte er – so fordert es Freud – wissen, daß er zuvorkommt, und zwar nicht seinen eigenen Erwartungen (die er natürlich trotz allem hat, denn er hat ja eine Theorie), sondern den Erwartungen des Analysanten, die er durch diese kleinen Aufmerksamkeiten ablenkt dahin, worauf eine Analyse herauszulaufen hat, nämlich auf das in seiner Rede aufscheinende Besondere seines Begehrens, das diesseits seiner Erwartungen und Sehnsüchte liegt. Im Lacanschen Jargon ausgedrückt verwiesen die kleinen Aufmerksamkeiten des Analytikers auf nichts anderes als auf sein berühmtes und berüchtigtes und so viel bemühtes und überstrapaziertes »Objekt klein *a*.« Aber hier will ich schließen, denn hier hat sich in meiner Untersuchung, wenn ich sie so nennen darf, eine theoretische Erwartung erfüllt. Und ist es nicht so, daß die großen Erwartungen heute eher durch Theorien eingelöst werden als durch Romane? Vielleicht dürfen wir die Erkenntnis, die Pip im Lauf seines Romans gewinnen muß, auch auf unsere ehrenwerte Bemühung um theoretische Einsichten übertragen – die Erkenntnis nämlich, daß allein unsere Sehnsüchte zählen und daß diese zu keinen Erwartungen berechtigt sind und daß wir alle unsere Aufmerksamkeit auf das Besondere einsetzen müssen, um uns vor der zwangsläufigen Enttäuschung unserer Erwartung, die wir auf eine Theorie gesetzt haben, zu bewahren und nicht der Lüge anheimzufallen – gerade weil dieses Besondere nichts anderes ist als eine Erfindung, eine Konstruktion.

Ich danke Ihnen für Ihre Aufmerksamkeit.

Fremdsprache

Das Thema dieser Tagung [Übertragung – Übersetzung – Überlieferung. Episteme und Sprache (in) der Psychoanalyse Freuds und Lacans] hat mich vor die mir ungewohnte Aufgabe gestellt, eine Jahre zurückliegende Arbeit von mir wieder aufzugreifen. 1992 fand in Dublin unter dem Titel *Le sujet de l'inconscient et les langues* ein Kongreß der *Fondation Européenne pour la Psychanalyse* statt. Ich hielt dort einen Vortrag, in dem es um das Erleben der Tatsache ging, daß es verschiedene Sprachen gibt, um die subjektive Begegnung mit der Fremdsprache und wie diese sich für den einzelnen zutragen kann. Beim Schreiben des Vortrags damals hat sich aus der Reflexion über diese Begegnung ein Stückchen persönlicher Analyse abgewickelt, das erst durch jenen Anlaß zur Sprache gekommen ist, und das Interessante daran ist, daß der Anlaß mit der Notwendigkeit einherging, auf Französisch oder Englisch vorzutragen, ich also diesen Text in Französisch geschrieben und in einem fremden Land zum besten gegeben habe. Mein Titel war *Le désir des langues étrangères* und beinhaltete damit bereits, daß ich nicht, wie angeboten, einen Text auf Deutsch verfassen und diesen vor der Tagung übersetzen lassen konnte bzw. wollte. Es ging mir ja darum, daß man begehren kann, die Muttersprache zu überschreiten, sich in ein fremdes Sprachgebiet hineinzubegeben. Das Schreiben in der Fremdsprache ist dann mit einer merkwürdigen, mich überraschenden Leichtigkeit vonstatten gegangen, fast als schriebe sich da etwas von selbst, solange ich nur darauf achtete, die richtigen Verbformen und Präpositionen zu verwenden. In der Fremdsprache konnte ich plötzlich fast hemmungslos sehr Persönliches behandeln. Die Tagung jetzt erschien mir als ein Anlaß, ja, fast als eine Verpflichtung, das damals Entwickelte ins Deutsche herüber- oder vielmehr zurückzuholen, also Übersetzungsarbeit am eigenen Text zu versuchen. Und das ist mir überhaupt nicht mehr leicht gefallen. Ich konnte nicht Satz für Satz übersetzen, wie ich es bei einem fremden Text getan hätte. Als wäre das von mir verfaßte Französisch zu vertraut und zu fremd zugleich. Einiges hat sich umschreiben lassen, einiges ist weggefallen, ein wenig hat sich auch ganz neu geschrieben.

Es gibt eine Geschichte zur Begegnung mit der Fremdsprache, die in meiner süddeutschen Kindheit noch in allen Schullesebüchern stand. Es ist Johann Peter Hebels Kalendergeschichte[1] vom armen Handwerksburschen, der von »Duttlingen« aus den Rhein hinauf wandert bis nach Amsterdam und dort, in dieser »großen und reichen Handelsstadt voll prächtiger Häuser, wogender Schiffe und geschäftiger Menschen« ein so herrlich schönes Haus sieht, daß er nicht umhin kann, einen Vorübergehenden zu fragen, ob er ihm sagen könne, wem diese Pracht gehöre. »*Kannitverstan*« lautet die kurze, schnauzige Antwort auf die in freundlich umständlichem Deutsch angestellte Erkundigung, also »Ich kann nicht verstehen«, aber unser Handwerksbursche meint, er habe gehört, was er wissen wollte: nämlich den Namen des Mannes, nach dem er gefragt hat. »Das muß ein grundreicher Mann sein, der Herr Kannitverstan«, denkt er und geht weiter. Dasselbe Frage-und-Antwort-Spiel wiederholt sich darauf am Hafen, wo er über ein besonders großes Schiff staunen muß, dessen kostbare Fracht, Luxusgüter aus aller Herren Ländern, eben entladen wird. Nun glaubt der Handwerksbursche zu verstehen, woher all dieser Reichtum des Amsterdamer Herrn kommt, und beim Weitergehen stellt er

»die traurige Betrachtung bei sich selbst an, was er für ein armer Teufel sei unter so viel reichen Leuten in der Welt. Als er eben dachte: ›Wenn ich's doch nur auch einmal so gut bekäme, wie dieser Herr Kannitverstan es hat!‹ kam er um eine Ecke und erblickte einen großen Leichenzug. Vier schwarz vermummte Pferde zogen einen ebenfalls schwarz überzogenen Leichenwagen langsam und traurig, als ob sie wüßten, daß sie einen Toten in seine Ruhe führten. Ein langer Zug von Freunden und Bekannten des Verstorbenen folgte nach, Paar und Paar, verhüllt in schwarze Mäntel und stumm. In der Ferne läutete ein einsames Glöcklein.«

Und auf seine treuherzig teilnehmende Bemerkung zu einem der Letzten vom Leichenzug, er trage da wohl einen guten Freund zu Grabe, bekommt er nun zum drittenmal die Antwort »*Kannitverstan*«.

»Da fielen unserem guten Duttlinger ein paar große Tränen aus den Augen, und es ward ihm auf einmal so schwer und wieder leicht um's Herz. – ›Armer Kannitverstan!‹ rief er aus, ›was hast du von allem Deinem Reichtum? Was ich einst von meiner Armut auch bekomme: ein Totenkleid und ein Leintuch, und von all' Deinen schönen Blumen vielleicht einen Rosmarin auf die kalte Brust oder eine Raute!‹.«

Er schließt sich dem Zug an und hört »die holländische Leichenpredigt, von der er kein Wort verstand, mehr gerührt, als von mancher deut-

1. Johann Peter Hebel: »Kannitverstan«, in: H. Schlaffer/H. Zils (Hg.): *Die Kalendergeschichten. Sämtliche Erzählungen aus dem Rheinischen Hausfreund*, München/ *Wien 1999, S. 162–164.*

schen, auf die er nicht Acht gab.« Leichten Herzens geht er darauf seiner Wege, und fortan, »wenn es ihm wieder einmal schwer fallen wollte, daß so viele Leute in der Welt reich seien und er so arm, so dachte er nur an den Herrn Kannitverstan in Amsterdam, an sein reiches Schiff und an sein enges Grab.«

Etwas Merkwürdiges spielt sich in diesem Aufeinandertreffen von zwei Fremdsprachen ab. Das Unverständnis schafft ein Mißverständnis, das zu einer unbedingten Wahrheit, der Erkenntnis der Begrenztheit unseres irdischen Lebens und des Genusses seiner Güter führt. Oder psychoanalytisch ausgedrückt: In aller Naivität stößt der Duttlinger in Amsterdam auf einen Begriff für die symbolische Ordnung – für ihn ist sie christlich religiös gesetzt –, in der sein Begehren einen befriedenden Rahmen finden kann. Was will nämlich unser Handwerksbursche in der Fremde damit, daß er sich nach dem Namen des Besitzers solcher nie gesehener Pracht erkundigt? Er will den fremden Reichtum mit einem menschlichen Namen belegen können, ihn sich damit wenigstens ein Stückchen weit in seine Welt – in Duttlingen kennt ja gewiß jeder jeden mit Namen – hereinholen. Er fragt nach einem Eigennamen, also – aber das weiß er freilich nicht – nach dem Signifikanten im Reinzustand, als den Lacan im Seminar über die Identifizierung den Eigennamen bezeichnet, dem Signifikanten, der, obwohl er durchaus auch etwas bedeuten kann, keinen anderen Sinn machen muß als den, wie ein Buchstabe in einem einzigen Zug die Funktion des Subjekts in der Sprache zu markieren. Der Handwerksbursche weiß nicht, daß er im Grunde damit nach etwas fragt, was ihn selbst betrifft, nach einem Signifikanten für sein Begehren, das sich – erst noch unerkannt und dunkel in seinem Staunen – in ihm regt. Daß er nämlich nach seinem eigenen Fehlen im Geschauten, nach seinem Ausgeschlossensein aus dieser Pracht fragt, die ja fremd ist, also nicht ihm gehört, sondern einem anderen gehören muß. Er weiß nicht, daß er nach dem Namen des unbekannten Besitzers fragt, um dessen Besitz zu begehren, ihn in der benannten Differenz zu sich selbst darum beneiden zu können. Daß dieser vermeintliche Name nun ausgerechnet die Worte »Ich kann nicht verstehen« zu einem einzigen Zug zusammenfaßt, ist ein hintersinniger, exquisit lacanianischer Joke in dieser Kalendergeschichte. Gerade als er sich an die Stelle des anderen, des fremden Herrn, wünscht, der unverbrüchlich mit dieser Pracht zu identifizieren wäre, ist unser Handwerksbursche ja in seinem Mißverständnis auf der Ebene, wo Signifikanten Sinn machen, wo sie etwas bedeuten, selbst der »Kannitverstan«, nämlich einer, der nicht versteht, daß dieser fremde Reichtum, der ihn so beeindruckt, zwar unermeßlich sein mag, aber daß ein menschlicher Inhaber solchen Reichtums in seinem Sein nicht an dieser Unermeßlichkeit oder Unendlichkeit partizipieren kann, weil er eben menschlich und sterblich ist, weil im menschlichen, d.h. sprachlichen Zugang zum Realen, selbst im menschlichen Besitz materieller Güter, immer etwas aufklafft und fehlt. Erst als der wahre fremde Herr, das tatsächlich Unverständliche, der Tod, ihm begegnet, der ihn und den Herrn Kannitverstan gleichermaßen betrifft, sie als Subjekte wieder gleichstellt, d.h. gleichermaßen derselben Ordnung unterworfen, versteht er, daß jeder Menschenname heißt: »Du wirst einmal sterben«, daß der Eigenname, der Signifikant der Subjektfunktion, eingeprägt auf das Dingliche, das Materielle, an sich der Zug eines Verlusts ist. Eines Verlusts, der unabdingbar ist, damit ein unerfüllbares Begehren sich etablieren und gelebt werden kann.

Ich bin sozusagen mit Johann Peter Hebel aufgewachsen, mein »Duttlingen« heißt Schopfheim, sechs Kilometer von seinem Geburtsort Hausen im Wiesental entfernt. In Schopfheim hat der Dichter als Knabe die ehemalige Lateinschule besucht, und das große Ereignis für uns Kinder aus Schopfheim und den umliegenden Dörfern war das damals alle zwei Jahre stattfindende Hebelfest, das uns Kleinen gewidmet war. Und auch ich habe, geprägt durch die besonderen Umstände der Nachkriegszeit, meine mit dem Neid auf das Schauspiel fremden Wohlergehens verbundenen Kannitverstan-Erlebnisse gehabt. Zum einen genau wie bei Hebel, als die Schweizer Grenze wieder aufging und wir regelmäßig nach Basel fuhren, dieser Schlaraffenstadt ausländischen Wohlstands, in der wir uns etwas Kaffee und Schokolade kaufen konnten. Als ich lesen lernte, war ich in Basel baß erstaunt über den Reichtum einer gewissen Frau Te a Room (eine Tante von mir hieß ja auch Thea), die offenbar sämtliche Cafés der Stadt besaß. Zum andern, das war früher und anders als bei Hebel, hat mich neben dem Reichtum der Fremden gerade auch das Phänomen ihrer unverständlichen Sprache erstaunt. Die Franzosen waren in unser Städtchen gekommen, die Besatzungsmacht, wie sie genannt wurden. Die Offiziere hatten die besten Wohnungen beschlagnahmt und waren mit ihren Familien dort eingezogen, und sie redeten französisch. Wir Kinder hörten sie auf der Straße miteinander sprechen, die eleganten geschminkten Frauen und die kleinen Mädchen mit offenen Locken, während unsere Haare noch gnadenlos in deutsche Zöpfe geflochten waren. Sie kamen uns in unserer grauen, armseligen deutschen Nachkriegswirklichkeit wie Erscheinungen aus einer schöneren Welt vor. Wir Kinder folgten ihnen in gewissem Abstand, wenn sie mit ihren nackten, paradiesisch duftenden Weißbroten unter dem Arm daherschritten, und hörten sie miteinander sprechen. Aber das Merkwürdige war, daß diese Besatzer, in offener Widerlegung ihrer doch als eine sprachliche deklarierten Macht, uns nicht nur keine Sätze brachten, sondern überhaupt der Sprache als solcher gar nicht mächtig zu sein schienen. Wir Kinder spielten »Franzosen« und machten das nach: »*Ouengouengoueng lala*«. Es war eine Fremdsprache, es war Französisch, das hatte man uns gesagt, aber was sollte das heißen? Das waren ja weder Wörter noch Sät ze, nur ein Brei aus Lauten. Wie wollten die sich mit so etwas verständigen? Das Problem, daß ausgerechnet die »Besatzer« keine richtige Sprache zu haben schienen, hat mich so beschäftigt, daß ich es schließlich den Eltern vorlegte. Und diese reagierten natürlich nach Erwachsenenart überlegen amüsiert, aber sie wiesen mich nicht, wie es nahegelegen hätte, auf den Referenzcharakter der Sprache hin, sie erklärten mir zum Beispiel nicht, daß die Franzosen *pain* zu dem sagten, was sie unter dem Arm spazieren trugen, usw., sondern – und wie entscheidend das für mich in Zukunft werden sollte, hat sich später gezeigt – um darzulegen, daß in der Fremdsprache durchaus lautlich unterscheidbare, bedeutungstragende Einheiten zu hören sind, gaben sie mir den bekannten Kinderreim, der von der Entsprechung, also der Übersetzungsmöglichkeit zwischen den beiden Sprachen handelt:

> »*Le boeuf*, der Ochs, *la vache*, die Kuh,
> *Ferme la porte*, die Türe zu.«

Dieser Reim scheint meiner Verwunderung ein Ende gesetzt zu haben. Ich erinnere mich von da an keiner kindlichen Grübeleien über das Thema der Fremdsprache mehr. Als ich ins Gymnasium kam, stand als erste Fremdsprache im südlichen Baden-Württemberg Französisch auf dem Lehrplan, und ein paar Klassen später erschien dann ein junger Französischlehrer, der mich für sich und sein Fach zu begeistern wußte. Ich verbrachte sehr bald meine Ferien bei einer Brieffreundin in Frankreich, wo ich vor allem die fremden Tafelfreuden genoß und dabei vergnügt die Fremdsprache parlieren lernte, und habe mich nach dem Abitur scheinbar ganz einfallslos, wie mir später vorkam, für das Studium meiner Lieblingsschulfächer Deutsch und Französisch entschieden. Aber die Fremdsprache, in der ich mich wirklich heimisch fühle, ist dann das Italienische geworden, das ich erst nach dem Studium vor Ort gelernt habe, ohne Unterricht, fast wie ein Kind, allerdings mit Hilfe von Wörterbüchern und einer Grammatik, in dem Land, in dem ich fünfzehn Jahre geblieben bin. Erst nach Jahren dort, mit dem dort erst entstandenen Interesse für die Psychoanalyse und Lacan, habe ich wieder Kontakt mit Frankreich und dem gesprochenen Französisch aufgenommen und mußte zu meiner Betrübnis feststellen, daß ich es nicht mehr so flüssig sprach wie früher einmal und daß die Ähnlichkeit zwischen der italienischen und der französischen Sprache Anlaß zu vielen Fehlern geworden war, die mir nun ständig unterliefen. Immer wieder rutschten mir italienische Wortformen und Ausdrücke dazwischen, und ich bekam es mit den »*faux amis*« zu tun, den falschen Freunden, wie durch Wortgleichheit, aber Bedeutungsdifferenzen entstandene Irrtümer zwischen den Sprachen im Französischen heißen. Ich wunderte mich nicht darüber, ich war eben aus der Übung, die beiden romanischen Sprachen erschienen mir wie kommunizierende Gefäße, in denen es natürlicherweise zu Vermischungen und Verunreinigungen kommen konnte. Das Problem, das mich mit der Zeit zu beschäftigen begann, war ein anderes, es betraf die deutsche Sprache, meine Muttersprache und die Sprache Freuds. Ich war im romanischen Sprachraum auf die Psychoanalyse gekommen, hatte mich italienisch und französisch sprechend in ihr ausgebildet, meine ersten psychoanalytischen Aufsätze verfaßte ich in Italienisch. Das Symposion »Lacan lesen«, das nach dem Erscheinen der deutschen Übersetzung von Seminar XI 1978 in Berlin deutschsprachige an Lacan Interessierte zusammenbrachte und zur Gründung der *Sigmund Freud-Schule* führte, gab dann den entscheidenden Anstoß, mich mit diesem Problem auseinanderzusetzen. Auf Deutsch über Lacan sprechen zu hören, ihn in deutscher Übertragung zu lesen, bedeutete eine Erschütterung, das Aufbrechen eines Zweifels, der schon länger, halb bewußt, an mir nagte. Ich las zwar natürlicherweise Freud auf Deutsch, aber meine Aneignung der Psychoanalyse, meine Auseinandersetzung mit ihr waren durch Lacan und die romanischen Sprachen Französisch und Italienisch bestimmt, spielten sich darin ab. Konnte ich Lacans Theorie auf Deutsch erfassen, deutsch denken, galten die Begriffe und Denkweisen noch, waren sie noch für mich verbindlich, griffen und ergriffen sie mich noch, wenn sie mühsam ins Deutsche eingeführt, in Freuds Sprache übersetzt wurden, gab es da ein Zurück, konnte ich das Erlernte und Erfahrene heimholen in den Sprachraum der Kindheit? In Berlin zu erfahren, daß es einige andere gab, die sich auf Deutsch mit Lacan befaßten, hat mich bewogen, es zu versuchen. Ich bin mit meiner Arbeit an der Psychoanalyse nach Deutschland zurückgekommen und inzwischen länger hier, als ich in Italien war.

Vor acht Jahren war ich wieder einmal besonders beschäftigt mit dem Thema der verschiedenen Sprachen, das zu dem Zeitpunkt durch den Kongreß »Lacan und das Deutsche« in Berlin, die nachfolgende Redaktionsarbeit an den Texten für den Kongreßband und den nächsten geplanten Kongreß der *Fondation Européenne*, eben den eingangs erwähnten in Dublin, der ursprünglich unter dem Titel »*Lalangue et les langues*« stand, auf der Tagesordnung stand. Als ich gerade mit der Vorbereitung meines Vortrags angefangen hatte, fuhr ich zu einer von der Gruppe *Apertura* veranstalteten Tagung nach Straßburg, und da passierte Folgendes. Ich stieg am Bahnhof in ein Taxi und gab dem Fahrer in, wie mir schien, flüssig mühelosem Französisch meine Anweisungen. Doch der antwortete mir bald: »*Sie kenne do ruig deutsch spreche*«. Ich war etwas betroffen. Natürlich hatte er mich als Deutsche erkannt, aber hatte ich so einen fürchterlichen Akzent, hatte ich mich so schlecht ausgedrückt, daß er mir unüberwindliche Schwierigkeiten im Französischen unterstellen mußte, daß er, der mich erst französisch angesprochen hatte, es nun für klüger hielt, mir gegenüber auf den Gebrauch dieser Sprache zu verzichten? Und dann wurde mir klar, was für einen Fehler ich gemacht hatte. Ich hatte gefragt: »*Pouvez-vous vous fermer d'abord un moment au numéro 5 de rue Kageneck?*« *Fermer* wie im italienischen Wort *fermare* für »halten«, statt *arrêter;* im Französischen heißt *fermer* bekanntlich »schließen«. Wieder einmal so ein verfluchter *faux ami*-Fehler und dazu noch einer, der mir schon so oft unterlaufen war! Doch diesmal blieb es nicht beim Ärger, das Unbehagen, ja die Scham, die mich wegen dieses Fehlers erfaßten, waren so intensiv, daß sie tiefere Wurzeln haben mußten. Zum erstenmal schob ich den Verdruß über mein verunreinigtes Französisch nicht beiseite und dachte, als ich daranging, meinen Vortragstext zu schreiben, über diese kleine Szene nach – und plötzlich hörte ich wieder den Reim:

> »*Le boeuf*, der Ochs. *La vache*, die Kuh.
> *Ferme la porte*, die Türe zu.«

Und mit einem Schlag war sie da: meine Urszene nämlich, nichts Geringeres!

Während des Kriegs hatte ich als Kleinkind mein eigenes Zimmer gehabt, neben dem Schlafzimmer meiner Eltern, getrennt durch eine Tür. Nach dem Krieg waren wir zu den Großeltern gezogen, wegen der Wohnungsnot durch die von den Besatzern beschlagnahmten Wohnungen und auch wegen der Krankheit meines Vaters, der seinen Widerstand gegen Hitlers Krieg mit Magengeschwüren geleistet hatte und inzwischen so geschwächt war, daß er sich dem Willen meines Großvaters, der ihn für sein Geschäft in Anspruch nahm, nicht mehr widersetzen konnte. Wir drei, Vater, Mutter, Kind schliefen nun zusammen über der eigentlichen Wohnung in einer Mansarde, wo mein Bett in einer Nische stand – »Eck« heißt das süddeutsch –, und ich fing an, *pavor nocturnus* und auch tagsüber Angst vor dem Schlafen dort zu entwickeln, über die ich aber nicht sprechen konnte, weil ich mich ihrer schämte. Ich versuchte meine Angst, die mich im Dunkeln überfiel und tagsüber als Furcht davor quälte, geheimzuhalten. Das wurde mit der Zeit immer schlimmer, bis ich dann eines Nachts völlig überzeugt war, ein Gespenst habe im Schrank geklopft und geklopft und würde nun gleich herausfahren und erscheinen. Diesmal war meine Panik so groß und so ununterdrückbar, daß ich mein Bettzeug packte und nach unten in die großelterliche Wohnung floh. Und so schaffte ich es, daß ich aus der Spukmansarde ausquartiert und mein Bett ins Wohnzimmer meiner Eltern gestellt wurde, das neben dem Schlafzimmer meiner Großeltern lag. Und von da an war alles wieder in Ordnung, ich hatte meinen eigenen Schlafraum, fühlte mich wohlbehütet in der Nähe der Großeltern hinter der geschlossenen Tür und schlief sanft und ruhig.

Ich erinnere mich nicht, nachts da oben in der Mansarde meine Eltern im Ehebett gehört zu haben, und mit keinem Wort wurde je in der Familie benannt, jedenfalls kam es mir nie zu Ohren, daß es vielleicht nicht in Ordnung war, daß ich bei den Eltern im Zimmer schlief und daß es um einen eigenen Raum für mich ging. Die von allen akzeptierte Familienmeinung war einfach, ich hätte Angst vor dem Raum da oben, dieser verwinkelten alten Mansarde mit der dunklen Tapete in der Nähe des Dachbodens mit seinem faszinierend unheimlichen Gerümpel. Natürlich war diese Situation in meiner Analyse zur Sprache gekommen, aber es war dabei etwas offen oder vielleicht ja auch verschlossen, dem erinnernden Gefühl nicht zugänglich geblieben. Ein überpersönliches, allgemeines Wissen, die Konstruktion, daß es da um meine Urszene gegangen sein mußte, war ausgesprochen und akzeptiert worden, ohne mich wirklich zu erfassen. Erst mit dem Erlebnis im Taxi, das in der rue Kageneck (Eck!) halten sollte, als ich halten und schließen verwechselte und mich deswegen so unverhältnismäßig schämte, kam das Erlebnis wirklich in der Sprache an, wurde es mir in seiner sprachlichen Dimension bewußt. Ich erkannte, daß es der Kinderreim gewesen sein mußte, der es mir möglich machte, meiner Angst Abhilfe zu schaffen, die Tür als etwas Fehlendes wieder einzuführen, ohne daß ich damals davon ein bewußtes Wissen zu haben brauchte (als Ersatz für dieses unbewußte Wissen meldete sich wie eine richtige Wahnvorstellung die Phantasie der aufzuspringen drohenden Schranktür). Der Übersetzungsreim, der Reim, der eine Entsprechung zweier Sprachen darlegt, lautet ja: Ein männliches Wesen, ein weibliches Wesen, die Türe zu, so soll es sein. (Daß es sich beim Ochsen um ein kastriertes Männchen handelt und was ich mir damals darunter vorstellen konnte, diesen Faden zu verfolgen würde in diesem Zusammenhang zu weit führen.) Also Türe zu, wenn ein Paar zusammen ist, so sagte es das Französische, so übersetzte es das Deutsche, so war es bei den Franzosen, so konnte es bei den Deutschen auch sein, so hatte es seine Ordnung. Und diese Ordnung war mir durch Erfahrung ja bereits einmal gegeben gewesen. Aber da oben in meiner Ecke in der Mansarde war keine Tür mehr zu schließen, allenfalls hätte ich, wäre ich dazu in der Lage gewesen, im Schlaf aufgestört durch beunruhigende unverständliche Vorgänge drüben im Ehebett rufen können: »Halt!« Aber das war dem natürlich damals noch längst nicht »aufgeklärten« Kind unmöglich, wie sollte es einem Spuk »Halt!« zurufen! Es war in seiner Angst so ausgeliefert und ohnmächtig, wie es vorher auf einer anderen Ebene und aus anderen Gründen dem Vater in seiner politischen Ohnmacht nicht möglich gewesen war, den Vorgängen im Nazideutschland durch lauten Protest Einhalt zu gebieten. Aber wer nicht deutlich protestiert, wird kaum Gefühlen der Scham und Schuld wegen Komplizenschaft entgehen. Und so vermengen sich hier zwei Unordnungen, zwei gravierende Störungen in der großen Geschichte und in der kleinen subjektiven: Wegen Hitlers Krieg und dessen Folgen, der durch seinen passiven Widerstand der Krankheit abgebrochenen Karriere meines Vaters und der französischen Besatzung, die den Wohnraum so knapp machte, war ich um die häusliche Ordnung einer zwischen mir und dem Elternpaar zu schließenden Tür gebracht worden, aber dennoch hatte die Begegnung mit der fremden Sprache der Besatzungsmacht es ermöglicht, die Ordnung aufs neue zu setzen – sprachlich –, die zu schließende Tür, die jetzt fehlte, zu benennen und sie damit auch materiell in der Wirklichkeit wieder einzuführen, sie anderswo zu suchen. So hatte also meine kindliche Kannitverstan-Frage »Wie können die Franzosen mit diesen unverständlichen Lauten einander verstehen?« zu dem Ergebnis geführt, daß es mehr als eine Sprache braucht, mehr als die Muttersprache, daß manchmal ein Aufeinandertreffen mit einer fremden Sprachordnung nötig ist, um in der Muttersprache eine Unordnung, ein Fehlen, eine Lücke im Symbolischen deutlich zu machen, aussprechen zu können.

Mir war diese Lücke nicht bewußt geworden, sie hatte dafür Angst ausgelöst. Ich war aus dem Raum, wo sie aufklaffte, ausgezogen, weil die Angst es mir unmöglich gemacht hatte, mich dort aufzu-*halt*-en. Ich war weggegangen aus der Mansarde, hatte mich selbst aus den Vorgängen zwischen meinen Eltern, die mich ja nichts angingen und angehen durften, ausgeschlossen. Ich war genau aus dem Grund weggegangen, daß ich und auch die Eltern nicht fähig gewesen waren, den Signifikanten »Halt!« auszusprechen, der mir so lange Zeit danach in meinem Französischen wieder seinen Dienst versagte. Die Scham, die mich damals daran hinderte und die mich mit alter Wucht im Straßburger Taxi wieder überfiel, hat gewiß damit zu tun, daß ich etwas verwechselte, hat mit einer tiefer liegenden Verwechslung zu tun als der, die mir zwischen *fermer* und *arrêter* passierte. Ich schämte mich in Straßburg eines sprachlichen Fehlers, der mir wider besseres Wissen unterlaufen war, ich wußte es ja, daß *fermer* etwas anderes bedeutet als *arrêter*. Ohne es wahrzuhaben, wußten aber damals auch wir ganz bestimmt alle, Eltern, Großeltern und Kind, den unbewußten und peinlichen Grund meiner Angst, wußten wir, daß diese Situation hätte unterbunden werden, hätte aufhören müssen. Und daß dieser Grund für mich ganz besonders genierlich war, lag sicher daran, daß ich dieses Genießen der Eltern, aus dem ich ausgeschlossen war, auf verwirrende Weise mitgenoß, ohne dafür einen mir explizit angewiesenen Platz einnehmen zu können. Daß ich mich in diesem Mitgenießen, in diesem räumlich erzwungenen Dabeisein, das ja keines sein sollte, also verschwiegen, geleugnet wurde, an die Stelle meiner Mutter phantasierte, mich mit ihr verwechselte. Und so erweist sich nachträglich mein erstes Weggehen aus der Eltern-Kind-Gemeinschaft als durch Fremdsprache bedingt, durch die Existenz einer fremden Sprache ermöglicht. Durch die Begegnung mit der fremden Sprache hatte sich mein Ausgeschlossensein aus der Geschlechtsbeziehung der Eltern symbolisiert – es war nicht als mein, sondern als ein mir fremdes, ja tierisches Genießen benannt worden. Und das hatte es mir möglich gemacht, mich zu rühren, mich fortzubewegen, dem angstvoll genußreichen Bann zu entrinnen, eigene Räume zu beziehen. Meine Kannitverstan-Frage nach dem mir unverständlichen sprachlichen Funktionieren des Französischen hatte sich durch die Antwort, die ich darauf erhielt, wie die meisten kindlichen Fragen als eine nach den Rätseln des Geschlechtlichen herausgestellt, und ich hatte durch den Übersetzungsreim gerade so viel Auskunft bekommen, wie ich brauchte, um diese Situation zu lösen und hinter mir zu lassen.

Das Genießen der anderen war (in Gestalt eines Entzugs hinter verschlossener Tür) zur Sprache gekommen, gewiß als Entsprechung der verschiedenen Sprachen und derer, die sie sprechen, aber doch vom Französischen ausgehend, der Sprache der Besatzungsmacht, die in meinen kindlichen Augen sehr viel glanzvoller, sehr viel besser gestellt waren als wir und offenbar unbekannte, verlockende Genüsse genossen. Es ist also nicht verwunderlich, daß Frankreich das erste Ausland war, wo ich hin wollte und das ich mir früh vertraut machte (ich war erst dreizehn bei meiner ersten selbständigen Reise zu einer mir noch unbekannten Familie im Burgund). Aber die fremden Genüsse waren als ausländische auch weniger unheimlich (im Freudschen Verneinungssinn des Worts). Fremdes konnte man kennenlernen, sich vertraut machen, sich erobern, es hatte nicht das Unheimliche des elterlichen Genießens. Das ist freilich nichts Besonderes. Viele ödipale Verstrickungen werden durch Grenzüberschreitungen ins Fremde gelöst, Überschreitungen sprachlicher, nationaler, rassischer, religiöser, ständischer, weltanschaulicher Grenzen. Bei mir lief der notwendig das Fremde durchquerende Weg hin zum eigenen Genießen über fremde Sprachen. Und es ist natürlich ein Zufall – so wie es ein Zufall war, daß ich nach dem Studium in Italien landete –, daß der Signifikant *fermare* im Italienischen nicht schließen, sondern stillestehen, festmachen, aufhalten, anhalten bedeutet – und: bleiben. *Fermati!* kann heißen »Stillgestanden! Halt!« und »Bleib doch da!« Im Italienischen war keine zu schließende, mich auschließende Tür mehr vonnöten, ich hatte mir den fremden Raum (Sprachraum) erobert, in dem Platz für mein Genießen war und sein durfte. Ich blieb da, fünfzehn Jahre lang!

Die Sprache ist ein Tresor von Zufällen. Alle diese Entdeckungen wurden ja schließlich ausgelöst durch den Anlaß in Straßburg, zu dem ausgerechnet »*Apertura*« geladen hatte, ein Eigenname für eine französischsprachige psychoanalytische Gruppe, der ein italienischer Signifikant ist und »Öffnung« oder auch »Eröffnung« bedeutet. Es gehört in diesen Zusammenhang, daß ich mich in Italien erst eine Zeitlang abgeschlossen, mich in den romanischen Sprachraum eingeschlossen habe, um zu dem zu finden, was mich interessierte, was ich mir zu eigen machen wollte. Und daß mit der Wiederbegegnung mit der Muttersprache im Kontext der Lacanrezeption eine Öffnung und Problematisierung dieses sprachlichen Abgeschlossenseins vor sich ging, die schließlich zu der Rückkehr ins Deutsche, in den deutschen Sprachraum führte, der inzwischen fremd genug geworden war, um mich reizen zu dürfen. Ich bin bei der Psychoanalyse geblieben, allerdings unter der Bedingung, daß ich mir ihre Praxis nicht anders vorstellen kann als mit der von Lacan eingeführten Zäsur der Sitzung, die ja jedesmal ein »Halt! Danke! Es ist genug für heute« bedeutet, ein »Halt!«, das im ambivalenten Wortsinn ein Aufhören (also auch ein Aufhorchen) ist, so daß ich in meiner Praxis nun immer genau das tue, zu was ich im Bett in der Mansarde nicht imstande war, weil der Signifikant dafür fehlte. Und in denselben Zusammenhang gehört, daß ich mir im Zuge dieser Rückkehr eine Nebentätigkeit, eine zusätzliche Praxis als Übersetzerin literarischer Texte geschaffen habe, die mir zur Erholung von der Psychoanalyse dient. Diese Übersetzungen veröffentliche ich unter einem Pseudonym, also gewissermaßen heimlich. Als ich dieses Pseudonym wählte, fand ich den Nachnamen einer Urgroßmutter besonders geeignet, weil er erstens ganz gewöhnlich ist, also nicht als Pseudonym erkennbar, und zweitens neben einer Berufsbezeichnung auch das Bewohnen einer Ekke bedeuten könnte.[2] Die Ecke mit meinem Kinderbett in der Mansarde war mir freilich dabei nicht in den Sinn gekommen, aber deutlich hat auch hier immer noch die im Kinderreim beschworene Szene nachgewirkt. Sich übersetzend auf einen literarischen Text einzulassen, heißt mitgenießen müssen, gezwungen sein, an einem fremden Genuß teilnehmen, auch wenn man manchmal voller Verzweiflung am liebsten den jeweiligen Autor einen dummen Ochsen oder eine blöde Kuh schelten würde. Deswegen übersetze ich nicht gerne theoretische Texte, es sei denn wirklich zutiefst von mir bewunderte. Und höchstwahrscheinlich, aber das dämmert mir erst jetzt, hängt damit meine seit jeher bestehende, mit Selbstkritik rationalisierte Hemmung zusammen, die es mir verbietet, eigene literarische Texte zu schreiben, obwohl ich mir das als den höchsten Genuß vorstelle.

Und immer wieder muß man beim Übersetzen anhalten, weggehen, die Sache auf dem Schreibtisch liegen lassen, bis man sich ihr wieder zuwenden kann.

Wer sich hermetisch in einen Sprachraum einschließt, die Berührungen mit anderen Sprachen an den Grenzen vermeidet und diese Grenzen nie zu überschreiten sucht, riskiert Stillstand und gründliche Mißverständnisse. Er kann zum Beispiel glauben, er verstünde seine eigene Sprache, verstünde sie richtig und ganz, und er wisse, was er sage. Jeder Versuch, eine fremde Sprache zu sprechen, erschüttert diese falsche – Lacan würde sagen »idio-(ma)-tische« – Sicherheit. Daher wird auch die Muttersprache, die jemand in seiner Analyse spricht, erst ein-

2. [Vgl. die Auswahl der unter Pseudonym erschienenen literarischen Übersetzungen hier im Anhang: *Die Veröffentlichungen von Jutta Prasse*; d. Hg.]

mal zur Fremdsprache werden müssen, und daher ist es möglich, seine Analyse in einer Fremdsprache zu machen, unter der Bedingung, daß diese nicht zur scheinbar einzigen Sprache wird, in die man sich einschließt, in der man sich seiner eigenen Geschichte verschließt, die ja eine subjektive Sprachgeschichte ist. Ein Spezialfall der Sprache, situiert zwischen Muttersprache und Fremdsprachen oder besser gesagt jenseits von ihnen, abgelegen, sind die Fachsprachen, die ganz auf kunstreich-künstlicher Einführung von Ordnung beruhen, ganz der Ordnung dienen und so weit es geht, Konsense festlegen, um die verwirrende Vieldeutigkeit und Ambivalenz der natürlichen Sprache einzudämmen. Sie sind unvermeidlich zur Verständigung über ein sagbares Wissen. Aber gerade wer sich in sie einschließt, wer vergißt oder nicht beachtet, daß ihre Gültigkeit und ihr Wert und ihre Brauchbarkeit sich nur kraft ihrer Grenzen herstellt, die ständig überschritten werden müssen, damit der Bezug zur eigentlichen Sprache nicht verlorengeht, wer also vergißt, daß er sich ständig selbst wieder zurückübersetzen muß, was er in der Fachsprache denkt, und daß die Fachsprache immer einer offenen Passage vom gewöhnlichen, alltäglichen Sprachlichen, eines Transferts, einer Übertragung bedarf, damit sie nicht verödet, der schließt sich ein in einen Jargon, den er um so besser zu verstehen glaubt, als er jeglichem Kannitverstan-Mißverständnis aus dem Weg geht, jede unvermutete Begegnung mit sich als Subjekt vermeidet. So gibt es ein ungestörtes Genießen des Wissens. Gerade in der Psychoanalyse ist ein solcher Jargon im Grunde aber unmöglich, da sie schließlich vom Unbewußten in der Sprache handelt. Die Psychoanalyse, wie ich sie kenne, trägt die Marke zweier Eigennamen: Freud und Lacan. Es ist eine bittere Ironie der Geschichte der Psychoanalyse, daß ausgerechnet »Lacanianer« – in einem Mißverständnis, an dem Lacan selbst gewiß nicht unschuldig ist – sehr zu Jargon neigen, in sämtlichen verschiedenen Sprachen, in denen es inzwischen Lacanianer gibt. Deswegen ist es mir so wichtig, daß in der Arbeit an der Psychoanalyse Sprachgrenzen überschritten werden, daß es Anlässe gibt wie zum Beispiel diese Tagung, an denen Sprachen und Diskurse aufeinandertreffen und den Zufällen und Einfällen und Einbrüchen des Übersetzens ausgesetzt werden. Wenn wir in der Praxis der Psychoanalyse auf das Nichtverstehen verzichteten, würden wir kaum mehr etwas uns Neues entdecken und auch vor lauter Klarheit das bereits Verstandene nicht mehr verstehen. Daher sollten wir uns ab und zu ruhig aufmachen und – ich entschuldige mich für den Kalauer – ein »Lacannitverstan«-Erlebnis riskieren.

Das Rührende

Dunkelrot ist die Erinnerung. Der feingerippte Kordsamt meines Hängerkleidchens spannt sich vom Bäuchlein über die gespreizten Knie. Ich sitze auf dem Schoß meines Vaters und höre von Andersens Däumelinchen, die nach den vergangenen Freuden des Sommers bei der Feldmaus sichere, aber triste Unterkunft als Dienstmagd gefunden hat und nun anläßlich eines Besuchs bei Nachbar Maulwurf, dem ihr in Aussicht gestellten grämlichen Ehekandidaten, im unterirdischen Gang eine tote Schwalbe liegen sieht. Ich höre, wie ihre Begleiter sich voller Schadenfreude in hämischen Bemerkungen über das Opfer der bitteren Jahreszeit ergehen:

»›Ja, das mögt Ihr als vernünftiger Mann wohl sagen‹, sagte die Feldmaus. ›Was hat der Vogel von all seinem Kiwitt, wenn der Winter kommt? Er muß hungern und frieren. Aber es soll ja auch immer gleich nach was aussehen!‹
Däumelinchen sagte nichts, aber als die beiden anderen dem Vogel den Rücken kehrten, bückte sie sich, schob die Federn weg, die über seinem Kopf lagen, und küßte ihn auf die geschlossenen Augen. ›Vielleicht war es der, welcher mir im Sommer so schön vorgesungen hat!‹ dachte sie. ›Wieviel Freude hat er mir bereitet, der liebe, süße Vogel!‹«

Ein dunkler Fleck ist die Erinnerung. Zwischen Bauch und Knien breitet er sich aus. Naß, ganz naß wird der Stoff! Um Himmels Willen, was geht da vor? Ich werde naß, wie peinlich, ich bin dabei, mich naßzumachen, aber doch nicht so wie früher! Nicht von unten wird es feucht, es läuft mir aus den Augen, tropft von meinem Gesicht herab, das sind Tränen ...

»Der Maulwurf verstopfte nun das Loch, durch das der Tag hindurchschimmerte, und begleitete die Damen nach Hause. Aber in der Nacht konnte Däumelinchen gar nicht einschlafen, da stand sie aus ihrem Bett auf und flocht aus Heu eine große, hübsche Decke, und die trug sie hinunter und breitete sie über den toten Vogel aus, legte weiche Baumwolle, die sie in der Stube der Feldmaus gefunden hatte, an den Seiten des Vogels entlang, damit er in der kalten Erde warm liege.«

Es drängt und drückt, es tropft, ich mache mich steif, presse zusammen, was zusammenzupressen ist, Mund, Augen, Fäuste. Die Ohren kann ich nicht verschließen.

»›Leb wohl, du hübscher kleiner Vogel!‹, sagte sie, ›leb wohl und vielen Dank für deinen schönen Gesang im Sommer, als alle Bäume grün waren und die Sonne uns so warm beschien!‹ Dann legte sie ihren Kopf auf die Brust des Vogels [...].«

Es bricht los, unaufhaltsam. Nun ist kein Halten mehr. Jetzt ist mir alles gleich: Lautstark brülle ich mit weit aufgerissenem Mund, völlig hingegeben einer Gewalt, die mich rüttelt und stößt und nach außen will, sich in strömender Macht ergießt. Schemenhaft nur die erschrokkene, beschwörende Stimme meines Vaters, undeutlich meine Mutter, die plötzlich da ist und mich in die Arme nimmt, wirkungslos die vereinten Aufforderungen meiner Eltern, doch weiterzuhören: »Hör doch nur, hör doch, das ist noch nicht das Ende, die Geschichte geht doch weiter, der Vogel ist ja vielleicht gar nicht tot!« Aber deutlich die Erinnerung an unterdrücktes Lachen der beiden.

»An jenem Tage lasen wir nicht weiter [...]«, möchte ich mit Dantes Francesca sagen (Hölle, 5).

Aber vielleicht stimmt das nicht, vielleicht wurde mir damals zwangsweise doch noch das versöhnliche Ende des Däumelinchenmärchens mitgeteilt, in dem Wortlaut, der mir später, als ich selbst lesen konnte, vertraut geworden ist, ohne mich groß zu berühren. Ich weiß es nicht mehr. Die Erinnerung bricht ab, als es zu dem Ausbruch kommt; dunkelrot ist sie, naß und peinlich – eine Erinnerung an ein Erlebnis von unwiderstehlicher Gewalt. Ich war vier Jahre alt.

Ich kann mich sonst nicht entsinnen, als Kind mehr geweint zu haben als unbedingt nötig. Ich habe Heulsusen verachtet und war stolz darauf, tapfer Schmerz auszuhalten. Und ich habe später durchaus das familiäre Amüsement über meinen Onkel Gerhard geteilt, dessen als liebenswert komisch geltende Schwäche bei geselligen Zusammenkünften gerne erwähnt wurde, natürlich nur, wenn er nicht dabei war. Onkel Gerhard war der Neffe meiner Stiefgroßmutter, ein, wie man so sagt, gestandener Mann und Familienvater. Aber Onkel Gerhard war leicht zu rühren. Wohl kaum in Geschäftsdingen, da hatte er, der den väterlichen Installateurbetrieb zu ansehnlicher Größe ausgebaut hatte, bestimmt alles unter Kontrolle, doch im Kino gab es bei Onkel Gerhard wahre Rohrbrüche. Seine Frau genierte sich, ihn dorthin zu begleiten, so laut schluchzte und trompetete er in sein Taschentuch. Er ging allein ins Eldorado, dem einzigen Kino unseres Städtchens damals in den fünfziger Jahren, nahm, wohl in der naiven Vorstellung, so das Inkognito zu wahren, einen billigen Platz ganz vorn, weit entfernt von der sogenannten Loge, wo die Honoratioren saßen, zu denen er als Besitzer eines alteingesessenen Handwerksbetriebs zählte, und bis dort hinten hörte man ihn dann gelegentlich zur allgemeinen Erheiterung losschnauben, prusten, wimmern und schließlich ganz unverhüllt aufjaulen. Als ich alt genug war, um mit den Großen die Abendvorstellung zu besuchen, habe ich ein paarmal mit eigenen Ohren Onkel Gerhards lautstarke Anteilnahme am bewegenden Filmgeschehen mitbekommen. Doch immer, auch schon früher, als mir seine eruptive Rührseligkeit nur vom Hörensagen bekannt war, habe ich vergeblich darauf gehofft, bei Familienanlässen so einen gerhardschen Ausbruch einmal bei voller Beleuchtung und aus der Nähe miterleben zu dürfen; er hat mir nie den Gefallen getan. Als die Fernsehapparate Einzug in die Wohnzimmer hielten und man sich zu gemeinsamem Genuß davor versammelte, war meine Stiefgroßmutter tot und unser Verkehr mit dem gerhardschen Familienzweig zum Stillstand gekommen, und vorgelesen wurde bei den einstigen familiären Begegnungen nicht. Es gab »live« nur das »wirkliche Leben«, und dagegen war Onkel Gerhard offenbar so gut gewappnet wie die anderen Erwachsenen auch. Aber im Kino hätte er mit Friedrich Spee von Langenfelds im Grimmschen Wörterbuch unter »rühren« zitierten Worten aus der *Trutznachtigall* sagen können:

»sehr michs rühret
und entschnüret
schier in zähren ich ersauf.«

Und so hat es auch mich später einmal – so richtig gerhardsch – wieder erwischt (einsames Weinenmüssen beim Lesen schlägt, obwohl es vorgekommen ist, in meinen Kindheitserinnerungen kaum zu Buche, vermutlich weil es keine Zeugen gab und es mir deshalb offenbar nicht peinlich war), so ungefähr mit elf, in einer Sonntagnachmittagsvorstellung im Eldorado, bei einem deutschen Film des Titels »Ich heiße Niki«, der in meiner Erinnerung den Zusatz hat »und alle haben mich lieb«, was mir das Filmlexikon zwar nicht bestätigt, an dem ich aber festhalte, denn er hat sich mir mit glühenden Lettern ins Gedächtnis eingebrannt. Ich weiß noch, daß Oskar Sima die Hauptrolle eines vermögenden Junggesellen spielte, zu dessen behaglichen Lebensumständen auch eine bärbeißige Haushälterin (Anny Rosar) gehörte. Hardy Krüger wollte mit seiner Frau auswandern, doch diese hatte ein Baby (nicht von Hardy, da er, glaube ich, nichts davon wußte), und weil sie dieses in einem Film der fünfziger Jahre offenbar noch schreckliche Geheimnis ihrem Mann nicht gestehen konnte, setzte sie es aus. (Ganz sicher bin ich nicht, ob ich den Sachverhalt richtig erinnere, es kommt mir jedoch unwahrscheinlich vor, daß Hardy Krüger so grausam gewesen sein könnte, sie zum Verlassen ihres Kindes zu zwingen). Jedenfalls hatte Oskar Sima unverhofft ein Baby auf dem Arm (mit Zettel: Ich heiße Niki), die Mutter, die es ihm auf dem Bahnhof zum Halten gegeben hatte, kam nicht wieder, und Niki eroberte im Sturm die widerstrebenden verknöcherten Herzen von Hagestolz und alter Jungfer. Als die Mutter darauf, von Reue erfaßt, in letzter Sekunde vom zum Ablegen tutenden Ozeandampfer hinunterlief und auf der verzweifelten Suche nach ihrem Kind durch die Stadt irrte, mit regennaß tropfendem Blondhaar halb verhungert ihren Ehering versetzte und schließlich (keine Ahnung mehr wie) ihr Kind wiederfand, das nun Oskar Sima wieder weggenommen werden sollte, war mein Taschentuch nur noch ein unbrauchbarer nasser Fetzen und hätte mindestens so dringend durch ein trockenes ersetzt werden müssen wie noch kurz zuvor Nikis Windel in der Bahnhofszene. Der Rest des Films, der im unvermeidlichen *happy ending* der alle Beteiligten zusammenführenden Liebe, Vergebung und Großmut mündete, konnte meine Tränen nicht mehr stillen, im Gegenteil. Und es war auch nach dem Verlassen des Kinos nicht vorbei. Ich schluchzte den ganzen Heimweg lang und schämte mich so vor meiner Mutter (zum Glück war mein Vater nicht mitgekommen), daß ich behauptete, ich hätte mir den Fuß übertreten, was beinahe dazu geführt hätte, daß ich am Sonntagabend noch zu einem Arzt gebracht wurde. Erst heute ist mir bewußt, daß ich damals einen Fehltritt gestanden habe, der unentscheidbar sowohl meine Identifizierung mit der Mutter des illegalen Kindes wie meine aufgewühlte Anteilnahme an der von mir durchaus auch damals schon als kitschig und meiner intellektuellen Ansprüche nicht würdig empfundenen Geschichte bezeichnet.

Meine eindrücklichsten frühen Erinnerungen an das Phänomen der Rührung stehen also unter dem Aspekt der Peinlichkeit und des Lächerlichen, wofür wohl hauptsächlich mein Vater verantwortlich ist. Jedenfalls war er die Instanz, an die ich dachte, vor der ich mich eigentlich genierte, wenn ich Rührungstränen vergießen mußte. Erst später – ich war schon erwachsen –, als wir gelegentlich, wenn ich meine Eltern besuchte, gemeinsam fernsahen, konnte ich beobachten und erkennen, daß die bissig ironischen Bemerkungen, mit denen er uns jedesmal an bewegenden Stellen die Stimmung verdarb, nur dazu dienten, sich der eigenen Rührung zu erwehren (er schneuzte sich verdächtig oft dabei). Er schämte sich offenbar seiner Gemütsbewegung, und als Kind hatte ich einfach diese Scham übernommen, mich auch darin mit ihm, von dem mir so viel Anregung kam, identifiziert. Dessen eingedenk habe ich meinem eigenen Kind gegenüber dieses Tabu nicht aufzurichten versucht. Beim Vorlesen habe ich, wenn es mich überkam, ungeniert meinen Tränen ihren Lauf gelassen. Jedoch das Kind hat nicht mitgeweint. Einmal hat es am Telephon einem anrufenden Freund ganz sachlich mitgeteilt, ich sei jetzt nicht imstande zu sprechen, weil doch gerade Jonathan gestorben sei. Etwas später rief dieser Freund dann besorgt und betroffen wieder an, um sich behutsam nach meinem Verlust zu erkundigen, und erfuhr, daß es sich um Astrid

Lindgrens Jonathan Löwenherz gehandelt hatte. Und mit der Zeit mußte ich feststellen, daß es in meinem Leben inzwischen zu einer komischen Umkehrung der Verhältnisse gekommen ist: Ich habe nun in Person des eigenen Kindes wieder so einen Kritiker meiner Rührungstränen an meiner Seite; der inzwischen Halbwüchsige lacht sich kaputt, wenn es mich beim Fernsehen, im Kino, beim Erzählen übermannt. »Mama, heulst du etwa wieder, schämst du dich nicht?«

Ja, ich schäme mich – immer noch, obwohl ich Rührungstränen bei anderen in den meisten Fällen ausgesprochen liebenswert finde. Nach wie vor ist es im Kino am schlimmsten, wenn dann wieder das Licht angeht. Es ist und bleibt ein Überwältigtwerden, das sich nicht gerne Zeugen aussetzt, auch nicht, gerade nicht, noch so vertrauten nahestehenden. Also eine heimliche Lust? Ein nicht eingestehbares Genießen? Denn es ist ja ein Genießen, das ganz ohne, ja, meist gegen das denkende Urteil funktioniert. Also doch ein wenn auch vielleicht nicht moralischer, so doch sicher intellektueller Fehltritt? Oder gibt es das, einen Fehltritt des Gefühls? Wäre es nur eine Lust am Kitsch, wäre es einfacher, dann müßte man Kitsch definieren und hätte so einen zu analysierenden Gegenstand, der Rührung auslöst (etwa so etwas wie verlogene Harmonie), eine Ursache, die einzugrenzen, aufzuspießen und, wollte man streng sein, zu verwerfen, oder aber, in nachsichtiger Laune, amüsiert zu tolerieren wäre; aber es ist komplizierter, denn schließlich hat das Rührende seit altersher zu den legitimen Zielen und Wirkungsweisen der Kunst gehört, hat darin sozusagen Bürgerrecht. Niemand kann bestreiten, daß es sublime Stellen in der Dichtung gibt, die rührend sind und rühren sollen. Wenn Odysseus' uralter Hund Argos, von den Weibern seiner Dienerschaft vernachlässigt, mit Hundeläusen bedeckt, auf dem Mist vor dem Schloßtor liegend, als einziger seinen heimkehrenden Herrn in dessen Bettlergestalt erkennt und mit dem Schwanz wedelt und beide Ohren senkt, aber zu schwach ist, um noch zu ihm hinzukriechen, und ihn dann nach diesem letzten Blick des Wiedersehens das »finstere Geschick des Todes« ereilt, darf man guten Gewissens sagen, daß es sich um eine der großartigen, unvergeßlichen Stellen der Weltliteratur handelt und gewiß um eine der rührendsten schlechthin. Auch Odysseus vermag sich ja der Tränen nicht zu erwehren, warum sollten wir nicht mit ihm weinen? Es ist durchaus keine Schande, festzustellen, daß etwas rührend sei. Schamfrei läßt sich etwas als rührend bezeichnen. Die Rührung ist also in vielen Fällen kein uneingestehbarer Genuß. Man erwähnt durchaus, daß einen etwas gerührt habe. Aber man schämt sich der Emotion *in flagranti*, man schämt sich, wenn man beim Weinen aus Rührung beobachtet wird, auch wenn diese sich einer »wirklich« ergreifenden, nicht als kitschig empfundenen Szene verdankt. Meine Kindheitserinnerungen beziehen sich in ihrer Unauslöschlichkeit auf die Male, als ich beim Weinen Zeugen hatte, als ich mich schämte. Und damit stehe ich nicht allein da, die meisten schämen sich mehr oder weniger, den meisten ist es mehr oder weniger peinlich, wenn sie unter dem Blick anderer Rührungstränen vergießen, auch wenn sie völlig schamfrei erzählen können, solche Tränen vergossen zu haben.

Gewiß, das ist nicht immer so gewesen. Es gibt zahlreiche Untersuchungen über die Empfindsamkeit als sozialgeschichtliches Phänomen, aus denen hervorgeht, daß zeitgleich mit der Übernahme des kulturellen Lebens durch das Bürgertum der Zustand des Gerührtseins zur Schau getragen wurde, nachgerade zum guten Ton gehörte. Gemeinsames Gerührtsein durfte, ja, sollte sein, war gesellschaftlich anerkannt wie heute noch gemeinsames Lachen. Die Träne durfte rinnen als Zeichen eines fühlenden Herzens, und das auch beim Mann. Herzen durften sich in gemeinsamer Rührung finden.

»Wir traten ans Fenster. Es donnerte abseitwärts, und der herrliche Regen säuselte auf das Land, und der erquickendste Wohlgeruch stieg in aller Fülle einer warmen Luft zu uns auf. Sie stand auf ihren Ellenbogen gestützt, ihr Blick durchdrang die Gegend, sie sah gen Himmel und auf mich, ich sah ihr Auge tränenvoll, sie legte ihre Hand auf die meinige und sagte – Klopstock! – Ich erinnerte mich sogleich der herrlichen Ode, die ihr in Gedanken lag, und versank in dem Strome von Empfindungen, den sie in dieser Losung über mich ausgoß. Ich ertrug's nicht, neigte mich auf ihre Hand und küßte sie unter den wonnevollsten Tränen.«[1]

Als Schülerin habe ich im Deutschunterricht in einem Referat über *Werther* (der nicht auf dem Lektüreprogramm für die Klasse stand) diese Stelle vorgelesen als Beispiel für das uns damaligen Teenagern Fremde, nicht mehr Nachvollziehbare im Text. Aber bei der lautstarken Gaudi meiner Zuhörer war mir nicht wohl, ich entsinne mich eines unbestimmbar unbehaglichen Gefühls, etwas verraten zu haben, von etwas nichts wissen zu wollen, von dem ich doch eigentlich wußte oder hätte wissen sollen. Ich fand die Szene beim Vorlesen nämlich nicht mehr komisch, es war mir irgendwie peinlich, sie vor diesem feixenden Publikum öffentlich zu machen. Heute ahne ich, daß es dabei um das von meinem Vater aufgerichtete Tabu ging. In der dem heutigen Leser so »fremden« Szene finden sich zwei Menschen in gemeinsamer tränennasser Bewegung. Diese Rührung kennt in ihrer Gemeinsamkeit, in ihrer die beiden Herzen vereinenden Wirkung kein zwischenmenschliches Tabu, ja, überwindet machtvoll das eigentliche gesellschaftlich, gesetzlich bestehende Tabu zwischen Werther und der mit einem anderen verlobten Lotte, das ihre geschlechtliche Vereinigung verbietet,

1. Johann Wolfgang Goethe: *Die Leiden des jungen Werther*, (16. Junius) Stuttgart 1987, S. 30.

die nur in einer Überschreitung vollzogen werden könnte. Und so entschleiert sich mir heute eine erste Erkenntnis über meine persönliche Vergangenheit in bezug auf die Rührung: Für Werther und Charlotte ist die zeitgeschichtlich erlaubte gemeinsame Rührung ein erster Schritt in der Richtung der Transgression, vielleicht noch lediglich ein Ersatz, eine Sublimierung, eine zielgehemmte Triebäußerung, aber doch ein Ausweg, ihr gemeinsames Aufgewühltsein einander zu manifestieren, anhand eines überpersönlichen Kodex (Klopstock, die Literatur, das Naturerlebnis des Gewitters) die Einsamkeit ihres Empfindens zu durchbrechen, ihr Herz zu öffnen, »es« fließen zu lassen. In der geteilten Rührung berühren sie einander. Diese Art von gemeinsamer, sich im Körperlichen manifestierender Bewegung war mir offenbar mit meinem Vater nicht gestattet, als hätte ein gemeinsames Genießen im Zustand der Rührung bereits eine mögliche Transgression, zumindest eine Aufweichung der Inzestschranke bedeutet, und die Tatsache, daß mir dieses gemeinsame Genießen, gegen meinen bewußten Wunsch (der »harmlosen« Absicht, dem Kind die Freiheit seiner Gefühlsäußerung zu ermöglichen), mit meinem Sohn ebenfalls nicht gelungen ist, spricht für diese Annahme; die Schranke ist geblieben, als hätte sie sich, als sie durch mein »ungeniertes« Verhalten bedroht war, genau an der Stelle als unüberwindlich erwiesen, wo ich, ohne zu wissen, was ich dabei eigentlich wünschte, sie fast trotzig mißachten wollte.

Dagegen ist gemeinsames Lachen zwischen meinem Sohn und mir natürlich so wenig tabu und so dankbar willkommen geheißen wie früher zwischen mir und meinen Eltern und wie überhaupt im gesellschaftlichen Umgang mit anderen Menschen, vertrauten wie fremden. Eine witzige Bemerkung, eine gemeinsame Beobachtung von etwas Amüsantem schaffen eine angenehm entspannte Atmosphäre, eine wünschenswerte Gemeinsamkeit. Das ist ja selbstverständlich. Aber was versteht sich da eigentlich von selbst? Gerade das Selbstverständliche bedarf einer Analyse, weil es in seiner Klarheit dazu geschaffen ist, Einsichten abzublenden. Es mag einmal ebenso selbstverständlich gewesen sein, Rührung mit anderen zu teilen, wie wir heute noch Belustigung teilen, es könnte aber auch sein, daß das, was heute Gerührtsein bedeutet, früher in seiner Selbstverständlichkeit etwas anderes war heutzutage. Warum also ist gemeinsames Lachen immer noch zulässig, Weinenmüssen aus Rührung in Gesellschaft anderer dagegen heute peinlich?

Diese Frage führt uns auf ein Feld, dessen kultur- und sozialhistorische Vermessung durchaus Thema von fundierten Arbeiten war, das ich aber – ohne diese außer Acht zu lassen – anders durchstöbern möchte. Ich will versuchen, der Gemütsbewegung selbst auf die Spur zu kommen, und zu einer solchen Untersuchung erscheint mit ein Instrumentarium unverzichtbar: nämlich das der Psychoanalyse. Schließlich verdanken wir Sigmund Freud eine ausführliche Analyse des Witzes, Untersuchungen des Komischen, des Humors und des Phänomens des Unheimlichen, nur auf das Rührende hat er sich nicht eingelassen. Der Vater der Psychoanalyse erwähnt diese Gemütsbewegung an so wenigen Stellen (es wird noch auf sie einzugehen sein), daß es fast scheinen mag, als hätte er sie gar nicht wahrgenommen, jedenfalls hat sie kein Interesse bei ihm erregt. Vermutlich war er nicht leicht zu rühren, denn wäre das der Fall gewesen, hätte er dem Phänomen bestimmt Beachtung geschenkt.

Ich jedenfalls möchte das jetzt tun: Jedesmal, wenn mir Rührungstränen kommen – und das geschieht mir mit zunehmendem Alter immer häufiger –, merkt nämlich, auch wenn ich allein bin und mich nicht dagegen wehre, etwas in mir auf. Eine beobachtende, kritische Instanz tritt auf den Plan und teilt mich, gerade im Augenblick des Gefühlsergusses. Nach dem bereits Berichteten dürfte das der introjizierte Vater sein (und vielleicht auch der anscheinend so wenig rührselige Übervater Freud). Jedenfalls kann ich mich meiner Rührung nicht einfach hingeben wie dem Lachen, ich glaube auch nicht, sie zu suchen, aber keinesfalls würde ich auf diese bittersüße Form des Genießens verzichten wollen. Es ist die Erfahrung einer Gespaltenheit, die mein Ich zutiefst in Frage stellt. Ich bin nicht eins mit meinem Gefühl, ja, ich weiß eigentlich gar nichts von diesem Gefühl, außer daß es mich so stark bewegt, daß es sich in Weinenmüssen äußert, ohne eigentlich als Schmerz empfunden zu werden, höchstens als etwas wie ein überflutender, ozeanischer Weltschmerz oder als eine Erleichterung, die auf eine überstandene innere Not hindeutet. Das unterscheidet die Rührung von anderen Affekten wie Schmerz, Wut, Angst, Panik, Freude. Sie ist ein Genießen, das ist das einzig Sichere daran, aber was genießt sich da, was löst dieses Genießen aus? Gewiß hat jeder Einzelne seine besondere Rührseligkeit, seine ihm individuell eigenen weichen Stellen, aber es muß strukturelle überindividuelle Gemeinsamkeiten geben, die sich ihrer Form nach zum Teil vielleicht dem Zeitgeist verdanken, zum Teil überzeitlich sein mögen. Diese Strukturen gilt es aufzuspüren.

Da aber niemand *in effigie* erschlagen werden kann, wie Freud so unbestreitbar in bezug auf die Übertragung in der analytischen Kur feststellt, müssen Beispiele her. Ich möchte daher mit meiner frühesten Erinnerung einer rührenden Stelle beginnen:

Däumelinchen

Da will eine einsame Frau so gern ein Kindchen, weiß aber nicht, wo sie es herbekommen soll. Diese große Frage hat die Vierjährige, ein Einzelkind, damals ebenfalls sehr beschäftigt; oft war ja die Rede davon, daß vielleicht noch ein Kindchen kommen würde, aber offenbar wußten die davon sprechenden Eltern auch nicht, woher sie es nehmen sollten, denn es blieb aus. Und so war sie das einzige kleine Mädchen, die Freude ihrer Umgebung – wie Däumelinchen. Und nun wird die winzige Person, weil sie das Begehren der häßlichen Kröten erregt, ihrer Mutter entführt, entkommt ihren Entführern und lebt einen herrlichen Sommer lang im Wald unter Blumen, Schmetterlingen und Vogelsang, bis der bittere Winter einbricht und sie Zuflucht bei der alten Feldmaus suchen muß.

[Hier bricht der Text ab; d. Hg.]

Der Abhub der Erscheinungswelt und die Sprache unserer Wahrnehmungen

In der ersten Vorlesung zur Einführung in die Psychoanalyse umreißt Freud, »welche Unvollkommenheiten notwendigerweise dem Unterricht in der Psychoanalyse anhaften und welche Schwierigkeiten der Erwerbung eines eigenen Urteils entgegenstehen«.[1] Nur davon spricht er zunächst; »notwendigerweise« behauptet er, und eine solche Notwendigkeit wirkt offenbar als etwas der Psychoanalyse Eigentümliches fort, sonst würden keine Tagungen zur Frage der Transmission (in) der Psychoanalyse mehr veranstaltet. Freud scheidet im Jahre 1916, nachdem er die damals in der Gesellschaft anzunehmende Feindseligkeit gegenüber der Psychoanalyse mit nichts Geringerem als »den Begleiterscheinungen des heute in Europa wütenden Krieges«[2], verglichen hat, drei grundlegende Schwierigkeiten ihrer Übermittlung.

Die eine ist der Umstand, daß sich die von der Psychoanalyse entdeckten Phänomene nicht zeigen und wie anatomische Präparate ausstellen lassen, sie besteht lediglich in einem Austausch von Worten, und daß diese Praxis auch nicht einmal vorgeführt, in Gegenwart von Zeugen demonstriert werden kann.

> »Sie [...] werden die Psychoanalyse im strengsten Sinne des Wortes nur vom Hörensagen kennenlernen. Durch diese Unterweisung gleichsam aus zweiter Hand kommen Sie in ganz ungewohnte Bedingungen für eine Urteilsbildung. Es hängt offenbar das meiste davon ab, welchen Glauben Sie dem Gewährsmann schenken können.«[3]

Und hier beschwört er zum Vergleich eine historische Vorlesung über Alexander den Grossen, von deren Wahrheitsgehalt man sich nur wird überzeugen können, wenn man bereit ist, selbst nachzuforschen, sich auf die älteren Quellen und die möglichen Motive ihrer Verfasser und

---

1. Sigmund Freud (1916-17a [1915-17]): *Vorlesungen zur Einführung in die Psychoanalyse*, in: *Studienausgabe* Bd. I, S. 41.

2. Ebd., S. 42.

3. Ebd., S. 44.

auf die Übereinstimmungen und Abweichungen der verschiedenen Zeugnisse einzulassen. Übrigens meint Freud dazu: »Das Ergebnis der Prüfung wird im Falle Alexanders sicherlich beruhigend sein, wahrscheinlich anders ausfallen, wenn es sich um Persönlichkeiten wie Moses oder Nimrod handelt«.[4] Heute wissen wir, daß es ihm bei seinen eigenen Nachforschungen nicht um eine solche historisch abgesicherte Beruhigung ging, sondern um Konstruktionen; es war der Mann Moses, der Freud beschäftigen sollte, nicht Alexander der Grosse.

Die zweite Schwierigkeit lastet Freud dem vorwiegend medizinisch ausgebildeten Publikum selbst an, an das er sich hier im Rahmen und Umfeld der Universität wendet. Er unterstellt ihm die wissenschaftliche Denkweise seiner Epoche, in der noch kein Platz für ein psychoanalytisches Denken ausgehoben ist. Die Psychoanalyse hat in der Ordnung der Wissenschaft keine Wohnung.

»Sie sind darin geschult worden, die Funktionen des Organismus und ihre Störungen anatomisch zu begründen, chemisch und physikalisch zu erklären und biologisch zu erfassen, aber kein Anteil Ihres Interesses ist auf das psychische Leben gelenkt worden, in dem doch die Leistung dieses wunderbar komplizierten Organismus gipfelt. Darum ist Ihnen eine psychologische Denkweise fremd geblieben, und Sie haben sich gewöhnt, eine solche mißtrauisch zu betrachten, ihr den Charakter der Wissenschaftlichkeit abzusprechen und sie den Laien, Dichtern, Naturphilosophen und Mystikern zu überlassen.«[5]

Für die dritte Schwierigkeit erklärt Freud, die Vorbildung oder Einstellung seines Publikums nicht verantwortlich machen zu können, sie liegt am Inhalt der Psychoanalyse, am Skandalon ihrer Entdeckungen selbst:

»Mit zweien ihrer Aufstellungen beleidigt die Psychoanalyse die ganze Welt und zieht sich deren Abneigung zu; die eine davon verstößt gegen ein intellektuelles, die andere gegen ein ästhetisch-moralisches Vorurteil. Lassen Sie uns nicht zu gering von diesen Vorurteilen denken; es sind machtvolle Dinge, Niederschläge von nützlichen, ja notwendigen Entwicklungen der Menschheit. Sie werden durch affektive Kräfte festgehalten, und der Kampf gegen sie ist ein schwerer«.[6]

Der Intellekt, gewohnt, das Denken mit dem Bewußtsein gleichzusetzen, muß sich dagegen empören, daß nach der Behauptung der Psychoanalyse die seelischen Vorgänge an und für sich unbewußt sind, daß es unbewußtes Denken und ungewußtes Wollen geben soll. Das ästhetisch-moralische Empfinden wird durch die bedeutsame Rolle der

4. Ebd.

5. Ebd., S. 45.

6. Ebd., S. 47.

sexuellen Triebe als Forschungsresultat der Psychoanalyse, insbesondere durch ihre Annahme der kindlichen Sexualität, abgestoßen.

Heute, fast achtzig Jahre nach der Veröffentlichung der ersten Folge der Vorlesungen Freuds, mögen die Dinge anders liegen, es gibt gewiß ein großes Publikum, das der Psychoanalyse ihre Existenzberechtigung zubilligt – schon schlicht deswegen, weil es sie eben gibt und das von sich behaupten würde, längst auf die letztgenannten Vorurteile verzichtet zu haben. Bei näherer Betrachtung würde sich jedoch herausstellen, daß sich dafür pünktlich andere widerständige Denkgewohnheiten eingebürgert haben, die von der Entwicklungs- und Verbreitungsgeschichte der Psychoanalyse mitbedingt wurden, also inzwischen an die Rezeption der Psychoanalyse angepaßte Vorurteile, gleichsam resistent geworden wie Viren oder bestimmte Insekten: auf dem Gebiet des Intellekts zum Beispiel eine Gleichsetzung des Unbewußten mit Gefühlsauthentizität, auf dem Gebiet des Ästhetischen und Moralischen die heute moderne Form der Abwehr gegen die von der Psychoanalyse behauptete Sexualität durch ein bestimmtes feministisches Denken und jüngst das Wiederaufleben der Traumatheorie, das Interesse an Kindes- und Frauenmißbrauch und Vergewaltigung, das, ohne sich dessen bewußt zu sein, durch Schuldzuweisungen, durch das Interesse an Opfern von nicht zu leugnenden tatsächlichen Traumata, die Vorstellung einer ursprünglichen sexuellen Unschuld wiederherzustellen sucht. Die Geschichte der effektiven Widerstände gegen die Psychoanalyse wäre Jahrzehnt für Jahrzehnt zu schreiben, und sie wäre zum großen Teil Wirkungsgeschichte der Psychoanalyse selbst. Doch darum geht es mir hier nicht.

Es geht mir um die Bedingungen der ersten beiden Schwierigkeiten, denn darum handelt es sich jedesmal, wenn von der Psychoanalyse die Rede ist: sie sind nach wie vor unverändert, denn sie sind der Psychoanalyse eigentümlich. Nach wie vor hat die Psychoanalyse eine Sonderstellung in Bezug auf die Wissenschaft. Und nach wie vor geht ihre Übermittlung allein in Worten vor sich, entweder in der jeder direkten Demonstration entzogenen Privatheit und Besonderheit der analytischen Kur (auch die inzwischen erfundenen Aufzeichnungstechniken haben da nichts geändert, da sie die Bedingungen des Sprechens in der Analyse verfälschen, ja verunmöglichen würden) oder in dem mündlichen oder schriftlichen Zeugnisgeben davon, was sie beschäftigt, ihrer Übermittlungsweise dessen, was heute ihr Diskurs heißt. Bei dieser Form der Transmission kommt es aber laut Freud vor allem darauf an, wie einer von der Psychoanalyse spricht oder schreibt, es geht mangels anderer Beweismöglichkeiten radikal um die Überzeugungskraft der Sprache, des Stils des Übermittlers, denn, so konstatiert Freud: »Es hängt offenbar das meiste davon ab, welchen Glauben Sie dem Gewährsmann schenken können.«

Der erste Gewährsmann der Psychoanalyse ist natürlich Freud

selbst, und es gibt ein Zeugnis von der Wirkung seiner Sprache, seines Stils, das zu den schönsten Texten gehört, die je über Freud geschrieben worden sind. In seinem 1930 entstandenen Aufsatz »Freud als Schriftsteller«, einem Stück Prosa, wie es heute in den Geisteswissenschaften selten geworden ist, stellt der Schweizer Literaturwissenschaftler Walter Muschg fest:

»Der Schriftsteller Freud ist vom Psychologen nicht zu trennen, niemand wird jenen ohne diesen verstehen, und man hat es jederzeit mit seiner Lehre zu tun, wenn man sich mit seinen literarischen Fähigkeiten beschäftigt«.[7]

»So ist es gemeint, wenn ich mich dem sachlichsten aller lebenden deutschen Publizisten zuwende, um ihn als Schriftsteller zu charakterisieren, und es von vornherein als mißlich empfinde, ihn ästhetisch zu ›würdigen‹. Nicht daß er gut schreibt, hat meinen Enthusiasmus geweckt, sondern daß er die Feder im Dienst eines erstrebten und zuletzt großartig erreichten Ziels gebraucht, ja daß offenbar sein schriftstellerisches Niveau durch seine Sache bedingt ist. Er verkörpert die seltene, spontan zu fühlende Einheit von Gehalt und Form, die so vielerorts vermißte Notwendigkeit der schriftstellerischen Produktion. Wenn ich mir gegenüber seinen Theorien den Vorwurf der Unzuständigkeit gefallen lasse, so verhält sich dies anders im Hinblick auf den Ausdruck, durch den sie sich bieten. Hier maße ich mir ein Urteil an, nicht nur über das Können, sondern über seine Echtheit. Es ist möglich, ja erforderlich, daß eine Sache auch an ihrer Form erkannt wird und daß man ein Organ dafür besitzt, ob sie sich durch ihre Ausdrucksweise rechtfertigt oder verdächtigt. Ein Stil, der sich unter dieser Probe als ›gut‹ erweist, ist nur der Wahrheit eigen«.[8]

Muschgs Aufsatz ist ein sensibles Zeugnis für das Gelingen von Freuds Stil, zum Beispiel in der *Traumdeutung*:

»Erst die Erzählung des Traumgeschehens, knapp und kühn, als Stenogramm notiert und äußerste Präzision erstrebend; dann sogleich die Anstrengung für den gehabten Genuß: eine rigorose Folge von Zurückführungen, kühlen Zerstörungsmaßnahmen, von Hinweisen auf früher oder später. Dieser Wechsel vollzieht sich immer neu und inhaltlich anders, er bedingt die Komposition des Werkes. Es hat etwas Beispielloses, wie Freud hier eine kaum mehr wirkliche Materie anfaßt, wie er die überzarten, mächtigen Gespinste, die sich nicht berühren lassen, ohne Schaden zu nehmen, kundig auseinanderfaltet und überprüft. Er zeigt ein ganz ungemeines Vermögen, das Magische, ungewiß Schwebende der Traumeindrücke in Worte zu bannen, scheinbar mühelos«.[9]

7. Walter Muschg: »Freud als Schriftsteller«, in: *Die Zerstörung der deutschen Literatur*, Bern, 1956, S. 153.

8. Ebd., S. 154.

9. Ebd., S. 184.

Recht anders lautet dagegen Freuds Beurteilung, die er 1899 in einem Brief an Fließ formuliert:

»Allein ich glaube, meine Selbstkritik war nicht ganz unberechtigt. Es steckt auch in mir irgendwo ein Stück Formgefühl, eine Schätzung der Schönheit als einer Art der Vollkommenheit, und die gewundenen, auf indirekten Worten stolzierenden, nach dem Gedanken schielenden Sätze meiner Traumschrift haben ein Ideal in mir schwer beleidigt. Ich tue auch kaum unrecht, wenn ich diesen Formmangel als ein Zeichen fehlender Stoffbeherrschung auffasse. [...] Der Trost liegt in der Notwendigkeit, es ist eben nicht besser gegangen«.[10]

Das in Freuds Empfinden beleidigte Ideal der Form wird von Muschg als eine neue Vollkommenheit erfahren; aus dem Schmelztiegel der Schreibwerkstatt Freuds erhebt sich wie ein Phönix aus der Asche ein neuer, eigener Stil empor im Dienst der neuen Sache: bester Stil der Wissenschaftsprosa von Freuds Epoche und doch gänzlich umgeformt, grundsätzlich erneuert durch neue Bedingungen. Aus der Notwendigkeit entstanden, Phänomene zu beschreiben, darzulegen, ja überhaupt zu benennen, die nur über das Wort in Erscheinung treten und doch Anspruch auf Tatsächlichkeit erheben, als Erkenntnisse einer wissenschaftlichen Forscherhaltung entsprungen sind.

Die psychoanalytische Unterweisung kann sich im Unterschied zu den herkömmlichen wissenschaftlichen Lehrmethoden nicht auf einen sinnfälligen Gegenstand berufen, der unabhängig von der psychoanalytischen Deutung existiert. In der medizinischen Wissenschaft ist es ja so, schreibt Freud:

»Sie sehen das anatomische Präparat, den Niederschlag bei der chemischen Reaktion, die Verkürzung des Muskels als Erfolg der Reizung seiner Nerven. Später zeigt man Ihren Sinnen den Kranken, die Symptome seines Leidens, die Produkte des krankhaften Prozesses, ja in zahlreichen Fällen die Erreger der Krankheit in isoliertem Zustande. [...] So spielt der medizinische Lehrer vorwiegend die Rolle eines Führers und Erklärers, der Sie durch ein Museum begleitet, während Sie eine unmittelbare Beziehung zu den Objekten gewinnen und sich durch eigene Wahrnehmung von der Existenz der neuen Tatsachen überzeugt zu haben glauben«.[11]

Nichts anderes aber, ja genau dieses, leistet Freuds Darstellung seiner Materie mit rein sprachlichen Mitteln, vor allem in den *Vorlesungen,*

10. Sigmund Freud (1985c [1887-1904]): *Briefe an Wilhelm Fließ 1887-1904*, Frankfurt/M. 1986, S. 410.

11. Sigmund Freud (1916-17a [1915-17]): *Vorlesungen zur Einführung in die Psychoanalyse*, in: *Studienausgabe*, Bd. I, S. 42.

aber auch in allen anderen Abhandlungen. Er warnt den Leser vor den ihn erwartenden Mühen, nimmt ihn bei der Hand und führt ihn wie in einem imaginären Museum vor die Phänomene, die er darstellt und auseinanderlegt, legt Verschnaufpausen ein, läßt ihn protestieren und Einwände machen, zeigt ihm jeden Augenblick den Weg, der zurückgelegt wurde und die Strecke, die noch zu überwinden sein wird und von der er nie verhehlt, daß sie schließlich in Unerkanntes mündet. Muschg schreibt über die *Vorlesungen*:

»Ein Hauch von Heiterkeit, von unbesorgter Überfülle, von improvisatorischer Leichte liegt auf diesem Buche, das auf jeder Seite das Glück des rednerischen Augenblicks auszukosten scheint. Wie gewinnend weiß Freud seine Zuhörer einzufangen, wie genußreich versteht er ihnen jede Stunde zu machen. Ein klassisches Werk moderner deutscher Prosa, eine köstliche Frucht der Meisterschaft! Er läßt kein Register seiner Darstellungsgabe unbenutzt, er geudet mit ihrem Glanz«.[12] »Auch hier das Auftauchen und Verschwinden der kasuistischen Figuren, die Blüte des Gleichnisses, der warme Strom der Anschaulichkeit«.[13]

Die Anschaulichkeit Freuds, der wahrhaft sinnliche Genuß, den seine Lektüre zu bereiten vermag, ist also aus der Schwierigkeit entstanden, daß seiner Darstellung ein anschaulicher Gegenstand fehlt und daß sie doch die Überzeugung vermitteln muß, daß es um die immer noch und stets auf dem Boden der Wissenschaft sich bewegende Beobachtung und Konstruktion von tatsächlichen Verhältnissen geht. Der große Wortschöpfer und Erzähler, der Dichter Freud und der Szientist Freud bedingen einander kausal. Gegen Ende seines Lebens, im *Abriß der Psychoanalyse,* sollte er schreiben:

»Unsere Annahme eines räumlich ausgedehnten, zweckmäßig zusammengesetzten, durch die Bedürfnisse des Lebens entwickelten psychischen Apparates, der nur an einer bestimmten Stelle unter gewissen Bedingungen den Phänomenen des Bewußtseins Entstehung gibt, hat uns in den Stand gesetzt, die Psychologie auf einer ähnlichen Grundlage aufzurichten wie jede andere Naturwissenschaft, z.B. wie die Physik. Hier wie dort besteht die Aufgabe darin, hinter den unserer Wahrnehmung direkt gegebenen Eigenschaften (Qualitäten) des Forschungsobjektes anderes aufzudecken, was von der besonderen Aufnahmefähigkeit unserer Sinnesorgane unabhängiger und dem vermuteten realen Sachverhalt besser angenähert ist. Diesen selbst hoffen wir nicht erreichen zu können, denn wir sehen, daß wir alles, was wir neu erschlossen haben, doch wieder in die Sprache unserer Wahrnehmungen übersetzen müssen, von der wir uns nun einmal nicht

12. Walter Muschg: »Freud als Schriftsteller«, S. 187.

13. Ebd., S. 189.

frei machen können. Aber dies ist eben die Natur und Begrenztheit unserer Wissenschaft. Das Reale wird immer unerkennbar bleiben«.[14]

Die Sprache unserer Wahrnehmungen: eine Übersetzung. Eine großartige Passage im 1. Kapitel von *Das Unbehagen in der Kultur* ist ein ausführliches Beispiel für ein solches Übersetzen Freuds. Um die mit großer Sicherheit angenommene, erstaunliche und vom gesunden Menschenverstand nicht vorstellbare Tatsache zu vermitteln, daß im Psychischen keine einmal bestandene Phase untergeht, beschwört er den Leser, sich Rom in allen Epochen seiner langen Baugeschichte vorzustellen, als wäre alles an seinem Platz erhalten geblieben, als stünden an derselben Stelle, wo der moderne Bau sich befindet, immer noch der frühere Barockpalast und der antike Tempel.

»Und dabei brauchte es vielleicht nur eine Änderung der Blickrichtung oder des Standpunktes von seiten des Beobachters, um den einen oder den anderen Anblick hervorzurufen. Es hat offenbar keinen Sinn, diese Phantasie weiter auszuspinnen, sie führt zu Unvorstellbarem, ja zu Absurdem. Wenn wir das historische Nacheinander räumlich darstellen wollen, kann es nur durch ein Nebeneinander im Raum geschehen; derselbe Raum verträgt nicht zweierlei Ausfüllung. Unser Versuch scheint eine müßige Spielerei zu sein; er hat nur eine Rechtfertigung; er zeigt uns, wie weit wir davon entfernt sind, die Eigentümlichkeiten des seelischen Lebens durch anschauliche Darstellung zu bewältigen.«[15]

Es ist bei Freud zu lesen, wie dieser Übersetzungsstil entsteht, zum Beispiel im sechsten Kapitel der *Traumdeutung*, Abschnitt D, unter dem Titel »Die Rücksicht auf Darstellbarkeit«, wo es um eine bis dahin noch nicht berücksichtigte Verschiebung in den Relationen zwischen dem Traummaterial und der Traumbildung geht: der »*Vertauschung des sprachlichen Ausdruckes* für den betreffenden Gedanken«.[16] Eine Wortfassung eines Elements wird gegen eine andere vertauscht.

»Die Verschiebung erfolgt in der Regel nach der Richtung, daß ein farbloser und abstrakter Ausdruck des Traumgedankens gegen einen bildlichen und konkreten eingetauscht wird. Der Vorteil, und somit die Absicht dieses Ersatzes, liegt auf der Hand. Das Bildliche ist für den Traum *darstellungsfähig*, läßt sich in eine Situation einfügen, wo der abstrak-

14. Sigmund Freud (1940a [1938]): *Abriß der Psychoanalyse*, in: *Gesammelte Werke*, Bd. XVII, S. 126f.

15. Sigmund Freud (1930a [1929]): *Das Unbehagen in der Kultur*, in: *Studienausgabe*, Bd. IX, S. 202f.

16. Sigmund Freud (1900a): *Die Traumdeutung*, in: *Studienausgabe*, Bd. II, S. 335. (Hervorh. v. Freud.)

te Ausdruck der Traumdarstellung ähnliche Schwierigkeiten bereiten würde wie etwa ein politischer Leitartikel einer Zeitung der Illustration«.[17]

Und Freud beschwört für dieses Vorgehen und die Art der Verknüpfungen und Berührungen, der gegenseitigen Beeinflussung der einzelnen Gedanken durch passende sprachliche Umformung, die sich zu einer Oberfläche fügen, die Arbeit des Dichters, die ebenfalls unter der Beeinflussung der einmal gewählten Wortfassung steht. Als Beispiel für diese Verschiebungsarbeit, die gleichzeitig auch Verdichtung ist, der Traum der Dame in der Oper: die Darstellung des Gedankens der Überlegenheit ihres heimlich geliebten Musikers (Hugo Wolf) geschieht durch einen Turm, der im Zuschauerraum aufragt (turmhoch überlegen), gleichzeitig deutet dieser Turm auf das Schicksal des wahnsinnig Gewordenen hin (Narrenturm). Im selben Traum die Kohle, die ihr gereicht wird, als Darstellung der heimlichen Liebe (Kein Feuer, keine Kohle kann brennen so heiß, als heimliche Liebe, von der niemand was weiß).

Die Methode der Veranschaulichung, von der Freuds bildhafter, sinnenhafter Stil lebt, dieselbe Methode wie die des Dichters, ist hier erläutert, freilich hat die Traumarbeit andere Absichten als die Unterweisung. Dem Traum kommt es nicht auf Verständlichkeit an, gerade im Gegenteil, er entstellt, um den unbewußten Gedanken durch die Zensur zu schleusen. Im Text der Darlegung und Unterweisung hingegen soll durch diesen Austausch von Wortfassungen eine »Faßlichkeit« der abstrakten Erkenntnis erzielt werden. Doch hier wie dort ist das »Eigentliche« nicht zu fassen, das Reale entzieht sich den Worten. So setzt sich der Nabel des Traums, die Stelle, an der auch die abstrakteste Erkenntnissprache nicht mehr weiterkommt, mit dem Realen, dem nie zu erreichenden Realen gleich. Es bleibt ein Rest für die Erkenntnis unserer Wissenschaft, jeder Wissenschaft, schreibt Freud. Und anschaulich, sinnlich beeindruckend benennt er den Gegenstand der Psychoanalyse, an dem sie ihre Beobachtungen ansetzt:

»Es ist wahr, die Psychoanalyse kann nicht von sich rühmen, daß sie sich nie mit Kleinigkeiten abgegeben hat. Im Gegenteil, ihren Beobachtungsstoff bilden gewöhnlich jene unscheinbaren Vorkommnisse, die von den anderen Wissenschaften als allzu geringfügig beiseite geworfen werden, sozusagen der Abhub der Erscheinungswelt«.[18]

Nach dem Grimmschen Wörterbuch ist der Abhub ursprünglich das, was auf der Tafel stehengeblieben ist und dann ungegessen wegge-

17. Ebd., S. 336.

18. Sigmund Freud (1916-17a [1915-17]): *Vorlesungen zur Einführung in die Psychoanalyse*, in: *Studienausgabe* Bd. I, S. 51.

räumt wird, ein Rest. Die Psychoanalyse beschäftigt sich also mit dem, was die Wissenschaften übriggelassen haben, und die Tafel darf in diesem Zusammenhang auch die schlecht geputzte Schultafel sein (auch das wieder ein Beispiel, siehe Kapitel VI, D der *Traumdeutung*, wie eine anschauliche Wortfassung die Gedankenverkettungen bestimmt, so daß wir von der Sprache unserer Wahrnehmungen auf die Wahrnehmungen unserer Sprache kommen). Der Abhub ist das Ungenossene. Freuds Stil – die Wortprägung, die in diesem stilistisch so vollendeten, beglückenden Satz steht, findet sich in der zweiten Vorlesung, wo es um die Fehlleistungen geht – Freuds Sprachkraft macht jedoch diesen Abhub ungemein genießbar. Ein Synonym für Abhub ist Abschaum, und wir wissen, wie ganz entgegen unseren Idealvorstellungen wir alle am Abschaum hängen, ihn mit genießerischen Vorstellungen besetzen. Das durch die Existenz des unbewußten Denkens und Begehrens beleidigte Ideal ist der Stoff, mit dem die Psychoanalyse sich abzugeben hat. Freuds Sprache hat es uns genießbar gemacht, sprachlich, gedanklich genießbar. Sie hat Traum, Fehlleistung, das Unbeachtete, Unfaßliche, Schwebende, die winzige Nichtigkeit, ja das Ekelerregende, das, was man glaubt vergessen und vernachlässigen zu dürfen, von dem man sich besser abwenden sollte, wenn man auf sich hält, auf ein Niveau gestellt mit solchen anerkannten Glanzmomenten unseres geistigen Genießens wie Dichtung und Witz. Und Freuds Sprache spricht davon, wie gänzlich auf den Körper angewiesen, wie sinnlich dieser »geistige« Genuß am Sinn (und damit auch am Unsinn, am Absurden) immer ist.

Aber es gibt Insiderjokes, Witze, die nur diejenigen amüsieren, die ein bestimmtes Wissen, bestimmte Kenntnisse haben, die zu einer bestimmten Gruppe gehören. Was wird aus der Unterweisung, der Transmission der Psychoanalyse, wenn nicht mehr Freud selbst spricht, sondern sich im Laufe ihrer Vermittlungsgeschichte etwas wie eine Fachsprache, ein Jargon, herausgebildet hat, Ausdrücke, mit denen man sich verständigen kann wie die Zuchthäusler mit ihren berühmten numerierten Witzen, bei denen der Genuß darin besteht, daß nur eine bestimmte Gruppe sie kennt? Die Fachsprache ist der ursprünglichen Mühe der sinnlich anschaulichen Darstellung und Entfaltung des zu Vermittelnden enthoben, sie kann Voraussetzungen machen, mit akzeptierten Begriffen hantieren, gebahnte Denkwege beschreiten. Wer eine Fachsprache benutzt, beruft sich auf anerkannte Wahrheiten, muß die Rolle des Gewährsmanns nicht mehr auf den eigenen Schultern tragen. Es ist Jacques Lacans Verdienst, der Etablierung einer beruhigten psychoanalytischen Fachsprache, wie sie zu seiner Zeit bereits seit langem im Gange war, die Fundamente entzogen zu haben, dadurch daß er auf die rein sprachliche Konsistenz der Psychoanalyse hingewiesen hat. Auch Lacan hat darin den szientistischen Boden, auf dem Freuds Psychoanalyse entstanden ist, nicht verlassen, er hat die Linguistik, den Strukturalismus benützt und damit das Primat der Anschaulichkeit, wie Freud sich ihm als Szientist verpflichtet fühlte, aufzugeben vermocht: Von der Nötigung der Sprache unserer Wahrnehmungen zur Nötigung der Wahrnehmungen unserer Sprache. Davon zeugt der Stil des Gewährsmanns Lacan, der auf seine Art gerade im Abstraktesten, in den Mathemen, den topologischen Figuren zeigt, daß sie aus Sprache gemacht, Wahrnehmungen unserer Sprache sind. Es liegt nun bei jedem einzelnen von uns, in der Transmission der Psychoanalyse weiterzugeben, daß wir um diese Nötigungen der Sprache nicht herumkommen, wenn wir noch etwas wahrnehmen wollen. Wir können nicht einfach eine fertige Sprache übernehmen, gerade wir müssen wissen, daß Sprechen immer Übersetzen ist.

Der Sinn der Gattung in Gottfried Kellers »Sinngedicht« oder: Wie findet ein Wissenschaftler eine Frau?

Gefragt, ob ich Lust hätte, eine Lektüre eines aktuellen oder von mir wiederentdeckten Textes vorzustellen, fiel mir bald darauf anläßlich eines kurzen, aber um so hitzigeren Tischgesprächs über meine philologisch recht unorthodoxe Auffassung des Begriffs der literarischen Gattung Kellers »Sinngedicht« ein.

Meine Beschäftigung mit Gottfried Keller datiert noch aus meinem etliche Jahrzehnte zurückliegenden Germanistikstudium. Ich wollte, durch den Begriff der Gattung dazu angeregt, diesen tief in meiner Erinnerung vergrabenen Text, der eine Reihe von Heiratsgeschichten versammelt und diese unter einen (literarischen) Gattungsbegriff stellt – eben das Sinngedicht –, wiederlesen. Ich wollte herausfinden, wie es mir heute mit dem Sinn darin geht, ob ich diese Heirat, zu der die erzählten, teils komischen, teils traurigen Geschichten am Ende führen, anders wahrnehme als früher, ob ich sie immer noch als so beglückend empfinde wie in meiner Erinnerung und wenn ja warum. Ich machte mich also an die Lektüre und entdeckte zu meiner Zuversicht in bezug auf mein Vorhaben einiges, was ich früher nicht bewußt wahrgenommen oder worauf ich nicht geachtet hatte und das ich durchaus als der Mitteilung wert empfand.

Kurz vor meinem Aufbruch in die Weihnachtsferien aber – alles war längst angekündigt und meine Lektüre in vollem Gange – mußte ich auf meinem Hängeboden etwas umräumen, sinnigerweise, weil eine Leitung gelegt werden sollte, um eine düstere, etwas vernachlässigte Passage in meiner Wohnung besser zu beleuchten. Dabei fiel mir ein noch ungeöffneter, an mich adressierter Umschlag mit dem Absender der Redaktion des »Wunderblock« in die Hände. Darin befanden sich die ersten drei Hefte der Zeitschrift, die ich aus irgendeinem Grund offenbar Anfang der achtziger Jahre gleich nach meinem Umzug nach Berlin nachbestellt, erhalten und verlegt hatte. Im dritten Heft vom Sommer 1979 fand ich zu meiner absoluten Verblüffung einen Aufsatz von Detlev Otto: »Die Diskretion und die Identität in Gottfried Kellers

Sinngedicht.«[1] Es ist undenkbar, daß mir dieser Aufsatz bei seinem Erscheinen entgangen sein könnte – diese ersten Wunderblockhefte waren mir damals enorm wichtig, und immerhin hatte ich über Keller meine Staatsarbeit geschrieben –, nein, ich hatte einfach vollständig vergessen, ihn je gelesen zu haben, vollständig vergessen, daß er existiert. Der Aufsatz ist beeindruckend klug, frisch und unverfroren und spricht bereits – trotz seines theoretisch so anspruchsvoll klingenden Titels in ganz unangestrengtem Stil, lässig – vieles von dem aus, woran ich bei meiner eigenen Lektüre gerade herumlaborierte.

Und beim Lesen kam auch tatsächlich eine verschwommene Erinnerung daran zurück. So handelt es sich bei dem, was ich hier vortragen möchte, um eine gebrochene Wiederentdeckung. Tröstlich ist mir dabei ein von Detlev Otto zitierter Keller-Satz über Originalität von Autorschaft und Überlieferung:

»Es wäre der Mühe wert, einmal eine Art Statistik des poetischen Stoffes zu machen und nachzuweisen, wie alles wirklich Gute und Dauerhafte eigentlich von Anfang an schon da war und gebraucht wurde, sobald nur gedichtet und geschrieben wurde«.[2]

Auch dieser frühe Wunderblockaufsatz eines anderen war eben von Anfang an schon da, als ich meinte, ganz originell das *Sinngedicht* wiederzuentdecken. Es werden sich daher Überschneidungen und Parallelen mit Ottos Text nicht vermeiden lassen. Aber da ich auch anführen und vorstellen muß, was Keller im *Sinngedicht* erzählt – ich kann nicht davon ausgehen, daß Sie alle den Text präsent haben – muß und wird es sich doch wieder aufs Neue und neu erzählen, denke ich, d.h. mit den Verschiebungen und Akzentuierungen, die ein Text beim Lesen durch jeden besonderen Leser eben erfährt. Ich fange also an:

Das erste Kapitel heißt: »Ein Naturforscher entdeckt ein Verfahren und reitet über Land, dasselbe zu prüfen«. Es beginnt mit einer ironisch gebrochenen faustischen Szene, in deren erstem Satz bereits eine Thematik gesetzt wird, nämlich Naturwissenschaft und eine Begattungstheorie.

»Vor etwa fünfundzwanzig Jahren [das Erscheinungsdatum des Textes ist 1881], als die Naturwissenschaften eben wieder auf dem höchsten Gipfel standen, obgleich das Gesetz der natürlichen Zuchtwahl noch nicht bekannt war, öffnete Herr Reinhart eines Tages seine Fensterläden und ließ den Morgenglanz, der hinter den Bergen hervorkam, in sein

1. Detlev Otto: »Die Diskretion und die Identität in Gottfried Kellers *Sinngedicht.*« In: Der Wunderblock Zeitschrift für Psychoanalyse. Nr. 3, Berlin 1979, S. 33-58.
2. Ebd., S. 42.

Arbeitsgemach [...]. Der junge Tagesschein erleuchtete die Studierstube eines Doktor Faustus, aber durchaus ins Moderne, Bequeme und Zierliche übersetzt.«[3]

Das hereinströmende Morgenlicht, der frische Hauch, der das Arbeitszimmer mit seinen modernen, luxuriösen, ja fast »stutzerhaften« Gerätschaften vielerlei naturwissenschaftlichen Bemühens dem Leser einen Augenblick enthüllt, wird aber sofort wieder ausgeschlossen, da Herr Reinhart seine Arbeit wiederaufnimmt, die zur Zeit darin besteht, mittels eines »sinnreichen« Apparats einen Sonnenstrahl einzufangen und durch einen Kristallkörper zu leiten, »um sein Verhalten in demselben zu zeigen und womöglich das innerste Geheimnis solcher durchsichtiger Bauwerke zu beleuchten.«[4] Doch als er mit dem einen Auge in die Röhre blickt, während er sich im Dunkeln Aufzeichnungen (»Zahlen auf Zahlen«) macht, fühlt er plötzlich einen »leise stechenden Schmerz«, der auch auf dem anderen Auge fühlbar wird, als er es mit diesem probiert. Er hat sich durch seine angestrengte Beschäftigung mit dem sinnreichen Apparat die Augen verdorben.

»Das merkte er jetzt und fuhr bedenklich zurück; wenn die Augen krank wurden, so war es aus mit allen sinnlichen Forschungen, und Reinhart sah sich dann auf beschauliches Nachdenken über das zurückgeführt, was er bislang gesehen.«[5]

In der Zwangspause, die zu machen er sich nun genötigt sieht, beschleichen ihn »seltsame Gedanken«:

»in der Besorgnis um seine Augen stellte er sich alle die guten Dinge vor, welche man mittelst derselben sehen könne, und unvermerkt mischte sich darunter die menschliche Gestalt, und zwar nicht in ihren zerlegten Bestandteilen, sondern als Ganzes, wie sie schön und lieblich anzusehen ist und wohllautende Worte hören läßt.«[6]

Die Bedrohung des Sinnesorgans, das gebraucht wird, um mittels eines »sinnreichen Apparats« »sinnliche Forschungen« zu treiben, des Sinnesorgans, auf das Herr Reinhart angewiesen ist, solange er der materiellen Welt noch neue Informationen, Daten entnehmen will, solange er mit Forscheraugen *sehen* will, was hier in Gegensatz zur Haltung des beschaulichen Nachdenkens gesetzt ist, unterbricht seine Arbeit. An-

3. Gottfried Keller: *Das Sinngedicht.* Frankfurt/M. u. Leipzig 2000, S. 9. [Einige kleine Divergenzen in der Schreibweise rühren daher, daß Jutta Prasse wahrscheinlich eine andere Ausgabe des *Sinngedichts* verwendet hat.]

4. Ebd., S. 10.

5. Ebd., S. 10f.

6. Ebd., S. 11f.

ders als Goethes Faust meint er durchaus nicht, am Ende seines wissenschaftlichen Forschens angekommen zu sein: er glaubt, restlos, in seiner Wissenschaft aufzugehen. Aber kaum läßt er sein Auge ruhen, steigt (»unvermerkt«) die sinnliche Welt jenseits der Wissenschaft in seiner erinnernden Vorstellung empor. Neben die leblosen Kristallkörper drängen sich dem in der Dunkelheit Nachdenkenden jetzt auf einmal auch wieder Vorstellungen von lebendigen auf, von unzerlegten, die und das ist ein Sprung im Sinnlichen der Vorstellung – sogar sprechen. Es regt sich, kaum gibt er sich einen Augenblick der beschaulichen Erinnerung an Gesehenes hin, ein bis dahin verdrängter Rest, ein Begehren nach sinnlich und ästhetisch erfreulichem menschlichem Umgang, nach der Anwesenheit von schön anzuschauenden Körpern und von angenehmen Stimmen, wohllautenden Worten. Ob das ein Begehren ist, Sprache zu vernehmen, steht vorläufig noch dahin. Jedenfalls wird er sich in dieser Sehnsucht nach anderem seiner Einsamkeit bewußt, jetzt, da sein Forscherorgan, sein Augenlicht auszufallen droht, da ihm etwas fehlt. Er braucht Rat, er braucht eine Kur, aber bevor er noch auf den Gedanken kommt, etwa einen Arzt, also einen anderen Wissenschaftler, zu konsultieren, meint er, in den gelesenen Worten eines Gelehrten und Dichters, ein Rezept zu finden. Er ist nämlich in seinem Unbehagen und in seiner Unruhe in die Bodenkammer geeilt, wo verstaubte, verwahrloste Bücher stehen, »die von halbvergessenen menschlichen Dingen handelten«.[7] Scheinbar wahllos hat er einen Band hervorgezogen und aufgeschlagen. Es ist ein Band der Lachmannschen Lessingausgabe, der, in dem die Sinngedichte des Barockdichters Friedrich von Logau stehen, den Lessing wiederentdeckt hat (also auch hier geht es um Wiederentdeckung), und es fällt ihm dieser Spruch in die Augen:

»Wie willst du weiße Lilien zu roten Rosen machen?
Küß eine weiße Galatee: sie wird errötend lachen.
Sogleich warf er das Buch weg und rief: ›Dank dir, Vortrefflicher, der mir durch den Mund des noch ältern Toten einen so schönen Rat gibt! Oh, ich wußte wohl, daß man dich nur anzufragen braucht, um gleich etwas Gescheites zu hören!‹ [...]
›Welch ein köstliches Experiment! Wie einfach, wie tief, klar und richtig, so hübsch abgewogen und gemessen! Gerade so muß es sein: errötend lachen! Küß eine weiße Galatee, sie wird errötend lachen!‹ [...]
Und schon reitet er davon: entschlossen, nicht zurückzukehren, bis ihm der lockende Versuch gelungen.
Er hatte die artige Vorschrift auf einen Papierstreifen geschrieben, wie ein Rezept, und in die Brieftasche gelegt.«[8]

7. Ebd., S. 12.
8. Ebd., S. 12f.

Was hat sich aber in dieser Frühmorgenszene eigentlich abgespielt? Es ist schon ein kurioser Anfang, zu dessen Verteidigung Keller das schöne Wort von der »Reichsunmittelbarkeit der Poesie« geprägt hat, nämlich »das Recht, [...] auch im Zeitalter des Fracks und der Eisenbahnen an das Parabelhafte, das Fabelmäßige ohne weiteres anzuknüpfen«.[9] Zeitpunkt: ein Gipfel der Naturwissenschaften, aber noch vor der Darwinschen These der natürlichen Zuchtwahl; das Werk *Über die Entstehung der Arten durch natürliche Zuchtwahl* sollte erst etwa fünf Jahre nach den hier erzählten Begebenheiten erscheinen, die Keller eben zu der Zeit (Anfang der fünfziger Jahre) spielen läßt, als er den ersten Entwurf und Plan zu diesem Novellenzyklus faßte, der dann fast dreißig Jahre brauchen sollte, um fertiggestellt zu werden. Bei einem Naturforscher ist wieder, seiner Gewohnheit gemäß, das anbrechende Tageslicht »sinnreich« in einen einzigen Strahl kanalisiert worden, der einen Kristall durchleuchtet, das Forschungsobjekt, dem »sein innerstes Geheimnis« entrissen werden soll – von diesem ganz von der Welt isoliert arbeitenden Naturforscher namens Reinhart. Aber sind »rein« und »hart« nicht genau auch Eigenschaften von Kristall? Treibt er etwa in seinen Studien, ihm offenbar ganz unbewußt, so etwas wie eine sinnliche Selbsterforschung, mittels eines auf Sinn angelegten Apparats, nach außen verlegt, objektiviert in einem Gegenstand, der allerdings – diese Eigenschaft ist in seinem Namen nicht gegeben – durchsichtig ist? Indem er sein durchsichtiges Objekt einäugig im isolierten Lichtstrahl untersucht, braucht er nicht über sich und sein Tun nachzudenken, nur sein Gesichtssinn darf ihn dabei nicht im Stich lassen, damit er den sinnreichen Apparat benützen kann, um das Geheimnis, das in der Lichtbrechung zu berechnende, erkennbar werdende Strukturprinzip des Kristalls, zu finden. Und wie alle Elemente in dieser Versuchsanordnung hält Reinhart sich als forschendes Subjekt auch selbst rein, in Isolation von der moralischen Trübnis und Verwirrung der Menschenwelt, um sich ganz der »Erkundung des Stofflichen und Sinnlichen« widmen zu können, die »ihm sein All und Eines geworden«.

»[...] jetzt fühlte er sich nur klug und froh, wenn er bei seiner Arbeit das große Schauspiel mitgenoß, welches den undenklichen Reichtum der Erscheinungen unaufhaltsam auf eine einfachste Einheit zurückzuführen scheint, wo es heißt, im Anfang war die Kraft, oder so was.«[10]

Er sucht also, als repräsentativer Wissenschaftler seiner Epoche, das

9. Gottfried Keller: *Gesammelte Briefe* (hg. C. Helbling), Bd. 3,1, Bern 1950. Brief an Paul Heyse, S. 57.

10. Ebd., S. 11.

eine Prinzip, das allem zugrunde liegt, er sucht den Sinn des Ganzen als das Eine, der Gute! – als ein vermutetes Eine allerdings, laut Keller. Warum begeistert ihn nun, da er sich seit langer Zeit wieder einmal, freilich noch auf der Ebene eines Buches, an einen anderen wendet, (an einen Toten durch den Mund eines Toten) das gefundene Epigramm, Logaus Sinngedicht, so sehr?

Ich habe bei Lessing in seinen »Anmerkungen über das Epigramm« eine in diesem Zusammenhang bemerkenswerte Formulierung gefunden, die fast unheimlich treffend Reinharts Reaktion erklärt. Lessing schreibt:

»Ich sage nämlich: das Sinngedicht ist ein Gedicht, in welchem nach Art der eigentlichen Aufschrift unsere Aufmerksamkeit und Neugierde auf irgend einen einzeln Gegenstand erregt und mehr oder weniger hingehalten werden, um sie mit *eins* zu befriedigen.«[11]

Mit eins! Also auf einen Schlag, mit einem Meisterstreich, mit einer Pointe ist natürlich gemeint! Aber dafür setzt Lessing nur den Signifikanten »Eins«. Einem Sucher nach dem Einen, nach einer einfachsten Einheit am Grunde der Vielfalt, muß das gefallen, denn im Sinngedicht scheint ihm sozusagen gedichtet, verdichtet, pointiert, auf einen Punkt gebracht in dessen Aussage ein Sinn in den Schoß zu fallen, während er als Wissenschaftler in unendlich mühsamen Versuchsreihen nach »so was« forscht. Reinhart deutet daher flugs das Epigramm als Programm, als Anordnung, als Anleitung, etwas herzustellen. »Gerade so muß es sein!« Aber wenn etwas so sein muß, dann muß dem ein Gesetz zugrundeliegen. Wie ein leiser Abglanz des ironischen ersten Satzes der Erzählung kündigt sich so in Reinharts programmatischer Deutung die Hypothese eines Naturgesetzes an, das dem im Sinngedicht beschriebenen Vorgang zugrunde liegen könnte und das durch die Probe aufs Exempel zu bestätigen wäre: Vor der Darwinschen Hypothese eines Gesetzes der natürlichen Zuchtwahl läßt Keller Reinhart in diesem Sinngedicht etwas wie ein Gesetz über die richtige erotische Vereinigung der Geschlechter beim Menschen (heute würde er dafür »Sex« sagen) entdecken. So muß, denkt er, die geglückte Be-gattung (also guter »Sex«) sein, in der Mann und Frau »mit Eins« zusammenkommen, in der die Gattung, also das Sich-Gatten, beide mit eins, mit einem, nach einem Prinzip, in einem klaren, abgemessenen, einfachen, eingeschriebenen und vorgeschriebenen Verhältnis, befriedigt (wenn man die Initiative dazu als männlich und das Lachen der Galatee als Aus-

11. Gotthold Ephraim Lessing: »Anmerkungen über das Epigramm«, in (ders.) *Werke und Briefe*, Bd. 7, Werke 1770-1773, Frankfurt/M. 2000, S. 181-290, hier S. 185. [Kursiv v. JP; sie zitiert mit Majuskel: »mit *Eins*«.]

druck der Freude und Lust daran verstehen will, wie Reinhart das offensichtlich tut.) Und da ihm ja jetzt etwas fehlt (sein wichtigstes [Sinnes-]Organ, das Auge, braucht eine Kur), nimmt er das Sinngedicht als Rezept zur Wiederherstellung (an die Tragweite, daß er vielleicht nicht nur eine Ergänzung, sondern selbst eine Verwandlung finden könnte, daß er Gatte werden könnte, denkt er vorläufig noch nicht; er ist nur methodisch auf Kuß-, lies: Sex-Abenteuer aus).

Diese Kellerschen Erzählungen tragen den Titel *Das Sinngedicht*, so als könnte darunter auch, wäre er kein Dichter, sondern ein Professor, eine gelehrte Abhandlung über die Gattung »Sinngedicht« stehen, also eine Abhandlung über Gattungsgesetze, über die Gesetze, nach denen sich eine (literarische) Gattung zu generieren hat, welche Elemente darin zusammenkommen und sich fügen können und sollen und auf welche Art das geschehen soll. In den Erzählungen aber, die unter dem Panier dieser besonderen Gattung versammelt sind, geht es unverblümt um die Begattung, um die Paarung, es wird anhand von mannigfachen Beispielen die Frage behandelt, ob es bei den Menschen zwischen Mann und Frau etwas wie ein Naturgesetz gibt, das bestimmt, was zusammenpaßt und so die Art befördert, das macht, daß aus zwei Vertretern der Geschlechter eins werden kann, ein Paar.

Was Keller aber nicht erwähnt, was er stillschweigend Reinhart übersehen läßt, ist die Überschrift, unter der dieses Sinngedicht Nr. 48 im sechsten Buch der Logau-Epigramme selbst steht: sie lautet interessanterweise eben »Frage«. Es steht zwischen »Geliebte Sachen«, wo es um Wein und Küsse geht, und »Ein honigsüßer Schlaf«, wo eine ruhende Chloë unbemerkt von einer Biene gestochen worden sein will und danach sehr stark anschwillt. Um was für eine Frage geht es in diesem Zweizeiler? Erst einmal um Möglichkeit und Modus einer botanischen Metamorphose, anscheinend. Wie können weiße Lilien zu roten Rosen gemacht werden? Wie kann man also die Art verwandeln? Wie ist so ein naturwissenschaftlich gesehen ziemlich absurdes, eigentlich verrücktes Unterfangen, das eher den Charakter eines Zauberkunststücks hat, realisierbar? Der weibliche Name, der folgt, erweist die Blumensorten freilich als die geläufigen Metaphern für Mädchenwangen, wobei gewiß in diesem Florieren anzüglich das Deflorieren mitschwingt. Die Antwort lautet also: Nimm's metaphorisch! Löse die Metapher auf, nimm statt der Blumen ein Mädchen, damit wird es gehen! Küß eine weiße Galatee, sie wird errötend lachen. Und wenn das Ganze eine Frage ist und die Antwort »Metapher« lautet, dann erweist sich die Frage als die nach dem in der Metapher unterdrückten Element, das in der zweiten Ebene, wo die Metapher zurückverwandelt wird, auftauchen muß. Aber auch auf dieser Ebene sind wir wieder bei einer Metapher, für Mädchen steht der Name Galatee. Und eine zweifache Wirkung soll bei ihr das Lessingsche »mit eins« – d.h. die Auflösung der Metapher, wir dürfen ruhig auch Defloration dafür sagen –

gleichzeitig erzielen: nämlich offenbar Scham *und* Lust. Keusch, unschuldig, tugendhaft muß das Mädchen sein, und es soll lachen, also wohl komplizenhaft die Wollust des Kusses mit dem sie küssenden Mann teilen, sinnlich seine Berührung genießen. Oder könnte sie nicht auch vor Erregung erröten und aus Verlegenheit lachen oder vor Zorn erröten oder ihn, den Küssenden, lächerlich finden, ihn auslachen, die ganze Aktion nicht ernstnehmen? So klar, wie Reinhart ausruft, wird die Sache durchaus nicht sein, selbst wenn die optische Wirkung vollständig erzielt wird, sie ist kein eindeutiger Ausdruck der sie bewirkenden Gefühle. Es dürfte immer noch eine *Frage* sein, was in der Geküßten vorgeht, wenn dieser botanische Blumenzauber mit ihr angestellt wird.

Und schon bei dem für die barocke Literaturtradition typischen Frauennamen Galatee ist eine Doppelung, ein Zwiefaches gegeben. Galatea – der Name deutet auf die milchige Weiße des Meerschaums hin – ist einerseits in der griechischen Sage eine Nereide, eine der fünfzig Töchter des alten Meeresgottes und Verwandlungskünstlers Nereus, in die sich der Kyklop Polyphem unglücklich verliebte. Er war zwar Sohn Poseidons, aber er lebte auf dem Land, also in einem anderen Element als sie, und so sehr er seine gewaltige körperliche Beschaffenheit ihr auch anpries, es verfing nicht. Da tötete er ihren Geliebten, Akis, der darauf in einen Fluß verwandelt wurde. Bei Ovid wird anschaulich erzählt, wie dessen rotes Blut allmählich zu klarem Wasser wird, in dem Galatea verweilen kann (also eine Umwandlung von Rot in Weiß). Und Polyphem ist einäugig. Könnte das eine Anspielung auf Reinhart sein, der anfangs sein Forschungsobjekt, seinen Kristall, durch die Röhre immer nur mit einem Auge betrachten kann, bis er einen stechenden Schmerz darin empfindet? Was für ein glühender Pfahl, geführt von einem, der sich Niemand nennt, hat sich da bei diesem Subjekt der Wissenschaft angekündigt? Andererseits wird der Elfenbeinskulptur, die Pygmalion, König von Zypern, schuf und verzweifelt liebte und die durch Aphrodites Gnade unter seinem Kuß lebendig wurde, dieser Name zugeschrieben, nicht bei Ovid, aber bei den Römern soll er eine gebräuchliche Bezeichnung für Frauenstatuen überhaupt gewesen sein. Doch sie lacht nicht bei Ovid, sondern errötet nur, als das Wunder geschieht und ihr Elfenbeinkörper unter Pygmalions Händen und Kuß weich wird, lebendes Fleisch, weich und formbar wie Wachs, beschreibt Ovid. In Kellers Epoche hatte die schwülstig erotische Kußszene des Gemäldes von Jean-Léon Gerome einen Riesenerfolg, und heute ist diese Galeteefigur am populärsten unter dem Namen Eliza Dolittle aus Shaws *Pygmalion* und dem Musical *My Fair Lady*, und darin geht es genau um die besondere Version der Thematik, die in den folgenden Erzählungen des *Sinngedichts* eine so große Rolle spielen wird: um die Erhebung einer Frau niederen Standes auf das Klassen- und Bildungsniveau, vor allem das sprachliche, ihres Entdeckers und Erwählers. Shaw kommt lange nach Keller, aber im poetischen Stoff war eben alles Gute und Wahre schon immer da.

Um was für eine Wahrheit es sich aber handelt, wird der weitere Verlauf des Textes uns zeigen müssen.

Das zweite Kapitel heißt: »Worin es zur einen Hälfte gelingt«. Reinhart ist in der Morgenfrühe auf einem dem Rosinante würdigen Mietgaul (Nilpferd wird das arme Vieh später genannt) aus der Stadt geritten und sucht eine Dulcinea, mit der er das Experiment durchführen kann. Ein zum Ritter gewordener Wissenschaftler sucht sein Ideal, die richtige, d.h. wohl immer noch reine Versuchsanordnung, in der sein Experiment gelingen soll. Als erstes muß er einen Fluß überqueren, also sein angestammtes Terrain verlassen. Schon gleich bei der Brücke begegnet er einer schönen Zöllnerin, die sich eben ganz nymphenmäßig das weiße Gesicht in Quellwasser gebadet hat und ihn mit aufgelösten Haaren begrüßt. Das feuchte Element der Nereide Galatea ist also gegeben. Er macht ihr Komplimente, die sie wohlwollend neckend aufnimmt. In dem folgenden kurzen Geplauder erzählt sie ihm nun – das ist die erste, ganz knappe Heiratsgeschichte in diesem Zyklus – von dem Baumeister der Brücke, der sie, die seine Jugendgespielin und -liebe gewesen, nicht mehr anzusehen wagt, seit er aus beruflicher Leidenschaft, nur um diese schöne Brücke bauen zu können, die häßliche (übrigens bucklige und einäugige) Tochter seines Förderers geheiratet hat. Selbstverständlich bittet Reinhart sie schließlich, als Bedingung dafür, daß er den Brückenzoll entrichtet, um einen Kuß, der ihm in gutgelaunter, artiger Widerrede erst verweigert und dann zum Abschied doch noch geschenkt wird.

»[...] er gab ihr die Hand, und sie schwang sich zu ihm hinauf, schlang ihren Arm um seinen Hals und küßte ihn lachend. Aber sie errötete nicht, obgleich auf ihrem weißen Gesicht der bequemste und anmutigste Platz dazu vorhanden war. [...]
Fürs erste, sagte er zu sich selbst, ist der Versuch nicht gelungen; die notwendigen Elemente waren nicht beisammen. Aber schon das Problem ist schön und lieblich; wie lohnend müßte erst das Gelingen sein!«[12]

Wichtig dabei ist auch ganz gewiß, wie Detlev Otto erwähnt, die Verkehrung ins Passive. Er ist geküßt worden, während das Rezept des Sinngedichts doch lautet: küß! Aber so kann es eben gehen, wenn man mit launigen Worten um einen Kuß bittet. Das Hin-und-her-Reden hat dem Forscher beim ersten Versuch die Versuchsanordnung gründlich durcheinandergebracht.

12. Gottfried Keller: *Das Sinngedicht*, S. 17.

Im dritten Kapitel »Worin es zur anderen Hälfte gelingt« läßt er sich daher auf kein Wortgeplänkel mehr ein. Er küßt die junge Tochter eines mit seiner Familie bekannten Pfarrerehepaars, bei dem er zu Mittag einkehrt, als er sie bei der lächerlichen Veranstaltung ertappt, wie sie seinem Mietgaul in einem Strickkörbchen Salatblätter und Zwiebäcke und in einem grünen Gießkännchen Wasser auftischt. Diesmal versucht er also das Hin-und-her-Reden zu vermeiden, er flüstert ihr einfach zu, »daß er sie infolge eines heiligen Gelübdes *ohne Widerrede* küssen müsse.«

»Zitternd stand sie still, und als er sie nun umarmte, erhob sie sich sogar auf die Zehen und küßte ihn mit geschlossenen Augen, über und über mit Rot begossen, aber ohne nur zu lächeln, vielmehr so ernst und andächtig, als ob sie das Abendmahl nähme. Reinhart dachte, sie sei zu sehr erschrocken, und hielt sie ein kleines Weilchen im Arm, worauf er sie zum zweiten Mal küßte. Aber ebenso ernsthaft wie vorhin küßte sie ihn wieder und ward noch viel röter. Dann floh sie wie ein Blitz davon.«[13]

Wieder ist das Experiment also nur zur Hälfte gelungen, und unser wissenschaftlicher Ritter macht sich so eilig davon wie ein Don Juan, ohne einen Gedanken daran zu verwenden, was für Hoffnungen er in dieser errötenden Jungfrau vielleicht ausgelöst hat. Das Motiv soll später in der Erzählung von den »Berlocken« thematisch werden. Von diesem Pfarrerstöchterlein, das während seines unverhofften Besuchs im Pfarrhaushalt nebst des Puppentees für das Pferd noch weitere »tausend fromme Dinge« getrieben hat, z.B.

»hatte sie zwei goldene Löcklein entfesselt und eine schneeweiße Küchenschürze umgebunden; und sie setzte einen Pudding so sorgfältig auf den Tisch, wie wenn sie die Weltkugel hielte«[14],

hat Reinhart nun aber einen unverhofften Auftrag erhalten. Sie hat ihm einen Brief an eine nahewohnende Freundin mitgegeben, den sie in dieser kurzen Zeitspanne zusätzlich zu einem Tagebucherguß verfaßt hat (diese Pfarrerfamilie schreibt nämlich unermüdlich alles nieder, um säuberlich und ordentlich jede noch so banale Kleinigkeit als Denkwürdigkeit für die Erinnerungsverwaltung festzuhalten).

Und hier muß ich mich als weibliche Leserin ein wenig über Keller verwundern. Dieser Brief wird Reinhart nämlich zu der jungen Frau führen, auf die es ankommt. Und ich glaube, nicht einmal ein argloses Pfarrerstöchterlein kann harmlos genug sein, den kußfreudigen jungen Mann, der gerade wie ein Meteor in sein ereignisloses Jung-

13. Ebd., S. 20f.

14. Ebd., S. 19.

mädchenleben eingeschlagen hat, sogleich ausgerechnet zu der reizvollsten noch unbemannten jungen Frau der Umgegend zu schicken, selbst wenn es einen Vorwand sucht, um ihm einen Auftrag zu geben, und seinem Herzen der Freundin gegenüber Luft machen muß. Es sei denn, die Pfarrerstocher ist in aller Unschuld selbst in die imponierende Freundin verliebt und will sich in deren Augen mit ihrem Boten ein wenig interessant machen. Da Keller uns nichts über ihre Gründe verrät, dürfen wir denken, was wir wollen. Jedenfalls wird Reinhart hier dazu benützt, eine Botschaft von einem weiblichen Wesen an eine andere Frau zu übermitteln, sozusagen als Go-between und Briefträger, der selbst nicht lesen kann, was für eine Botschaft er trägt, als Träger von Signifikanten und Übermittler von Wünschen, von denen er nichts weiß. (Wir werden später erfahren, daß es sich um eine flehentliche Bitte um Rettichsamen handelt; lassen wir das in seiner Komik lieber ungedeutet!)

Im vierten Kapitel »Worin ein Rückschritt vermieden wird« muß Reinhart wieder das Mittel der Rede einsetzen, um zu seinem Experiment zu kommen. Er kehrt in einem nahe gelegenen Landgasthof, dem »Waldhorn«, ein und findet dort eine auffallend schöne, stattliche Wirtin vor. Diesmal will er es offenbar besser anstellen als bei der Zöllnerin, er fängt also an, höfliche Konversation über Wetter und Ernteaussichten und den Preis des Heus zu machen, bis sie ihm die Rede abschneidet:

»›Quälen Sie sich nun nicht länger mein Herr!‹ sagte die Schöne lächelnd, ›und sagen Sie mir die drolligen Dinge, die Ihnen auf der Zungenspitze sitzen, ohne Umschweif! Ich kann einen Scherz ertragen und weiß mich zu wehren!‹ [...] ›Fangen Sie an, Herr! und seien Sie witzig und vorlaut, und ich werde mich zieren und spröde tun!‹«[15]

Vor lauter Verblüffung weiß er nun natürlich nichts zu sagen, und sie fragt: »Sollen wir etwa gar die verkehrte Welt spielen, und soll ich Ihnen den Hof machen und Ihnen angenehme Dinge sagen, während Sie sich zieren?«[16]

Und sogleich tut sie das und spricht von ihrem Wohlgefallen an ihm, und das so beredt, doppelzüngig und ironisch, daß er ausruft:

»Sie sind ja der Teufel im Mieder! Ein starker Geist mit langen Haaren?«[17]

15. Ebd., S. 23f.

16. Ebd., S. 24.

17. Ebd., S. 25

Und er meint, er könne sich ihre ländliche Kleidung nicht mit ihrer Ausdrucksweise zusammenreimen, wobei er seine Verwunderung von der Umdrehung des konventionellen Unterschieds der Geschlechterrollen aufs Soziale verlagert. Gibt es in seiner Vorstellung starke Geister mit langen Haaren also eher in seiner eigenen gesellschaftlichen Klasse? Auf diese Frage nach ihrer wahren Herkunft und Geschichte bekommt er aber nur die Antwort:

»Vielleicht beliebt es mir, Ihnen zu sagen, daß Sie mir wohlgefallen, ohne daß Sie wissen, wer ich bin, wie ich dazu komme, dies zu sagen, und ohne daß Sie einen Nutzen davon haben. So setzen sie ihren Weg fort als ein Schein für mich, wie ich als ein Schein für Sie hier zurückbleibe!«[18]

Auch auf seine Bitte um einen Kuß beansprucht sie den aktiven Part:

»damit Sie zum Dank für die angenehme Unterhaltung mit dem Schimpf davonreiten, geküßt worden zu sein wie ein kleines Mädchen!«[19]

Obwohl er sie herausfordert, ihm diesen Schimpf anzutun, ist, als sie darauf einzugehen Miene macht, sein Ausdruck unwillkürlich so abschreckend, (»ein kalter Schatten« wallt über sein Gesicht) daß sie von ihrem Vorhaben abläßt. »Auf diesem Waldhörnchen wollen wir nicht blasen!« sagt er beim Abreiten zu sich selbst. Die Kapitelüberschrift spricht von einem vermiedenen Rückschritt, denn nicht nur wäre die seltsame ironische Dame bestimmt nicht errötet, was ja nur eine Wiederholung gewesen wäre, Reinhart wäre geküßt worden wie ein kleines Mädchen (wie eben die Pfarrerstochter), ganz wie er einst als kleines Kind geküßt wurde, bevor er den Frauen in seiner Männlichkeit imponieren konnte. Und das wäre für unseren Experimentator wahrhaft ein gewaltiger Rückschritt gewesen. Außerdem hat er ja etwas anderes vor.

»Vielleicht führt uns der Auftrag der Pfarrerstochter auf eine gute Spur, wie das Gute stets zum Bessern führt! Ich will den schalkhaften Seitenpfad aufsuchen, der irgend hierherum zu jenem Schloß oder Landsitz führen soll, wo die unbekannte Freundin haust!«[20]

Dieser schalkhafte Seitenpfad soll ihn nun als Überbringer eines Briefes eines weiblichen Wesens an ein anderes auf ein ihm wirklich fremdes Hoheitsgebiet führen. Bereits hat er ja einen Fluß überquert und ist an zwei Orten eingekehrt, an denen seines Bleibens nicht war (im

18. Ebd.

19. Ebd., S. 25f.

20. Ebd., S. 27.

Pfarrhaus wäre er unter der glassturzartigen Haushaltsordnung der bürgerlichen Puppenstubenidylle eingeweckt worden, im »Waldhorn« hat ihn die unfaßliche Positionsverkehrung, die »verkehrte Welt« der Wirtin, zutiefst verunsichert). Detlev Otto hat ausführlich auf dieses jetzt folgende Abkommen von der Hauptstraße hingewiesen, auf das Herumirren im wilden Forst mit seinem Dickicht und seinen Holzwegen, auf die »traumhafte Verwirrung«, in die er auf diesem unbekannten Terrain gerät, in dem er nach und nach künstliche Anlagen ausmacht, die eine »feine kundige Hand« verraten, wo er aber keinerlei Überblick gewinnen kann und sich immer mehr als rohen Eindringling und Zerstörer und Zertrampler einer fremden Ordnung fühlen muß, in wahrer Not ist, deren Ende er so herbeisehnt wie fürchtet. In der Tat heißt dieses fünfte Kapitel: »Herr Reinhart beginnt die Tragweite seiner Unternehmung zu ahnen«.

Als er nämlich endlich wieder ins Freie kommt, ist er gefangen. Er reitet trotzig, so sehr er sich ob seines ungeschlachten Eindringens geniert, durch einen Blumengarten bis an ein dünnes goldenes Gitter. Und dahinter hat er eine Erscheinung. Er sieht ein schloßartiges Landhaus, davor eine Terrasse mit einem Marmorbrunnen mit Delphinen, in dessen Schale ein Haufen Rosen (!) schwimmt,

> »die zu reinigen und zu ordnen eine weibliche Gestalt ruhig beschäftigt war, ein schlankes Frauenzimmer in weißem (!) Sommerkleide, das Gesicht von einem breiten Strohhute überschattet.
> Die untergehende Sonne bestreifte noch eben diese Höhe samt der Fontäne und der ruhigen Gestalt, über welche die Platanen mit ihren saftgrünen Laubmassen ihr durchsichtiges und doch kräftiges Helldunkel herniedersenkten.
> Je ungewohnter der Anblick dieses Bildes war, das mit seiner Zusammenstellung des Marmorbrunnens und der weißen Frauengestalt eher der idealen Erfindung eines müßigen Schöngeistes als wirklichem Leben glich, um so ängstlicher wurde es dem gefangenen Reinhart zumut, der wie eine Bildsäule staunend zu Pferde saß.«[21]

Ja, die Verkehrung, die ihn im »Waldhorn« so verwirrt hat, setzt sich fort und kompliziert sich ins Ungeahnte. Jetzt ist auch er eine reglose Statue, ein Reiterstandbild der kläglichst komischen Beschaffenheit, das hinter goldenem Gitter gefangen auf eine weiße Galatee, hier eine Brunnennymphe, glotzt, die ruhig ihre bereits schon vorhandenen Rosen ordnet. Und nun folgt prompt eine weitere Vertauschung, eine wundervolle Fehlleistung. Die weiße Gestalt entdeckt ihn erstaunt, öffnet ihm schweigend (mit einer anmutigen Bewegung) das Gittertor, und zur Rechtfertigung seines Eindringens übereicht er »der reizvollen Erscheinung, sie fortwährend anschauend, ohne zu reden, mit einer

21. Ebd., S. 29f.

Verbeugung«[22] eben nicht den Brief der Pfarrerstochter, den er mit der Brieftasche in der Hand behält, sondern den Zettel, auf welchen er das Sinngedicht geschrieben. Als sie ihn liest und ihn mit großen Augen erstaunt ansieht, errötet *er*, ganz als wäre er jetzt die weiße Lilie, das Symbol für die Reinheit, die ja in seinem Namen eingeschrieben ist. Die Frau gibt ihm den Papierstreifen zurück und erhält von dem um Nachsicht Stammelnden den Brief, und nun folgt der Satz, bei dem ich auch heute noch vor Glück aufseufzen könnte:

»Als sie das große Siegel erblickte, verbreitete sich eine Heiterkeit über das Gesicht, welches jetzt in der Nähe wie ein schönes Heimatland aller guten Dinge erschien.«[23]

Der im fremden Terrain Gefangene, der befangene klägliche Ritter, der sein wissenschaftliches Rezept aus der Hand gegeben und kommentarlos zurückbekommen hat, sieht vor sich das Ziel seiner Reise, aus der Ferne meinte er, ein (sein?) Ideal (das immer ein Bild ist – Keller ist Wort für Wort genau) zu erblicken, aus der Nähe erscheint das Gesicht nun in einer völlig anderen Ordnung – schönes Heimatland aller guten Dinge – das heißt Ein und Alles, das heißt Liebe, darum wird es von jetzt an gehen.

»Nicht nur vom Abglanz der Abendsonne, sondern auch von einem hellen innern Lichte war die ziervolle Dame dermaßen erleuchtet, daß der Schein dem überraschten Reinhart seine Sicherheit wiedergab. Aber indem er sich sagte, daß er hier oder nirgends das Sprüchlein des alten Logau [*und warum nicht: seines alten Gebiets der wissenschaftlichen Logik: Log-Au*] erproben möchte, und jetzt erst die tiefere Bedeutung desselben völlig empfand, merkte er auch, mit welch weitläufigen Vorarbeiten und Schwierigkeiten der Versuch verbunden sein dürfte.«[24]

Der mit Augen, also sinnlich wahrgenommene Schein hat ihm seine Sicherheit wiedergegeben, so wie das Reden vom Schein bei der schönen Wirtin ihm die Sicherheit geraubt hat. Was mag aber diese »tiefere Bedeutung« des Sinngedichts, die Reinhart in dieser Epiphanie aufgegangen ist, sein? Keller erwähnt sie wie etwas Selbstverständliches, ohne uns etwas zu erklären. Soweit wir bis hierher merken konnten, geht es ja um das Eine, das Vereinigende in der erotischen Begegnung, aber nun hat Reinhart bereits vor der Vereinigung den Schein von »Allem« vor Augen, den einen Ort, das Frauengesicht, in dem alles Gute beheimatet ist, also: die *Eine, in der ihm alles Gute erscheint* (»hier oder nirgends«, sagt sich Reinhart, also: die oder keine). Nur mit der Einen,

22. Ebd., S. 30,

23. Ebd., S. 31.

24. Ebd., S. 31f.

dieser besonderen einen Frau wird sich ihm fortan die Befriedigung »mit Eins« erfüllen können, anderswo würde das einmal gelungene Experiment entweder weitere Versuche an weiteren Objekten nach sich ziehen, denn ganz sicher kann sich ein Wissenschaftler erst sein, wenn er durch lange Reihen den Zufall ausschließt, oder er würde sich mit dem einmal gelungenen begnügen, um sich nach einem vergnüglichen Ausflug in den Pointensinn des Metaphorischen wieder seiner eigentlichen Forschung im abgeschiedenen Studierzimmer zu widmen. Aber wenn das theoretisch gesuchte Eine (die wechselseitige sexuelle Befriedigung) plötzlich von dem Gesicht einer lebendigen Einen abhängt, in dem alle guten Dinge wohnen, wird die Sache nicht so schnell abgetan sein, denn wie soll man, falls es nicht gelingt, fortan auf alle guten Dinge verzichten, unter die für den Wissenschaftler auch die Wissenschaft zu subsumieren ist? Die tiefere Bedeutung des Sinngedichts, der Anleitung zur geglückten Be-gattung, ist also die, daß die Liebe da sein muß, damit der Kuß seine zauberische Wirkung ausübt, daß es dem Mann um die eine Frau gehen muß, wie Pygmalion um seine Galatee. Es heißt ja: Reinhart *empfindet* die tiefere Bedeutung. Und in dem Augenblick, wo Reinhart durch die Empfindung erkennt, daß es ihm um diese besondere Frau geht, mit der sein Sinngedicht-Experiment gelingen soll, setzt sich das von Keller über dem Sinngedicht erst Verschwiegene und also von Reinhart offenbar Übersehene, Überlesene durch: die Frage.

Das sechste Kapitel heißt nämlich: »Worin eine Frage gestellt wird«. Nach scherzhaft anmutigem Wortwechsel darf Reinhart bei der schönen weißen Rosenordnerin, die mit ihrem Oheim den Landsitz bewohnt, zu Gast bleiben, unter der Bedingung, daß er nun keine täppischen oder übermütigen Abweichungen vom Wege mehr unternimmt. Er erkundigt sich bei den Hausmädchen nach dem Taufnamen ihrer Gebieterin, obwohl er ihn, wie Keller anmerkt, bereits kennt: Er hat natürlich die Adresse auf dem Brief gelesen, schon die ganze Zeit (viel früher als der Leser) gewußt, daß sie Lucia heißt, die Lichte – und daß er, der ja ausgeritten ist, weil ihm etwas fehlt, nämlich die Sehkraft, damit den Namen der Frau gefunden hat, die für seine Kur sorgen wird (so wird die Verwechslung des außen mit ihrem Namen beschriebenen Briefs mit seinem Rezept ganz logisch.) Und nun hat Reinhart Muße und Erlaubnis, die angrenzenden Räume zu erforschen und findet überall beeindruckende Spuren der geistigen Beschäftigung, des Geschmacks und sicheren Urteils seiner Gastgeberin. Hier waltet ein autonomer, tatsächlich ein starker Geist mit langen Haaren, der sich keinem Modediktat fügt, das zeigt sich in der Wahl der Bilder, die sie sammelt, der Bücher, die sie liest (»abseits von der großen Leserstraße«, ihr besonderes Interesse scheint Autobiographien zu gelten, von Augustinus bis Jung Stilling), in den Plänen für die Parkanlagen, die sie mit großzügigen, sicheren Strichen zeichnet, und in den Studien fremder und alter Sprachen, die sie offenbar mit angestrengtem Fleiß betreibt. »Beinahe eifersüchtig« wird Reinhart auf alle diese Interessen und Beschäftigungen. Und als sie wiederkommt und er

»die schön gereifte und frische Erscheinung wieder erblickte, trat ihm unwillkürlich die Frage, die sein Inneres neugierig bewegte, auf die Lippen, und er rief bedachtlos, indem er sich im Saale umsah: ›Warum treiben Sie alle diese Dinge?‹«[25]

Zur Antwort auf diese Frage, »die keineswegs ganz grundlos zu sein« scheint, wird er von dem schönen Fräulein wieder nur groß angesehen, wobei sie sichtlich errötet. Und auch Reinhart errötet darauf vor Verlegenheit. Zwei weiße Lilien werden rot, aber dieses gemeinsame Erröten vereint sie ganz und gar nicht.

In diese Verlegenheit schiebt sich im Kellerschen Text die Überschrift: Siebentes Kapitel »Von einer törichten Jungfrau«, aber der Text scheint dessen ungeachtet weiterzugehen:

»Denn er fühlte jetzt, [...] daß seine Frage eigentlich nichts andres sagen wollte als: Schönste, weißt du nichts Besseres zu tun? oder noch deutlicher: was hast du erlebt? Darum schritt das sich gegenseitig unbekannte Paar in gleichmäßiger Verblüffung nach dem Speisezimmer, und jedes wünschte meilenweit vom andern entfernt zu sein, wohl fühlend, daß sie sich unvorsichtig in eine kritische Lage hineingescherzt hatten.«[26]

Noch deutlicher heißt Reinharts Frage: Schönste, warum hast du keinen Mann? Warum treibst du das alles, was ist mit deinem Trieb los, der sich doch in deinem Dasein für einen Mann (und natürlich die dazugehörigen Kinder) erfüllen müßte? Du bist doch eine reizvolle Frau, also für einen Mann geschaffen, der dich begehrt. Warum interessierst du dich für anderes? Warum scheinst du dich außerhalb der Gattung stellen zu wollen? Diese Frage soll im Raume zwischen ihnen stehenbleiben. Erst einmal berichtet Reinhart nun von sich und erzählt »mit der unklugen Aufrichtigkeit, welche ihn seit der Ankunft plagte«[27], alles, was er an diesem merkwürdigen Tag unternommen und erlebt hat. Die Folge ist, daß Lucia, zornrot geworden, ihn hinauswerfen will. Er schafft es aber, sie seines Respekts zu versichern und umzustimmen. Lucia verbrennt feierlich den Zettel, auf dem das verfängliche Sinngedicht steht, und zum Zeichen der Versöhnung erzählt sie ihm nun die Geschichte der seltsamen Wirtstochter vom »Waldhorn«.

25. Ebd., S. 39.
26. Ebd., S. 40.
27. Ebd., S. 41.

Und so heben die einzelnen, auch für sich allein stehen könnenden Erzählungen dieses Werks an, auf die ich aber – so sehr ich das bedauere – jetzt nur in ihrer Funktion für die Reinhart-Lucia Geschichte eingehen will. Lucia erzählt »Von einer törichten Jungfrau«, diese Geschichte einer durch weibliche erotische Erpressung erzwungenen Verlobung eines eitlen, sich wegen seiner Schönheit und oberflächlichen Zungenfertigkeit Wunder was dünkenden Landmädchens mit einem Junker aus der Stadt auf Reinharts Bekenntnisse seiner Sinngedicht-Experimente hin. Sie versucht, ihm das verwirrende Rätsel dieser wortgewandten Dame zu erklären, die seit sie sich wegen Beleidigung ihres vermeintlichen Intellekts – als Kamel hat man sie in der Stadt bezeichnet – von ihrem Traumprinzen getrennt hat und sich nun aber zu gut für die Männer ihres eigenen Standes fühlt, nur noch ihrer Lieblingslaune frönt, »die Männer zu verachten und mit solchen zu spielen, wie sie wähnt«.[28]

Erinnern wir uns an die Verkehrung der Rollen, die Reinhart im Gespräch mit dieser Jungfrau so verwirrt haben, daß er von seinem Experiment abließ. Und wir sehen: Die Schärfe, mit der Lucia von der Dummheit ihrer Geschlechtsgenossin spricht, richtet sich, bleiben wir dieser Verkehrung eingedenk, gegen Reinhart und seine eben gestandene Experimentiererei mit dem Sinngedicht, gegen die männliche Form der Erotik, welcher sie Verachtung oder zumindest Nichtachtung des anderen Geschlechts unterstellt. Wenn Frauen sich im erotischen Spiel wie Männer benehmen, teilt Lucia ihm zwischen den Zeilen mit, sind sie so töricht wie Männer (die törichten Jungfrauen aus der Bibel verbrauchten ihr Öl für das Licht vor der Zeit, weil sie nicht warten konnten, bis das wirklich Wichtige, der einzig ihnen Bestimmte, der himmlische Bräutigam, kam). Reinhart schwankt zwischen Teilnahme und Trotz.

»Solchen Angriff auf sich abzuwehren, schritt er zum Widerspruch und sogar zu einer Art Schutzrede für die verunglückte Salome.«

Und nun kommt, aus Widerspruch, das Motto, unter dem Reinhart von jetzt an erzählen wird:

»›Gewiß‹, sagte Reinhart, ›mußte es irgend einen Mann für sie geben, dem sie selbst mit ihren Fehlern wert war: doch scheint mir die Gleichheit des Standes und des Geistes nicht gerade das Unentbehrlichste zu sein. Eher glaube ich, daß ein derartiges Wesen sich noch am vorteilhaftesten in der Nähe eines ihm wirklich überlegenen und verständigen Mannes befinden würde, ja sogar, daß ein solcher bei gehöriger Muße seine Freude

28. Ebd., S. 51.

daran finden könnte, mit Geduld und Geschicklichkeit das Reis einer so schönen Rebe an den Stab zu binden und geradezuziehen.‹«[29]

»Edler Gärtner« nennt ihn Lucia darauf spöttisch, und wir sind wieder bei der botanischen Version des Pygmalionmotivs, aber nun bei der eigentlichen, dem Kußwunder vorausgehenden Geschichte: ein Mann schafft sich die Frau, die er einzig begehrt, nach seinem Bilde, er bildet sich aus vorgefundenem Rohmaterial eine Frau nach seinen Idealvorstellungen und Wünschen. Lucia hört das sehr scharf, sie überhört dabei aber in ihrem Spott, oder will es überhören, wie ergriffen Reinhart von einer notwendigen Bedingung für eine solche Paarung spricht: das Gesicht der Frau muß dem Mann gefallen, »es kann auf die Länge doch nicht trügen, wird schließlich immer wieder gefallen und, wenn auch mit Sturm und Not, ein Paar zusammenhalten.«[30]

Wir wissen, von welchem Gesicht er spricht, aber sie meint boshaft: »das gefallende Gesicht wird zum Merkmal des Käufers, der auf den Sklavenmarkt geht und die Veredlungsfähigkeit der Ware prüft.«[31] Sie drehen sich im Kreise, daher müssen sie weitererzählen, wenn sie sich nicht im Zorn trennen, sich nicht gänzlich auseinanderdiskutieren wollen. Es folgt Reinharts Erzählung »Regine«, in der er selbst eine kleine Rolle spielte. Was er dabei nicht bedenkt, ist aber, daß sie völlig ungeeignet ist, was immer auch für eine These zu beweisen. Seine ursprünglich erklärte Absicht bei dieser Erzählung scheint sich nicht nur gegen ihn zu kehren, sie führt ihn überhaupt ganz anderswohin, er verliert sich. Der reiche, gebildete Amerikaner, der in Europa die schöne Küchenmagd heiratet und behutsam bildet, verliert nämlich sein Glück nicht wegen der Bildung, die dann von Damen der Gesellschaft übernommen wurde, oder weil es nicht die rechte Bildung war, sondern weil er blind ist für Regines Bindung an ihren Bruder. Sicher hat alles so tragisch kommen müssen, weil er Regines Bildung erst vollenden wollte, bevor er sie stolz seiner Familie in Boston vorführen würde, aber das Tragische, die absolute Blindheit seines Verdachts des Ehebruchs, die zu dem wahrhaft grauenhaften Verstummen der beiden Eheleute führt, rührt von einem radikalen Verkennen dieses edlen Gärtners her. Pflanzen kann man mit der Wurzel ausgraben und verpflanzen, Menschen sind anders an ihre Herkunft gebunden. Dieser stolze Erwin Altenauer hätte nicht nur nicht mit einer Ehebrecherin leben können, sondern auch nicht mit der Schwester eines Raubmörders. Wunderbar ist dabei in dieser Erzählung die Umkehrung des Pygmalionmotivs, das in Form der Statue der Venus von Milo oder vielmehr

29. Ebd., S. 52f.

30. Ebd., S. 54.

31. Ebd., S. 55.

ihres Gipsabgusses erscheint, als die Frauenbildung dem Mann durch die bildungssüchtigen Damen, die drei Parzen und die vermännlichte Malerin, gleichsam aus der Hand genommen wird; wie den Mann das Befremden packt, als seine Frau ihm vorführt, daß sie zur Statue gemacht wurde, sich nun selbst als solche im Spiegel betrachtet, wie beim hastigen Auszug diese Statue auf einem Kärrchen angebunden schwankend weggebracht wird und die Arbeiter darüber lachen. »So geht es, wenn schöne Leute unter das Gesindel kommen!« Mit dieser Regine-Geschichte ist Reinhart bereits weit abgekommen vom sinngedichtlichen Programm. Es hat bei der Frauenfigur, ohne daß er das *beabsichtigte*, etwas sozusagen Überschüssiges gegeben, einen Rest, der sie daran hinderte, mit ihrem Mann eins zu werden. Und ohne daß Reinhart sich des Zusammenhangs bewußt würde, taucht, als er zu Bett gegangen ist, »unter *einem* Dache mit dem ziervollsten Frauenwesen der Welt«, im Gedanken an Lucia dieses Zuviel, der Signifikant Bruder, wieder auf, in Form einer Reflexion über die Brüderlichkeit:

»Wie es Leute gibt, deren Körperliches, wenn man es zufällig berührt oder anstößt, sich durch die Kleidung hindurch fest und sympathisch anfühlt, so gibt es wieder andere, deren Geist einem durch die Umhüllung der Stimme im ersten Hören schon vertraut wird und uns brüderlich anspricht, und wo gar beides zusammentrifft, ist eine gute Freundschaft nicht mehr weit außer Wege.«[32]

Gewiß, aber Brüderlichkeit unter den Geschlechtern hieße, den Geschlechtsunterschied zu leugnen oder zumindest keinen Gebrauch davon zu machen; Brüderlichkeit wäre eine gute Bedingung für ein Freundschaftsverhältnis, aber eine unmögliche für die Gattung. Mit Brüderlichkeit wird Reinhart sein auf Lucia gerichtetes Begehren nach geschlechtlicher Vereinigung nicht befriedigen können.

Vielleicht auch aus diesem Grund werden im neunten Kapitel, in der nächsten Erzählung »Die arme Baronin«, die Reinhart am nächsten Morgen, auch in Gegenwart des inzwischen aufgetauchten Oheims, zum besten gibt, die Brüder aufs Grausamste vertrieben und in die neue Welt abgeschoben. Saugrob wird Keller durch Reinharts Mund hindurch da, gerade weil er gleichzeitig diese Teufel als so arme Teufel schildert, daß man fast Mitleid mit ihnen haben muß. »Die arme Baronin« ist wie ein korrigierender Nachtrag zu »Regine«. Dieser Frau wird umsichtigerweise alles genommen, was sie an ihre Herkunft bindet, vor allem ihr Stolz, selbst und allein auszukommen. »Ich scheine mir überhaupt früher nicht gelebt zu haben«, sagt sie am Ende.[33] Sie muß ohnmächtig werden und tagelang bewußtlos sein, damit ihr Ent-

32. Ebd., S. 117.
33. Ebd., S. 152.

decker, Erzieher und Retter Brandolf sich ihrer Existenz bemächtigen kann. Aber auch hier, obwohl das ja ein Exempel für geglückte Gattung sein soll, schleichen sich wieder unvorhergesehene Elemente ein. Als die einsame Frau, die monatelang von fast nichts ihr Leben gefristet hat, ihren Zusammenbruch hat und in Lebensgefahr schwebt, ruft Brandolf aus: »es ist mir fast zumut wie einem schwachen Weibe, dem das Kind erkrankt ist«.[34] Anstelle der durch die Vertreibung ihrer schurkenhaften Brüder eliminierten Bruderbeziehung und somit auf der anderen Ebene anstelle der Brüderlichkeit (als eines möglichen Verhältnisses zu Lucia), kommt nun plötzlich Mütterlichkeit ins Spiel (diese Stelle verweist übrigens wie eine späte Wiedergutmachung auf die für den Sohn darbende sparende Mutter des Grünen Heinrich). Der Mann als Mutter dürfte aber auch nicht das Ideal für das Glücken einer Gattenbeziehung sein, und in der Tat muß hier der Vater Brandolfs eingreifen, damit aus diesem Pflege- und Versorgungsverhältnis ein Hochzeitspaar wird. Er, der Witwer, bei dem der Sohn die Frau untergebracht hat, schreibt ihm, er hätte sie gerne selbst geheiratet, aber herausgefunden, daß sie lieber den Sohn wolle, der Sohn solle sie also heiraten. Hier lernt ein Sohn von seinem Vater, wie man zu einer Frau kommt, und sogleich soll Reinhart, der das eben erzählt hat, sein blaues Wunder erleben.

Auf seine heftige Zurückweisung von Lucias Einwand hin, daß vielleicht in seiner Geschichte die Frau selbst mit einem kleinen Plan, den Mann einzufangen, die Hand im Spiel gehabt haben könnte, nimmt der Oheim gegen Reinhart für sie Partei und erzählt im zehnten Kapitel die Geschichte, warum er selbst nicht geheiratet hat: »Die Geisterseher«. Hier geht es nämlich um die Gattenwahl einer Frau, die sich zwischen zwei in brüderlicher (immer noch das Motiv!) Freundschaft verbundenen Männern, die sie beide gleichermaßen zu lieben glaubt, entscheiden muß, da der Tod, der erst entscheiden sollte, sie beide aus dem Krieg hat zurückkehren lassen. Sie stellt beide auf die Probe, indem sie ihnen als Geist erscheint, also gleichsam als Abgesandte aus dem Reich des Todes. Der Erzähler, ein Berufssoldat, fällt erst in Ohnmacht und sitzt dann voller Grauen wehrlos »dem wesenlosen Scheusal« gegenüber, das viel entsetzlicher ist als die Todesnähe auf dem Schlachtfeld, während sein Freund und Rivale, ein junger Wissenschaftler, seine vernünftigen Gedanken mobilisiert »als ob es Polizeileute wären«[35], beherzt das scheußliche Gespenst an der Nase packt und ihm die Wachsmaske vom Gesicht reißt. Und nun erfährt Reinhart, daß eben dieser wackere Wissenschaftler sein Vater ist und er seine Existenz dem Gesetz und Zufall der Versuchsanordnung verdankt, die

34. Ebd., S. 136.
35. Ebd., S. 186.

seine Mutter veranstaltet hat (denn natürlich waren die Bedingungen für ihre Spukerei nicht ganz gleich). Die Einheit, als die er sein Elternpaar zu betrachten gewohnt ist, kam durch ein Experiment zustande. Seinem Wissenschaftlervater haben das wissenschaftliche Denken, aber auch der Zufall geholfen, zu einer Frau zu kommen. Doch seiner Mutter wäre bei einem anderen Ausgang des Experiments vielleicht auch dieser eben kennengelernte Fremde, Lucias Oheim, recht gewesen, der ebensogut Reinharts Vater hätte werden können. Lucia beobachtet Reinharts Verstörung »voller Heiterkeit«.

»Das ganze Gesicht war so heiter wie der Himmel, wenn er vollkommen wolkenlos ist. [...]
Reinhart: ›Ich begreife und würdige durchaus die Genugtuung, die Ihnen die Erzählung des Herren Oberst verschafft! Daß ich in meinem eigenen Papa geschlagen würde, hätte ich allerdings nicht geglaubt!‹«[36]

Und Lucia behauptet daraufhin, vom Hörensagen fast schon ein bißchen in diesen Papa verliebt zu sein. Also auch die Väter, die einem zwar zu zeigen vermögen, wie man zu einer Frau kommt, mischen sich nun als rivalisierende Störfaktoren in Reinharts Absichten ein.

In der nächsten Erzählung im elften Kapitel »Don Correa« fährt Reinhart daher schweres Geschütz auf, diesem Helden, einem wahren Conquistador und Kolonialherr, braucht kein Papa etwas zu zeigen. Er wählt ganz nach eigenem Gutdünken, ganz selbstherrlich, und er will seine Eroberung nur der eigenen Person verdanken, keinen anderen Attributen wie Reichtum, gesellschaftliche Stellung usw. Er verguckt sich in eine geheimnisvolle schöne Witwe, präsentiert sich ihr auf ihrem entlegenen Meeresschloß als armer Schiffbrüchiger und gewinnt kraft seiner erotisch anziehenden Mannesperson ihre Gunst. Doch als er sie nach der Heirat mit seiner Herrlichkeit und Macht überraschen, sie nun als sein Eigen in seine Welt einführen will, ist die Frau keineswegs mit so einer Umkehrung der Besitz- und Machtverhältnisse einverstanden. Als er sie zwingen will, versucht sie ihn umzubringen und wird als Gattenmörderin – denn schon ihr erster Mann mußte daran glauben – hingerichtet. Viele Jahre später erst nimmt Don Correa, auf der Höhe seines Kolonialherrenruhms, einen zweiten Heiratsanlauf – diesmal erwählt er das machtloseste Geschöpf, das er je getroffen, die von der Königsschwester von Angola als Stuhl benutzte und ihm mit verächtlicher Geste überlassene Sklavin Zambo. Hier kann er auf keinen Widerstand stoßen, nur wird ihm, nachdem die schöne Wilde getauft ist und nun Maria heißt, seine Entdeckung von der eigentlichen Kolonialmacht, in deren Namen er auftritt, von Mutter Kirche nämlich,

36. Ebd., S. 190f.

streitig gemacht. Die Jesuiten entführen sie ihm, um eine propagandistisch wertvolle Heilige aus ihr zu machen. Doch Lassie kehrt zurück, das treue Hündchen findet seinen Herrn wieder, und er kann sie heiraten und sie seine Sprache lehren. Aber er wird nie wissen, ob sie ihn genommen hätte, wenn sie einen freien Willen gehabt hätte, als er sie aus dem Staub auflas.

Aus diesem unlösbaren Rest schmiedet Lucia nun flugs ihre Erwiderung, die Erzählung »Die Berlocken« (zwölftes Kapitel). Der junge Leutnant aus der Zeit Marie Antoinettes, der zahllose Frauenherzen gebrochen und Mädchenexistenzen geknickt hat, nur um ihnen jeweils einen Anhänger für sein Uhrgehänge, für seine phallisch protzende Berlockensammlung, abzunehmen, erkürt schließlich als Soldat in Amerika, seiner sich ins Eintönige der Wiederholungen totlaufenden erotischen Eroberungen müde, im Geiste Rousseaus und mitgerissen von dem gewaltigen Hauch von Freiheit, der von der Neuen Welt ausgeht, eine kleine Indianerin namens Quoneschi, die Wasserjungfer (also auch eine Galatee!)

»Wie würde das philosophische Paris erstaunen, dachte er sich, ihn mit diesem Inbegriff von Natur und Ursprünglichkeit am Arme zurückkehren und in die Salons treten zu sehen.«[37]

Er verlobt sich mit ihr, allerdings nur in Zeichensprache, und überläßt ihr zum Unterpfand auf ihr eindringlich ausgedrucktes Begehren hin seine Berlocken. Danach hat er einen beängstigenden Kastrationstraum, in dem ihm der Zopf abgeschnitten wird und eine Spinne ihn in die Nase beißt. Und am nächsten Tag, beim großen Fest jenseits des Flusses, zeigt sich dann, was die Wasserjungfer eigentlich vom eitlen, edlen Leutnant wollte. In wildem Tanz tritt ein junger Indianerkrieger in schaurig schönem Kostüm auf – und an einem Ring in seiner Nase baumeln blitzend, die Nasenflügel peitschend, die Berlocken, die Quoneschi zum Brautgeschenk für ihren Liebsten verwendet hat. »Der Herr von Vallormes bekam weder die Berlocken noch die Indianerin je wieder zu sehen.«[38]

Nach diesem Schluß eilt Lucia unter einem Vorwand »mit verhaltenem Lächeln« davon, und Reinhart ist wieder mit dem Erröten daran, als ihm der Oheim zu verstehen gibt, daß sie sich mit solch satirischen Pfeilen doch nur ihrer Haut erwehre, da es sie offensichtlich nicht gleichgültig lasse, daß Reinhart so »für allerhand unwissende und

37. Ebd., S. 262.

38. Ebd., S. 267.

arme Kreaturen« schwärme, »zu denen sie einmal nicht zu zählen das Glück oder Verdienst« habe.

»›So geht es‹, sagte er [Reinhart] mit unmerklicher Bewegung; ›wenn man immer in Bildern und Gleichnissen spricht, so versteht man die Wirklichkeit zuletzt nicht mehr und wird unhöflich. [...] Es ist Zeit, daß ich abreite, sonst verwickle ich mich noch in Widersprüche und Torheiten mit meinem Geschwätz, wie eine Schnepfe im Garn.‹«[39]

Ja, gerade so ist es ihm ergangen, mit seinem wissenschaftlichen Durchblick ist es gründlich vorbei, seit ihn die Botschaft einer Frau an eine andere vom beabsichtigten Pfad abgebracht hat, seit sein Rezept verbrannt wurde und man ins Erzählen gekommen ist; seit die vermeintliche Einschreibung, wie eine erotische Vereinigung glücken kann, abgelöst worden ist durch Liebes- und Heiratsgeschichten, die allemal einen Rest übrigließen, ein Verfehlen, Überschuß und Manko. Reinhart und Lucia – sie mit dem Oheim als Schützenhilfe – haben gegeneinander erzählt, während Reinhart doch auf eine Annäherung hoffte. Er wollte Lucia zeigen, daß ein Mann kraft seiner Herrlichkeit eine Frau erwählen und lieben kann; auf ihrer Seite wurde gezeigt, daß auch die Frauen wählen, daß sie Netze auslegen, in denen das Männchen (Mannelin wurde Reinharts Papa genannt) sich verfängt, und daß auch sie ein Begehren haben. Auf keiner Seite ist es zu einer Geschichte der Gegenseitigkeit, eines ebenmäßigen, ausgewogenen Verhältnisses, gekommen, in dem zwei eigenständige Begehren sich begegnen und einander befriedigen. Brüderlichkeit (lies: Ebenbürtigkeit) und Geschlechterdifferenz lassen sich offenbar nicht vereinigen. Reinharts Männer suchten das Fremde, um es in Besitz zu nehmen, es sich zu eigen zu machen – und scheiterten daran oder verloren mit dem Besitz das eigentlich sie Reizende, die Fremdheit. Auf Lucias Seite ist dagegen ein großes Geheimnis geblieben. Die Frage, was sie treibt, was sie begehrt, warum sie anscheinend keinen Mann will, warum sie das eingleisige männliche Begehren, das auch die Frauen übernehmen können, töricht findet, ist nicht beantwortet worden.

Sie erhält sich bis ins letzte Kapitel »In welchem das *Sinngedicht* sich bewährt«. Reinhart ist eiligst abgeritten, weil er sich zu sehr in »Bilder und Gleichnisse« verstrickt hat, um einen direkten, offenen Antrag zu wagen, weil er sich vor einer Ablehnung scheut, die ihn ja »um alles« bringen würde. Er kehrt, in der Zwischenzeit immer ernstlicher liebeskrank, auf Einladung Lucias im Herbst zurück, da inzwischen seine Eltern, mit denen der Oheim wieder Kontakt aufgenommen hat, auf

39. Ebd., S. 268.

dem Landsitz zu Besuch sind. Er findet alle in bester Laune und ganz verjüngt vor: »niemand wollte alt sein oder es werden, denn alle hatten es in sich.«[40]

Und nun erzählt ihm Lucia, als sie einen Tag allein geblieben sind, ihre eigene Geschichte. Er hat in einem ihrer Bücher ein mit Seide gesticktes Blättchen gefunden: zwischen einem Tannenbäumchen und einer Staude mit zwei roten Rosen steckt ein Herz im Boden, von dem ein entzweigeschnittenes Band flattert, dessen andere Hälfte an einem zweiten Herzen hängt, das mit Flügeln und Flammen gen Himmel fliegt. Sie gesteht ihm errötend, daß sie diese Arbeit im Kloster verfertigt habe, weil sie nämlich katholisch sei. Als sie ihm sagt, daß sie nicht so geboren, sondern es geworden sei, errötet sie noch tiefer, und Reinhart erschrickt. Und dann erzählt sie ihm ihr Geheimnis von diesem Religionsübertritt, das nicht einmal ihr Oheim kennt. Es ist eine Kindergeschichte, die Geschichte der protestantisch erzogenen Tochter einer Katholikin, die einen Protestanten geheiratet und sich dessen Glauben angepaßt hat. Nur zu Festen fährt sie mit ihrem Töchterchen den Fluß hinunter in ein Kloster, wo eine Jugendfreundin Nonne ist.

»Kamen wir dann nach Hause, so verglich uns der selige Valter scherzend mit jenen aztekischen Indianern, welche heutzutage noch zu gewissen Zeiten auf den großen Strömen landeinwärts fahren sollen, um an geheimnisvollen Orten den alten Göttern zu opfern.«[41]

Zu diesen alten Göttern meint Lucia aufbrechen zu müssen, als sie nach dem frühen Tod der Mutter vereinsamt und vom Vater gleichgültigen Erzieherinnen überlassen den jungen Mann, der sie als kleines Kind scherzend und kosend seine Braut zu nennen pflegte, wiedersieht und ihn in kindlicher Unschuld um baldige Erfüllung seines Eheversprechens bittet. Er lacht und sagt, erst müsse sie katholisch werden, worauf sie – heimlich und wohl wissend, daß sie ihren Vater damit zutiefst erzürnt – zu der Nonne ins Kloster geht, um den Übertritt zu vollziehen, ohne dabei irgendeinen religiösen Trieb zu spüren, nur ein böses Gewissen. Sie getraut sich nicht, dem Vater bei seiner Rückkehr diesen Abfall zu gestehen, wird von ihm in ein protestantisches Internat gebracht und erfährt dort eines Tages, daß ihre Kinderliebe in Rom Priester geworden ist. Seit dem bald darauffolgenden Tod des Vaters lebt sie nun einsam mit ihrem Onkel, einem Bruder der Mutter.

Für mich bleibt das die eigentlich rätselhafte Geschichte dieser Sammlung. Warum sind die Folgen dieser »Kinderei« für Lucia so ernst, so lebensbestimmend? Warum sagt sie, sich zwar von der törich-

40. Ebd., S. 271.
41. Ebd., S. 277.

ten Liebesleidenschaft und ihrem Gegenstand als bald geheilt erklärend: »Aber ich hatte durch meine Streiche Jugend, Leben und Glück, oder was man dafür hält, mir selbst vor der Nase abgesperrt.«[42]

Sie hat mit ihrem Konfessionswechsel, den sie nicht mehr rückgängig machen kann, ohne »als abenteuerliche Doppelkonvertitin ins Gerücht zu kommen«, einen Abfall begangen, sie hat in ihrer romantischen Kleinmädchenschwärmerei ihre geistige Ordnung, die symbolische Vaterwelt, in der sie existiert, verraten, um sich zu gatten, verführt durch den Mutwillen eines Mannes, dessen Geschlechtlichkeit sie in ihrem Alter damals noch zutiefst erschreckte und von dessen Verhaftung im Zölibat sie nichts ahnen konnte. So ist sie, in einem absurden Schritt, in die archaische Mutterordnung zurückgekehrt, in die Welt der geliebten Toten, mit vierzehn Jahren an der Schwelle des Lebens, gerade als sie der in Geschlechter geteilten Menschenart gemäß leben zu wollen meinte. Der protestantische Vater war zwar nicht besonders religiös – es geht hier nicht wirklich um religiöse Fragen –, aber er sagte, daß man nicht zurückschauen dürfe; im Protestantismus gibt es den Zölibat, den Verzicht auf Gattung, das Verbot des Sich-Gattens, nicht mehr. Es ist, als wäre Lucia in ihrer ahnungslosen romantischen Kinderliebe der Kopf verdreht worden, zurück, und als wäre sie dadurch, zu ihrer furchtbaren Enttäuschung, unter das Verbot der Gattung geraten, auf den Schnitt, den Bruch zwischen himmlischer und irdischer Liebe, den sie nicht selbst vollzogen hat. Sie lebt in dieser Spaltung als dem traumatischen Jugenderlebnis weiter, keine Nonne, gewiß nicht, aber auch keine irdisch geschlechtlich liebende Frau. In einem Brief von Reinharts Mutter über sie heißt es: »die Lucie sei eine ernsthafte und kluge Person mit dem Gemüt eines Kindes«[43] und das wirft, denke ich, das klärende Licht auf den uns heute so schwer einleuchtenden Makel, das verscherzte Lebensglück, den sie von ihrem heimlichen Religionswechsel davonzutragen glaubt. Lucia hat sich mit dem Katholischwerden aus Sehnsucht nach der toten Mutter in ihre Kinderwelt eingeschlossen, in eine kindliche Existenz, in der der genitalen Sexualität jede Realisierung versagt ist. Sie verachtet die Männer, die Erotik praktizieren, aber deren eigentliches Begehren anderem (der Priesterkarriere im Fall ihres Verführers, aber es hätte auch die Wissenschaft sein können) gilt. Die Hinwendung zum Vater als Ablösung von der Mutterbindung, die Bedingung für die Entwicklung der weiblichen Sexualität hin zum Manne, ist sozusagen von ihr wider besseres Wissen und in einem törichten Getäuschtwerden durch einen Mann, rückgängig gemacht worden – und gleichzeitig ist sie dem Vater treu, als rationales, intellektuelles Wesen.

42. Ebd., S. 294.

43. Ebd., S. 270.

Und nun gelingt Keller das Wunder, alles zusammenzuführen und zu heilen. Nach Lucias »Beichte«, auf die Reinhart tief bewegt und einfühlsam reagiert, machen die beiden einen Spaziergang, als »Liebesboten« für das mit einem Schuster verlobte Hausmädchen, das diesem etwas ausrichten lassen will. Sie wandern durch den Wald, wo sie allerlei wundersame Naturphänomene erleben dürfen, und überraschen schließlich den jungen verliebten Meister in seiner Werkstatt beim Pechdrahtziehen, wozu er Goethes Jugendliedchen »Mit einem gemalten Bande« singt, nach Art der Handwerksburschen und dazu noch auf sächsisch. Und das ist so komisch und rührend und beglükkend, vor allem weil seine Kanarienvögel laut mitschmettern, daß ein wahrer Tumult entsteht

»von welchem hingerissen Lucie und Reinhart sich küßten. Lucie hatte die Augen voll Wasser, und doch lachte sie, indem sie purpurrot wurde von einem lange entbehrten und verschmähten Gefühle, und Reinhart sah deutlich, wie die schöne Glut sich in dem weißen Gesichte verbreitete.«

Es ist geschafft.

»Bei Gott, jetzt haben wir doch Ihr schlimmes Rezept von dem alten Logau ausgeführt!«,

ruft sie und er antwortet

»auch ich habe wahrhaftig nicht an das Epigramm gedacht, und nun ist es doch gelungen. Willst du mir deine Hand geben?«[44]

Sie sind nun ein Paar. Wie hat es dazu kommen können? Genau darum, weil es nicht hätte dazu kommen müssen. Ein Tumult hat alles durcheinandergerührt, alle Positionen und Spaltungen für einen chaotischen Augenblick aufgewirbelt und ineinandergewirbelt. Es gibt kein Naturgesetz für die Gattenwahl, die Gattung, beim Menschen. Keller zeigt uns das so tragisch wie eindringlich, an die Stelle solcher nicht existierender Naturgesetze tritt eben das Erzählen, die Mythen, Fabeln, Märchen, der Roman, und auch der Novellenzyklus mit einer glücklich enden dürfenden Rahmenhandlung: das Sinngedicht. Der Sinn davon ist gedichtet, in der Reichsunmittelbarkeit der Poesie, die in der Gattung (der literarischen) zu einem glücklichen Ausgang führen darf, ohne das die Bitterkeit des Wirklichen dabei unterschlagen würde.

Falls Sie sich gewundert haben sollten, wo denn die Psychoanalyse bei dieser Lektüre abgeblieben ist, müssen Sie mir jetzt einfach glauben, daß man auch mit der Psychoanalyse sprechen kann, ohne

44. Ebd., S. 300f.

deren Termini zu verwenden. Die psychoanalytische Theorie ist aufgebaut auf einer radikalen Asymmetrie von Frau und Mann. So einsichtig das Funktionieren der männlichen Sexualität ist, so kompliziert und gespalten und überschüssig ist sie bei der weiblichen. Ich will mit Keller schließen, der vielleicht der frauenseligste männliche Schriftsteller ist, den ich kenne. Der letzte Satz lautet:

»Reinhart nannte später seine schöne Frau, wie der Oheim, nur Lux und, indem er das Wortspiel fortsetzte, die Zeit, da er sie noch nicht gekannt hatte – *ante lucem*, vor Tagesanbruch.«[45]

45. Ebd., S. 301.

Lacan liest Freuds Traumdeutungen

Das Fundament der Psychoanalyse – daran hat Jacques Lacan immer festgehalten – ist der Freudsche Text. Die von Lacan gegründete psychoanalytische Vereinigung hieß *École Freudienne*. Lacans Lehre bedeutet eine Möglichkeit, Freud zu lesen, sich auf ihn einzulassen, an ihm zu arbeiten, denn so lesbar und klar verständlich Freuds Schreibstil auch erscheinen mag, sein Text steckt doch, wie überhaupt jeder bedeutende Text, voller Ambivalenzen und Brüche, die einem beruhigten Verständnis mit Anspruch auf Endgültigkeit entgegenstehen. Lacans Freudlektüre sucht das nicht zu lösen, sondern seine Methode fortzusetzen, mit dem Instrumentarium, das er zunächst in der zeitgenössischen Entwicklung der Sprachwissenschaft und dem aus ihr entwickelten Strukturalismus, im Alter dann zunehmend in der Topologie gefunden hat und das er für geeignet hielt, den Freudschen Umgang mit dem Phänomen des Unbewußten zu erhellen und zu ergänzen. Freilich – das ist nicht übersehbar – gibt es heute, über zwanzig Jahre nach Lacans Tod und nicht nur in Frankreich, eine Tendenz zu einem, nennen wir es einmal »Lacanismus«, der sich insgeheim oder offen nicht mehr in dieser eben genannten Weise auf Freud bezieht, der die neuen Begriffe, die Lacan in seine Freudlektüre einführte und entwickelte, wie selbstverständlich als eigentliche Grundlage und Ausgangspunkt der Arbeit nimmt und Freud nur über diese Lacanschen Strukturen wahrzunehmen scheint. Wie sich das in der Zukunft für die Psychoanalyse auswirken wird, ist schwer einzuschätzen, aber eines steht unverändert fest: Lacans Werk ist aus seiner Lektüre Freuds entstanden und wird sich auch in Zukunft als eine solche beweisen müssen.

Ich möchte nun Lacans Arbeit am Freudschen Text anhand von zwei Träumen aus der *Traumdeutung* vorstellen, und nach dem bisher Gesagten wird es wohl nicht befremden, daß im Laufe meiner Darstellung Freud mindestens ebenso viel wie Lacan zu Wort kommen wird, wenn nicht mehr. Ich beginne mit dem Schlüsseltraum, dem berühmten ersten analysierten Traum aus der *Traumdeutung*, dem im Sommerquartier Bellevue bei Wien von Freud geträumten Traum von Irmas Injektion, von dem Freud bekanntlich im einem Brief an Fließ vom 12. Juni 1900 phantasierte, ob wohl dereinst an dem Haus des Träumers eine Marmortafel angebracht werden würde mit der Inschrift:

»Hier enthüllte sich am 24. Juli 1895 dem Dr. Sigm. Freud das Geheimnis des Traumes.«[1]

Lacan hat diesem Traum in seinem Seminar II *Das Ich in der Theorie Freuds und in der Technik der Psychoanalyse* zwei Sitzungen gewidmet. Zur Erinnerung zunächst der Traumtext, dem Freud vorausschickt, daß es sich bei Irma um eine an hysterischen Symptomen leidende und von ihm mit der neuen psychoanalytischen Methode behandelte junge Freundin seiner Familie handle, der es nun besser, aber nicht wirklich gut gehe, wie sein Freund Otto ihm von einem Besuch bei ihr berichtet habe. Freud hat Irma in seinem Eifer eine Lösung zugemutet, die ihr nicht annehmbar erschien, so daß die Kur abgebrochen wurde. Er ist nicht froh über den Fall, nicht ohne Selbstzweifel. Am Abend vor dem Traum hat Freud Irmas Krankengeschichte zu seiner Rechtfertigung gegen nicht direkt ausgesprochene, aber durch die Haltung seiner Umgebung, wie ihm scheint, deutlich merkbare Vorwürfe für einen Dr. M., eine tonangebende Persönlichkeit in seinem Kreise, niedergeschrieben. Der Traumtext lautet:

»Eine große Halle – viele Gäste, die wir empfangen. – Unter ihnen Irma, die ich sofort beiseite nehme, um gleichsam ihren Brief zu beantworten, ihr Vorwürfe zu machen, daß sie die ›Lösung‹ noch nicht akzeptiert. Ich sage ihr: Wenn du noch Schmerzen hast, so ist es wirklich nur deine Schuld. – Sie antwortet: Wenn du wüßtest, was ich für Schmerzen jetzt habe im Hals, Magen und Leib, es schnürt mich zusammen. – Ich erschrecke und sehe sie an. Sie sieht bleich und gedunsen aus; ich denke, am Ende übersehe ich da doch etwas Organisches. Ich nehme sie zum Fenster und schaue ihr in den Hals. Dabei zeigt sie etwas Sträuben wie die Frauen, die ein künstliches Gebiß tragen. Ich denke mir, sie hat es doch nicht nötig. – Der Mund geht dann auch gut auf, und ich finde rechts einen großen weißen Fleck, und anderwärts sehe ich an merkwürdigen, krausen Gebilden, die offenbar den Nasenmuscheln nachgebildet sind, ausgedehnte weißgraue Schorfe. – Ich rufe schnell Dr. M. hinzu, der die Untersuchung wiederholt und bestätigt ... Dr. M. sieht ganz anders aus als sonst; er ist sehr bleich, hinkt, ist am Kinn bartlos ... Mein Freud Otto steht jetzt auch neben ihr, und Freund Leopold perkutiert sie über dem Leibchen und sagt: Sie hat eine Dämpfung links unten, weist auch auf eine infiltrierte Hautpartie an der linken Schulter hin (was ich trotz des Kleides wie er spüre) ... M. sagt: Kein Zweifel, es ist eine Infektion, aber es macht nichts; es wird noch Dysenterie hinzukommen und das Gift sich ausscheiden ... Wir wissen auch unmittelbar, woher die Infektion rührt. Freund Otto hat ihr unlängst, als sie sich unwohl fühlte, eine Injektion gegeben mit einem Propylpräparat, Propylen ... Propionsäure ... Trimethylamin (dessen Formel ich fettgedruckt vor mir sehe) ... Man macht solche Injektionen nicht so leichtfertig ... Wahrscheinlich war auch die Spritze nicht rein.«[2]

1. S. Freud (1985c [1887-1904]): *Briefe an Wilhelm Fließ*, Frankfurt/M. 1986, S. 458.

2. Sigmund Freud (1900a): *Die Traumdeutung*, in: *Gesammelte Werke*, Bd. II/III, S. 111f.

Freuds Analyse seines Traums durch alle Verästelungen seiner reich zuströmenden Assoziationen aus Gegenwart und Vergangenheit hindurch führt zu einem klaren Ergebnis: Der Traum spricht ihn frei von Schuld am Mißerfolg von Irmas Kur, er hat Recht mit seiner Lösung, bei der es um Sexualität geht, aber für die nicht mehr er verantwortlich ist, sondern Otto – die fettgedruckte chemische Formel von Trimethylamin verweist zudem auf den Freund und Mitstreiter Wilhelm Fließ, der es als ein Zersetzungsprodukt von Sperma dem Sexualstoffwechsel zuordnet. Wenn Irma, eine junge Witwe, diese Lösung nicht akzeptiert, ist sie selbst schuld an ihrem fortdauernden Leiden, das außerdem, wie der Traum zeigt, organischer Natur ist, geschuldet einer von Freund Otto leichtfertig verpaßten Injektion, zudem mit unsauberer Spritze. Doch all das macht nichts, wird sich durch Dysenterie ausscheiden, wie Dr. M. (der Freuds älterem Bruder ähnlich sieht) überzeugt behauptet. Freud spricht sich im Traum von aller Schuld frei, Schuld, auf die viele der Traumassoziationen anspielen, bis zu der tödlichen Lösung, die Freud in Unwissenheit einmal einer Patientin namens Mathilde injiziert hat und auf deren Tod die Diphtherie seiner Tochter Mathilde folgte, für deren Leben eine Weile zu fürchten war – »diese Mathilde für jene Mathilde« erkennt er nun.[3] Und er rächt sich gleichzeitig an seiner skeptischen Umwelt, verkörpert durch Freund Otto und Dr. M. Es geht um ärztliches Verschulden und ärztlichen Freispruch. Das ist der Sinn in dem medizinischen Unsinn, den der Träumer Freud seine Konsulenten, das schnell herbeigerufene ärztliche Kollegium, verzapfen läßt (und zu dem Freud auch die von Dr. M. erzählte Anekdote über einen trotteligen Kollegen einfällt, der meinte: »Der Eiweiß wird sich schon ausscheiden«[4]). Freud bemerkt launig:

»Ich merke zwar, diese Erklärungen für Irmas Leiden, die darin zusammentreffen, mich zu entlasten, stimmen untereinander nicht zusammen, ja sie schließen einander aus. Das ganze Plaidoyer – nichts anderes ist dieser Traum – erinnert lebhaft an die Verteidigung des Mannes, der von seinem Nachbarn angeklagt war, ihm einen Kessel in schadhaftem Zustande zurückgegeben zu haben. Erstens habe er ihn unversehrt zurückgebracht, zweitens war der Kessel schon durchlöchert, als er ihn entlehnte, drittens hat er nie einen Kessel vom Nachbarn entlehnt. Aber um so besser; wenn nur eine dieser drei Verteidigungsarten als stichhältig erkannt wird, muß der Mann freigesprochen werden.«[5]

Lacan teilt nun in seinem Kommentar den Traum und Freuds Analyse in zwei Teile auf, die jeweils in einem Höhepunkt kulminieren. Der erste Höhepunkt ist, als der Mund Irmas aufgeht und Freud in den

3. Ebd., S. 116.
4. Ebd., S. 120.
5. Ebd., S. 124f.

Schlund sieht ... Wir erinnern uns: Freud substituiert durch seine Assoziationen der Person Irmas drei weibliche Figuren, eine Gouvernante der Familie, die wegen falscher Zähne ihren Mund nicht öffnen wollte, eine attraktive, intelligentere Freundin Irmas, die einmal eben so am Fenster stand, vermutlich auch an hysterischen Symptomen leidet, aber so zurückhaltend und stolz ist, daß sie Freuds Kur wohl nie in Anspruch nehmen wird (dabei wäre sie eine ideale Patientin) und wegen der Bleichheit und Gedunsenheit seine eigene schwangere Frau (die alles andere als eine ideale Patientin wäre). In dieser Triade weiblicher Figuren sieht Lacan Freud mit dem Weiblichen schlechthin konfrontiert, mit dem sexuellen Rätsel, das die Frau darstellt, und was er da auf dem Grund des Schlundes zu sehen bekommt, diese an Nasenmuscheln gemahnenden krausen Gebilde mit dem weißlichen Schorf, ein scheußlicher Anblick, stellt für Lacan etwas Hochdramatisches dar.

»Es gibt zu diesem Mund alle Äquivalenzbedeutungen, alle Verdichtungen, die Sie nur wollen. Alles vermischt und assoziiert sich in diesem Bild, vom Mund bis zum weiblichen Geschlechtsorgan, und zwar vermittelt über die Nase« (Fließ' Theorie und seine vereiterten Nasenmuscheln, um die Freud sich sorgt). »Es gibt da eine schreckliche Entdeckung, die des Fleisches, das man niemals sieht, den Grund der Dinge, die Kehrseite des Gesichts, des Antlitzes, die Sekreta par excellence, das Fleisch, aus dem alles hervorgeht, aus der tiefsten Tiefe selbst des Geheimnisses, das Fleisch, insofern es leidend ist, insofern es unförmig ist, insofern seine Form durch sich selbst etwas ist, das Angst hervorruft. Vision der Angst, Identifikation der Angst, letzte Offenbarung des *Du bist dies – Du bist dies, was am weitesten entfernt ist von dir, dies, welches das Unförmigste ist.* Angesichts dieser Offenbarung vom Typ *Mene, Tekel, Upharsin* gelangt Freud auf den Gipfel seines Begehrens, zu sehen, zu wissen, das sich bis dahin im Dialog des *Ego* mit dem Objekt ausdrückte.«[6]

Dieses Pathos mag erstaunen, aber es geht Lacan in seinem Kommentar zu diesem Initialtraum der Traumdeutung um sehr viel: Es geht ihm in diesem Seminar nämlich darum, deutlich zu machen, daß die zu seiner Zeit in therapeutischen Kreisen dominierende Auffassung eines zu erzielenden reifen *Egos,* von dem gelegentlich dann regrediert würde, nicht bei Freud zu finden ist. Er widerspricht damit ausdrücklich Erikson, der diesen Traum im Lichte seines Kulturalismus aufgegriffen und interpretiert hat und die zwar scharfsinnige Frage stellt, warum Freud an diesem Punkt seines Traums nicht erwacht, aber sie dahingehend beantwortet, daß Freud nun, angesichts der Klemme, in der er sich befindet, sein *Ego* über verschiedene Stadien regredieren ließe. Für Lacan hingegen soll gelten,

6. Jacques Lacan: Das Seminar, II, *Das Ich in der Theorie Freuds und in der Technik der Psychoanalyse* (Übers. H.-J. Metzger), Olten u. Freiburg 1980, S. 199f.

»was Freud an tausend, zweitausend Stellen seiner Schriften sagt, daß das Ich die Summe der Identifikationen des Subjekts ist, mit alldem, was das an radikal Kontingentem mit sich bringen mag. Wenn Sie mir gestatten, bildlich zu reden, das Ich gleicht verschiedenen übereinander angezogenen Mänteln, die dem entliehen sind, was ich den Plunder seines Zubehörladens nennen würde.
Können Sie, Sie Analytiker, mir wirklich in aller Authentizität Zeugnisse anführen für diese großartigen, typischen Entwicklungen des *Egos* der Subjekte? Das sind Geschichten. Man erzählt uns, wie prächtig sich dieser große Baum entwickelt, der Mensch, der im Laufe seiner Existenz [...] wunderbares Gleichgewicht erreicht. Das ist etwas ganz anderes, ein menschliches Leben! Ich habe das schon früher in meinem Diskurs über die Psychogenese geschrieben.«[7]

Statt von Regression des Ichs auf einen früheren Zustand im zweiten Teil des Traums, in dem nun anstelle der autonomen Person Freuds das medizinische Kollegium auftaucht und agiert, Freud also wieder unselbstständiger Schüler und jüngerer Bruder wird, spricht Lacan von einer buchstäblichen Spektralzerlegung der Ichfunktion in diesem Auftritt der ärztlichen Clowns.

»Wir sehen die Reihe der *Ich* auftauchen. Denn das Ich ist gemacht aus der Reihe von Identifikationen, die für das Subjekt einen wesentlichen Anhalt dargestellt haben, in jedem historischen Moment seines Lebens und je nach den Umständen [...]. Diese Spektralzerlegung ist offenkundig eine imaginäre Zerlegung«[8]

– so, wie für Lacan das Ich überhaupt etwas exquisit Imaginäres ist, wie er in seinem eigentlichen Inauguraltext über *Das Spiegelstadium als Bildner der Ichfunktion* dargelegt hat.

»Was habe ich mit dem Spiegelstadium verständlich zu machen versucht? Daß das, was es im Menschen an Losgelöstem, Zerstückeltem, Anarchischem gibt, seine Beziehung zu seinen Wahrnehmungen auf der Ebene einer ganz und gar ursprünglichen Spannung herstellt. Es ist das Bild seines Körpers, das das Prinzip jeder Einheit ist, die er an den Objekten wahrnimmt. Von diesem Bild nun nimmt er die Einheit nur außerhalb und in einer antizipierten Art und Weise wahr. Aufgrund dieser doppelten Beziehung, die er zu sich selbst hat, werden sich sämtliche Objekte seiner Welt immer um den irrenden Schatten seines eigenen Ich strukturieren. Sie werden alle einen fundamental anthropomorphen, wir wollen sogar sagen egomorphen Charakter haben. In dieser Wahrnehmung wird in jedem Augenblick für den Menschen seine ideale Einheit evoziert, die nie als solche erreicht wird und ihm in jedem Augenblick entgeht. Das Objekt ist für ihn niemals definitiv das letzte Objekt, es sei denn bei bestimmten außergewöhnlichen Erfahrungen. Aber dann stellt es sich als ein Objekt dar, von dem der Mensch unrettbar getrennt ist und das

7. Ebd., S. 200.

8. Ebd., S. 212.

ihm die Figur selbst seines Aufklaffens in der Welt zeigt – als ein Objekt, das ihn wesentlich zerstört, ihn ängstigt, das er nicht einholen kann, wo er nicht wirklich seine Versöhnung finden kann, sein Haften an der Welt, seine vollkommene Komplementarität auf der Ebene des Begehrens. Das Begehren hat einen radikal zerrissenen Charakter.«[9]

Eine solche außergewöhnliche Begegnung mit einem Objekt ist für Lacan das, was Freud in seinem Traum in Irmas Schlund erblickt – und es ist das Objekt seiner Forschung, das, was er untersucht, was er, der Analytiker Freud zu entdecken hofft, wenn seine Patientinnen endlich den Mund aufmachen. Hier hört Freud nicht, er sieht – auf der *Bellevue*!

Der zweite Höhepunkt des Traums ist für Lacan in der vor den Augen des Träumers Freud aufsteigenden fettgedruckten chemischen Formel des Trimethylamin gegeben. Die Formel AZ dreimal CH3 ist in ihrer triadischen Struktur eine Wiederaufnahme der drei Arztfiguren und der vorigen drei weiblichen Erscheinungen, dieser Dreiergruppe, die wie Lacan anmerkt, später zu Freuds Aufsatz über die *Kästchenwahl* führen wird, die drei Kästchen, die drei Frauen, die drei Nornen, von denen die eine, die eigentliche, die, die man wählen muß, der Tod ist. Das Trimethylamin ist, wie gesagt, ein Zersetzungsprodukt des Spermas, das ist der Sinn, den die Formel hat, aber weit darüber hinausgehend sieht Lacan in ihr – in ihrer von A bis Z reichenden Umfassung von allem, was überhaupt gesagt oder geschrieben werden kann – den Repräsentanten des Symbolischen schlechthin, den Hinweis auf den reinen Signifikanten.

»Was den wahrhaft unbewußten Wert des Traums ausmacht, was auch immer seine ursprünglichen und infantilen Anklänge sein mögen, ist die Suche nach dem Wort, die direkte Frontstellung gegen die geheime Realität des Traums, die Suche nach der Bedeutung als solcher. Inmitten all seiner Kollegen, dieses Konsensus der Republik derer, die wissen – denn wenn niemand recht hat, hat jeder recht, ein paradoxes und zugleich tröstliches Gesetz –, inmitten dieses Chaos enthüllt sich Freud in diesem ursprünglichen Moment, in dem seine Lehre entsteht, der Sinn des Traums – daß es kein anderes Traumwort gibt als die Natur des Symbolischen selbst.«[10]

Und damit beantwortet sich für Lacan die Frage, die er aufgeworfen hat, warum denn Freud diesen Traum an so ausgezeichneter Stelle vermerkt, warum gerade dieser Traum ihm dazu dient, den Schlüssel zu der Erkenntnis zu liefern, daß der Traum eine Wunscherfüllung sei und sein Motiv ein unbewußter Wunsch, weil ja der Wunsch, den der Traum von Irmas Injektion erfüllt, ein durchaus bewußter oder zumin-

9. Ebd., S. 213.

10. Ebd., S. 205f.

dest vorbewußter Wunsch war. Der Triumph, den der erkennende Freud nach dieser Traumanalyse empfunden hat, speist sich nach Lacan aus tieferen Quellen, die zu artikulieren sein weiteres Werk bemüht sein wird. Aufsitzend auf dem Nabel des Unerkannten, von dem Freud schon bei diesem ersten analysierten Traum spricht, zeigen sich in Lacans Lektüre dem Träumer und Analytiker Freud in diesem Schlüsseltraum die drei Kategorien des Imaginären (die ganze Clownerie seiner Ichfunktionen und Identifizierungen), des Symbolischen (die Formel Trimethylamin) und, so weit das überhaupt sichtbar werden kann, des Realen, in dem entsetzlichen Gebilde in Irmas Schlund. Es ist ein Traum über den nie unschuldigen Wunsch nach Erkenntnis.

Zum Thema der Wunscherfüllung äußert sich nun ausdrücklich der zweite Traum, dessen Lacan-Lektüre von Freud ich vorstellen möchte. Es ist der Traum der Großfleischhauersgattin, den Lacan in dem Abschnitt des Seminars V *Les formations de l'inconscient* behandelt, der unter der Überschrift steht: »Die Dialektik von Begehren und Anspruch in der Klinik und in der Kur der Neurosen.« Lacan erinnert zunächst daran, daß Freud den Begriff des »désir« durch seine Traumanalysen einführt. Freud entdeckt: Der Traum ist eine Wunscherfüllung. Und hier stoßen wir auch schon gleich zu Beginn auf einen der wichtigsten Begriffe der Lacanschen Lektüre Freuds, die ja eine Lektüre im französischen Sprachraum war. Lacan hat immer wieder darauf hingewiesen – Freuds »Traumdeutung«, »Die Psychopathologie des Alltagslebens«, sein Buch über den Witz führen das besonders eindrücklich vor –, wie das Denken, das ja Sprache ist, durch die Wörter der Sprache, in der es vor sich geht, und deren Beziehungen untereinander bestimmt wird. Beim Übersetzen geschieht etwas mit den Gedanken; Vorstellungen, die in einer Sprache in einem Wort, kraft dieses Wortes, miteinander verquickt, ineinandergewickelt sind, können in einer anderen Sprache auseinanderklaffen, sich spalten, sich mit anderen Assoziationen verbinden. Das französische Wort »désir« umfaßt im Sprachgebrauch ein etwas anderes Bedeutungsfeld als das deutsche »Wunsch«. Man kann (im Deutschen) einen Wunsch hegen, Wunsch kann aber auch die Äußerung selbst heißen, mit der man ihn an jemanden heranträgt. Daß »désir« in der Übersetzung Lacans ins Deutsche fast immer mit »Begehren«, nicht mit »Wunsch« wiedergeben wird, hat mit der Lacan eigenen Auffassung dieses Begriffs zu tun, die er in seinem Kommentar zu diesem Traum besonders ausdrücklich darlegt.

Freud führt den Text dieses Traumes im IV. Kapitel der Traumdeutung: »Die Traumentstellung« an und leitet die Erzählung folgendermaßen ein:

»›Sie sagen immer, der Traum ist ein erfüllter Wunsch‹, beginnt eine witzige Patientin. ›Nun will ich Ihnen einen Traum erzählen, dessen Inhalt ganz im Gegenteil dahin geht,

daß mir ein Wunsch *nicht* erfüllt wird. Wie vereinen Sie das mit Ihrer Theorie? Der Traum lautet wie folgt:
›*Ich will ein Souper geben, habe aber nichts vorrätig als etwas geräucherten Lachs. Ich denke daran, einkaufen zu gehen, erinnere mich aber, daß es Sonntag Nachmittag ist, wo alle Läden gesperrt sind. Ich will nun einigen Lieferanten telephonieren, aber das Telephon ist gestört. So muß ich auf den Wunsch, ein Souper zu geben, verzichten.*‹
Ich antwortete natürlich, daß über den Sinn dieses Traumes nur die Analyse entscheiden kann, wenngleich ich zugebe, daß er für den ersten Anblick vernünftig und zusammenhängend erscheint und dem Gegenteil einer Wunscherfüllung ähnlich sieht. ›Aus welchem Material ist aber dieser Traum hervorgegangen? Sie wissen, daß die Anregung zu einem Traum jedesmal in den Erlebnissen des letzten Tages liegt.‹
Analyse: Der Mann der Patientin, ein biederer und tüchtiger Großfleischhauer, hat ihr tagsvorher erklärt, er werde zu dick und wolle darum eine Entfettungskur beginnen. Er werde früh aufstehen, Bewegung machen, strenge Diät halten und vor allem keine Einladungen zu Soupers mehr annehmen. – Von dem Manne erzählt sie lachend weiter, er habe am Stammtisch die Bekanntschaft eines Malers gemacht, der ihn durchaus abkonterfeien wolle, weil er einen so ausdrucksvollen Kopf noch nicht gefunden habe. Ihr Mann habe aber in seiner derben Manier erwidert, er bedanke sich schön und er sei ganz überzeugt, ein Stück vom Hintern eines schönen jungen Mädchens sei dem Maler lieber als sein ganzes Gesicht. Sie sei jetzt sehr verliebt in ihren Mann und necke sich mit ihm herum. Sie hat ihn auch gebeten, ihr keinen Kaviar zu schenken. – Was soll das heißen?
Sie wünscht es sich nämlich schon lange, jeden Vormittag eine Kaviarsemmel essen zu können, gönnt sich aber die Ausgabe nicht. Natürlich bekäme sie den Kaviar sofort von ihrem Mann, wenn sie ihn darum bitten würde. Aber sie hat ihn ihm Gegenteil gebeten, ihr keinen Kaviar zu schenken, damit sie ihn länger damit necken kann.
(Diese Begründung erscheint mir fadenscheinig. Hinter solchen unbefriedigenden Auskünften pflegen sich uneingestandene Motive zu verbergen. Man denke an die Hypnotisierten Bernheims, die einen posthypnotischen Auftrag ausführen, und, nach ihren Motiven befragt, nicht etwa antworten: Ich weiß nicht, warum ich das getan habe, sondern eine offenbar unzureichende Begründung erfinden müssen. So ähnlich wird es wohl mit dem Kaviar meiner Patientin sein. Ich merke, sie ist genötigt, sich im Leben einen unerfüllten Wunsch zu schaffen. Ihr Traum zeigt ihr auch die Wunschverweigerung als eingetroffen. Wozu braucht sie aber einen unerfüllten Wunsch?)«[11]

Soweit Freud. Wir erinnern uns an die zunächst folgende Aufklärung des Traums, nämlich den Wunsch der Dame, kein Souper mehr zu geben, damit sich eine Freundin von ihr, auf die sie eigentlich eifersüchtig ist, weil ihr Mann diese Frau immer so lobt, welche aber in ihrer Magerkeit bei diesem Liebhaber voller Körperformen mit ihr doch nicht zu konkurrieren vermag, sich bei ihr nicht die gewünschten Rundungen anessen kann (das Schönheitsideal um die Jahrhundertwende

11. Sigmund Freud (1900a): *Die Traumdeutung*, in: *Gesammelte Werke*, Bd. II/III, S. 152f.

war eben anders als heute). Daß man von Soupers dick wird, weiß die Dame ja auch durch den Vorsatz ihres Mannes, keine Einladungen zu Soupers mehr anzunehmen, da er neuerdings Diät halten und abnehmen will. Die erste Deutung lautet also: Der Dame ist mit der geträumten Verhinderung ihres Vorhabens, ein Souper zu geben, ein Wunsch erfüllt worden. Allerdings – das ist jetzt mein Kommentar – ist dieser Wunsch eigentlich doch kaum unbewußt zu nennen, ihre Eifersucht auf die dürre Freundin ist ihr selbst nicht verborgen geblieben. Die Freundin hat ihr ja kurz vor dem Traum von ihrem Wunsch, etwas stärker zu werden, gesprochen und gefragt: »Wann laden Sie uns wieder einmal ein? Man ißt immer so gut bei Ihnen.« Der ihr in Freuds Formulierung unterstellte Gedanke auf diese Frage hin: »Dich werde ich natürlich einladen, damit du dich bei mir anessen, dick werden und meinem Mann noch besser gefallen kannst. Lieber geb' ich kein Souper mehr«[12] ist eher ein aus Höflichkeit und Stolz, möglicherweise auch eifersüchtiger Besorgnis unterdrückter, vorbewußter Gedanke und Vorsatz, als ein sich aus den Regionen der Verdrängung durchsetzender Wunsch. Doch die Patientin hatte, als Freud auf Weiteres als das zuerst erschienene, eben zitierte Material drang, bevor sie von dem am Vortag erfolgten Besuch bei der Freundin und der Unterhaltung mit ihr berichtete, eine kurze Pause eingelegt, »wie sie eben der Überwindung eines Widerstandes entspricht«[13], merkt Freud an. Sollte also doch noch mehr dahinter stecken?

Bis hierher liegen die Dinge ja einfach, die Lösung ist von nachgerade eleganter Plausibilität, klar und überzeugend. Der geräucherte Lachs aus dem Traum, den die Dame im Hause hat, der aber mengenmäßig (»etwas« heißt es) wohl kaum für eine Einladung ausreichen dürfte, bestärkt diese erste Deutung noch, denn er ist natürlich die Lieblingsspeise der Freundin. Freud: »Zufällig kenne ich die Dame auch und kann bestätigen, daß sie sich den Lachs ebensowenig vergönnt wie meine Patientin den Kaviar.«[14] Und doch wird jetzt, beim Fisch und beim Fischrogen, die Angelegenheit der Großfleischhauersgattin beträchtlich komplizierter, man könnte sagen, da wird die Sache mit der Wunscherfüllung fischig.

Freud: »Derselbe Traum läßt auch noch eine andere und feinere Deutung zu, die durch einen Nebenumstand selbst notwendig gemacht wird. [...] Wir haben gehört, daß die Patientin gleichzeitig mit ihrem Traum von der Wunschverweigerung bemüht war, sich einen versagten Wunsch im Realen zu verschaffen (die Kaviarsemmel). Auch die Freundin hatte einen Wunsch geäußert, nämlich dicker zu werden, und es würde uns nicht wun-

12. Ebd., S. 153.

13. Ebd.

14. Ebd., S.154.

dern, wenn unsere Dame geträumt hätte, der Freundin gehe der Wunsch nicht in Erfüllung. Es ist nämlich ihr eigener Wunsch, daß der Freundin ein Wunsch – nämlich der nach Körperzunahme – nicht in Erfüllung gehe. Anstatt dessen träumt sie aber, daß ihr selbst ein Wunsch nicht erfüllt wird. Der Traum erhält eine neue Deutung, wenn sie im Traum nicht sich, sondern die Freundin meint, wenn sie sich an die Stelle der Freundin gesetzt oder, wie wir sagen können, sich mit ihr *identifiziert* hat.
Ich meine, dies hat sie wirklich getan, und als Anzeichen dieser Identifizierung hat sie sich den versagten Wunsch im Realen geschaffen.«[15]

Aber – würde man hier doch gerne in Freuds Erörterung einfallen – warum nur sollte sie das tun, was erfüllt sich ihr da, was hat die Dame davon, daß sie sich – ihr unbewußt – mit ihrer eigentlich, oder jedenfalls vorläufig noch, chancenlosen Nebenbuhlerin identifiziert, die erst einmal kräftig zunehmen müßte, um ihrem Großfleischhauer ernsthaft gefährlich zu werden, aber offenbar zu geizig ist, sich ihre Lieblingsspeise zu gönnen?

Freud erläutert nun den »Sinn der hysterischen Identifizierung«, die er als eine *Aneignung* auf Grund des gleichen ätiologischen Anspruches definiert: »sie drückt ein ›gleichwie‹ aus und bezieht sich auf ein im Unbewußten verbleibendes Gemeinsames.«[16] Was verbindet also die Dame mit ihrer Freundin, was hat sie unbewußt mit ihr gemeinsam? Freud: »Die Identifizierung wird in der Hysterie am häufigsten benützt zum Ausdruck einer sexuellen Gemeinsamkeit.«[17] Wir erinnern uns an das Beispiel vom Krankensaal, das Freud hier zur Beschreibung der hysterischen Identifizierung gibt (und später in leicht abgewandelter Form auf dem Schauplatz eines Mädchenpensionats in *Massenpsychologie und Ich-Analyse* wieder aufnimmt). Es geht, erklärt Freud, wenn z.B. in so einem Gemeinschaftszimmer eine Patientin einen Anfall hat und dann kurz darauf einige andere den gleichen Anfall bekommen, nicht um Imitation oder eine Art psychische Infektion, sondern darum, daß die anderen sich mit der ersteren identifiziert haben, weil diese vielleicht an dem Tag, an dem sie dann den Anfall bekam, einen Brief erhalten hatte, der eine alte Liebesenttäuschung wieder aufrührte.

»Ihr [der Mitpatientinnen] Mitgefühl wird rege, es vollzieht sich in ihnen folgender, nicht zum Bewußtsein gelangender Schluß: Wenn man von solcher Ursache solche Anfälle haben kann, so kann ich auch solche Anfälle bekommen, denn ich habe dieselben Anlässe. Wäre dies ein des Bewußtseins fähiger Schluß, so würde er vielleicht in die *Angs*t

15. Ebd.

16. Ebd., S. 155f.

17. Ebd., S. 156.

ausmünden, den gleichen Anfall zu bekommen; er vollzieht sich aber auf einem anderen psychischen Terrain, endet daher in der Realisierung des gefürchteten Symptoms.«[18]

»Die Patientin folgt also bloß den Regeln der hysterischen Denkvorgänge, wenn sie ihrer Eifersucht gegen die Freundin (die sie als unberechtigt übrigens selbst erkennt) Ausdruck gibt, indem sie sich im Traum an ihre Stelle setzt und sich durch die Schaffung eines Symptoms (des versagten Wunsches) mit ihr identifiziert. Man möchte den Vorgang noch sprachlich in folgender Weise erläutern: Sie setzt sich an die Stelle der Freundin im Traum, weil diese sich bei ihrem Mann an ihre Stelle setzt, weil sie deren Platz in der Wertschätzung ihres Mannes einnehmen möchte.«[19]

Wenn also dieser Vorgang bei der Patientin unbewußt ist, und das ist die Bedingung, daß es zu dem kommt, was Freud hier ein Symptom nennt, mit Symptomqualität versieht – die inszenierte Wunschversagung um den Kaviar herum –, dann muß das heißen, daß es sich mit dem Wünschen der so sehr in ihren Mann verliebten Patientin tatsächlich nicht so einfach verhält, wie es erst den Anschein haben mochte – übrigens erklärt sie Freud, sie sei »jetzt« sehr in ihn verliebt, also war es wohl nicht immer so. Könnte dabei des Großfleischhauers Wertschätzung ihrer dürren Freundin eine Rolle spielen, die Wertschätzung einer Frau, die er ja – wir müssen der Patientin und Freud darin Glauben schenken, da wir keine anderen Informationen haben, als der Freudsche Text uns gibt – körperlich wegen mangelnden Fleisches gar nicht begehrt? Die Freundin würde ja gerne dicker werden, scheint aber selbst nicht für ihre Zunahme sorgen zu können, sie würde sich gerne füttern lassen – und dieser Wunsch wird ihr durch den Traum der Patientin verweigert. Wenden wir das Freudsche Beispiel für die Identifizierung im Krankensaal auf die Patientin an, wie könnte da ihr unbewußter Gedanke lauten? Wenn man von einer Liebesenttäuschung einen Anfall bekommt, muß ich auch einen solchen Anfall bekommen, denn ich bin auch enttäuscht worden. Wenn meine Freundin so von meinem Mann geschätzt wird, sich aber ihren Räucherlachs nicht gönnt und dafür um Soupereinladungen bittet, die ich ihr bestimmt nicht gewähren werde, dann verzichte ich auf meine Lieblingsfischdelikatesse, denn ich werde auch von meinem Mann geschätzt. Wenn sie einen unerfüllten Wunsch hat, so kann ich – die vom Ehemann verwöhnte Frau – auch einen haben. Mit diesem »Wünschen« der Patientin, das sich an den unerfüllten Wunsch der Freundin anhängt, setzt sich nun Lacan auf seine Weise auseinander. Lacan kommentiert:

18. Ebd., S. 155.
19. Ebd., S. 156.

»Ich hätte auf jeder x-beliebigen Seite *Die Traumdeutung* aufschlagen können, wir hätten dieselbe Dialektik gefunden. Dieser Traum, der uns als erster in die Hände gefallen ist, wird uns die Dialektik von Begehren und Anspruch zeigen, die bei der Hysterikerin besonders einfach ist.«[20]

Für »*désir et demande*« hat sich in den deutschen Übersetzungen Lacans »Begehren und Anspruch« eingebürgert, für »*désir*« könnte aber auch »Wunsch, Wünschen, Sehnen«, für »*demande*« ebenso »Wunsch« wie »Bitte, Verlangen, Forderung, Anfrage« stehen. Die Entscheidung der deutschen Übersetzer für »Anspruch« meint damit das substantivierte »Ansprechen« (ich würde lieber diese Wortform verwenden, um die Verwechslung mit dem, was einem rechtlich zusteht, zu vermeiden, aber es hat sich nun einmal »Anspruch« eingebürgert). »*Demande*« – Ansprechen« – ist z.B. die Frage der Freundin an die Dame: »Wann laden Sie uns wieder einmal ein?« Und ganz deutlich wird das, was Lacan hier auseinanderhält und eine Spaltung nennt (während der Gebrauch des deutschen Wortes »Wunsch« eben beides abdecken kann) in der Sache mit der Kaviarsemmel, wo auch bei Freud eine notwendig gewordene sprachliche Unterscheidung zu finden ist: Die Großfleischhauersgattin *wünscht* sich, jeden Vormittag eine Kaviarsemmel essen zu können. Sie würde den Kaviar natürlich bekommen, wenn sie ihren Mann darum *bitten* würde. »Aber sie hat ihn im Gegenteil darum *gebeten,* ihr keinen Kaviar zu schenken.«

Lacan: »Das Problem, das Freud hier aufwirft, ist die Identifizierungsbeziehung zu der Freundin. Ich möchte diesbezüglich Ihre Aufmerksamkeit auf folgendes lenken – das Begehren (der Wunsch), dem wir gleich von den ersten Schritten der Analyse an begegnen und vom dem aus die Lösung des Rätsels sich abwickeln wird, ist das Begehren als unerfülltes. Zum Zeitpunkt dieses Traumes war die Kranke darum besorgt, sich einen unerfüllten Wunsch zu schaffen.«[21] (Ich erinnere: Bei Freud heißt es: »Ich merke, sie ist genötigt, sich im Leben einen unerfüllten Wunsch zu schaffen.) Lacan fragt nun: »Was ist die Funktion dieses unerfüllten Wunsches?

Wir lesen in der Tat in dem Traum eine Wunscherfüllung, nämlich die, einen unerfüllten Wunsch zu haben. Und was wir diesbezüglich entdecken, ist, daß diesem eine Situation zugrunde liegt, die die Grundsituation des Menschen zwischen Anspruch und Begehren ist, in die ich Sie einzuführen suche und in die ich Sie über die Hysterikerin einführe, weil die Hysterikerin in dieser Spaltung zwischen Begehren und Anspruch ›*suspendue*‹ ist«[22] –

20. Jacques Lacan: Le séminaire, livre V, *Les formations de l'inconscient*, 1998 Paris, S. 362.

21. Ebd., S. 363.

22. Ebd., S. 363f.

also darin schwebt oder hängenbleibt oder aufgehängt ist, darin verharrt. Lacan fährt fort:

»Die Frage ist nämlich genau diese, herauszufinden, warum es für eine Hysterikerin, damit sie eine für sie befriedigende Liebesbeziehung unterhalten kann, erstens notwendig ist (ich interpoliere: Freud schreibt »sie ist genötigt«), daß sie *etwas anderes* begehrt (*désire*) – und der Kaviar spielt hier keine andere Rolle als diejenige, etwas anderes zu sein – und zweitens, daß dieses *andere*, damit es die Funktion erfüllt, die es zu erfüllen die Aufgabe hat, ihr nicht gegeben wird. Nichts wäre ja ihrem Mann lieber, als ihr Kaviar zu schenken, jedoch vermutlich wäre er dann ruhiger, denkt sie sich wohl. Jedenfalls sagt Freud uns ausdrücklich, daß sie möchte, daß ihr der Gatte keinen Kaviar schenkt, damit sie weiter ineinander vernarrt sein, das heißt sich necken, endlos aneinander herumsticheln können.«[23]

Im Fall der Großfleischhauersgattin könnte dieses andere gerade das sein, was erst einmal nicht mit dem Großfleischhauer in Verbindung zu bringen ist: Er liefert von seiner Profession her das Fleisch, ist für das Fleischige, die sinnliche, fleischliche Liebe zuständig – nicht für Räucherlachs, nicht für Kaviar. Und er bewundert ob ihrer wer weiß was für charakterlichen oder geistigen Vorzüge die dünne Freundin, während ihn offenbar mit schönen (und das heißt für ihn nach Aussage der Patientin: üppigen) Frauen und vermutlich auch mit seiner Frau eine fleischliche Anziehung verbindet (Mann und Frau seien *ein* Fleisch, heißt es ja in der Bibel). So könnte hinwiederum auch die dürre Freundin für den Mann etwas wie Kaviar sein, etwas äußerst Gutes, Feines, das er erklärt hoch zu schätzen, aber gar nicht will. Wir sind uns freilich darüber im Klaren, daß das Großfleischhauergewerbe des Mannes seiner Patientin eine Erfindung Freuds ist, um deren Inkognito zu wahren, also eine Entstellung wie bei der Traumarbeit. Aber es ist gewiß nicht bedeutungslos, daß er für die Veröffentlichung dieses Traums, in dem es sich um eine Thematik von Rundlichkeit, Zunehmen, Abnehmen, Fleischlichkeit und nicht genossene Fischdelikatessen dreht, um Gesicht oder Hintern, ja irdische versus himmlische Liebe möglicherweise, dem Mann diese berufliche Definition verpaßt.

»Diese strukturellen Elemente« – heißt es nun bei Lacan weiter, und hier ist auf das Wort »fadenscheinig« hinzuweisen, mit dem Freud die Begründung der Patientin bezeichnet, warum sie ihren Mann gebeten habe, ihr keinen Kaviar zu schenken. Wenn ein Stoff fadenscheinig geworden ist, dann ist der Flor abgeschabt und man sieht die darunterliegenden Fäden der Textur, die Gewebestruktur. In der Freud fadenscheinig vorkommenden Begründung, der offenbar schnell erfundenen Rationalisierung, tritt also etwas von der unbewußten Struktur zutage.

23. Ebd., S. 364.

In der Tat wirkt es etwas sonderbar, sobald man sich ausmalt, wie denn diese Neckerei vonstatten gehen soll. »Schenk mir bloß keinen Kaviar«, bittet sie ihn, um ihn dann beim Frühstück zu necken: »Ich hätte jetzt so gerne Kaviar, aber es ist ja wieder keiner da, du schenkst mir ja keinen!« –

»Diese strukturellen Elemente« fährt Lacan also fort, »haben – abgesehen davon, daß wir uns jetzt damit beschäftigen – nichts besonders Originelles, aber fangen nun an, Sinn zu bekommen. Was sich hier ausdrückt, ist eine Struktur, die, geht man über ihre komische Seite hinaus, eine Notwendigkeit darstellen muß.« – Und weiter: – »Der Hysteriker ist genau das Subjekt, für das es eine Schwierigkeit ist, mit der Einrichtung des Anderen als dem großen Anderen, dem Träger des gesprochenen Zeichens, eine Beziehung aufzubauen, die es ihm erlaubt, seinen Platz als Subjekt zu bewahren. Das ist genau die Definition, die man von einem Hysteriker geben kann. Kurz, der Hysteriker oder die Hysterikerin ist so offen für die Suggestion des Worts (der Sprache – *parole*), daß es damit etwas auf sich haben muß.«[24]

Die Tatsache, daß der Mensch ein Sprechwesen ist, sich durch das Medium der Sprache an seine Mitmenschen wendet, um von ihnen zu verlangen, wessen er bedarf, bewirkt, wie Lacan in seinem Vortrag über »Die Bedeutung des Phallus« darlegt, beim Menschen eine

»Umleitung der Bedürfnisse, die dadurch auftritt, daß dieser spricht, in dem Sinne, daß seine Bedürfnisse in dem Maße, wie sie dem Anspruch [der Bitte, der Wunschäußerung] unterstellt sind, entfremdet zu ihm wiederkehren. Es ist dies nicht die Folge seiner realen Abhängigkeit [...], sondern vielmehr die Folge der signifikanten Ausformung des Umstands, daß seine Mitteilung vom Ort des Andern aus ergeht.«[25]

Schlichter ausgedrückt: Die Sprache ist immer eher da als der Mensch, der in seinem menschlichen Umfeld in sie hineingeboren wird und lernt, sich ihrer zu bedienen, und er lernt die Mitteilung durch Sprache von anderen Menschen, die sie sprechen und dadurch deren Vertreter sind, die für ihn, dadurch daß sie angesprochen werden, durch den Akt des Ansprechens, zum Ort der Sprache, zum Statthalter der Signifikanten werden, eben zu großen Anderen auf »Lacanesisch«. Wenn ein Mensch den anderen anspricht, gerät er unter die Sprache, die ihm ja logisch vorhergehend vom Anderen kommt. Es geht hier durchaus nicht um eine Theorie der Kommunikation, was hieße: um ein so wenig wie möglich durch Informationsverlust beeinträchtigtes Übermitteln von Botschaften via eines Code, sondern um den ernstgenommenen

24. Ebd.

25. Jacques Lacan: »Die Bedeutung des Phallus« (übers. Ch. Creuzot, N. Haas, S. Weber), in Schriften II, Olten u. Freiburg, 1975, S. 126.

Umstand, daß erstens das Wort nicht die Sache ist, daß zweitens der Signifikant nicht eindeutig einem Signifikat entspricht, daß die Bedeutung des Gesprochenen gleitet, von Silbe zu Silbe, von Wort zu Wort und unter den Worten und Sätzen – und daß drittens das Gesprochene sowohl ursprünglich vom Anderen herkommt, an den es sich richtet, als auch von ihm wieder zurückkommt, so wie es jeweils gehört, verstanden, gedeutet worden ist. Durch die Notwendigkeit der sprachlichen Artikulation kommt uns etwas von unserem Eigensten abhanden, und nicht, weil wir es nicht benennen können, weil wir die Worte dafür nicht haben, sondern gerade weil wir in der Notwendigkeit stehen, es zu benennen, weil wir Worte dafür nehmen müssen. Die Wortvorstellung bedeutet für Lacan die Freudsche Urverdrängung, die Konstitution einer Spaltung. Er fährt in seinem Text über die Bedeutung des Phallus nun fort:

»Was also in den Bedürfnissen sich entfremdet findet, bildet eine Urverdrängung, weil es, per Hypothese, sich nicht im Anspruch zu artikulieren vermag: was aber dennoch erscheint in einem Abkömmling, der das darstellt, was sich beim Menschen als Begehren zeigt, die Phänomenologie, die sich aus der analytischen Erfahrung herausschält, ist sehr wohl geeignet, den paradoxen, abweichenden, erratischen, exzentrierten, ja sogar skandalösen Charakter des Begehrens zu demonstrieren, wodurch dieses sich vom Bedürfnis unterscheidet. Diese Tatsache ist sogar so gesichert, daß sie kaum einem Moralisten der Vergangenheit, der dieses Namens würdig war, entgangen ist. [Lacan führt gerne La Rochefoucault oder La Bruyère an.] Der Freudismus von ehedem schien dieser Tatsache den Status einer sicheren Erkenntnis geben zu sollen.«[26]

Das Begehren ist die Folge dessen, daß der Mensch spricht. Diese Unterscheidung zwischen Bedürfnis und Begehren, notwendig gemacht durch den Umstand, daß der Mensch die Befriedigung seiner Bedürfnisse in sprachlich artikuliertem Anspruch verlangen muß, ist der zentrale Punkt der Lacanschen Freudlektüre. Gnadenlos und unermüdlich wettert er, von ihr ausgehend, gegen eine bestimmte postfreudianische Entwicklung, gegen das, was er einschläfernden therapeutischen »Obskurantismus« nennt, »gestützt auf ein Ideal der theoretischen und praktischen Reduktion des Begehrens auf das Bedürfnis«.[27]

In seinem Kommentar zum Traum der Großfleischhauersgattin formuliert Lacan das jetzt so:

»Was verlangt sie (*demante-t-elle*) vor ihrem Traum, im Leben? Diese sehr in ihren Mann verliebte Patientin, was verlangt sie? Die Liebe, denn die Hysterikerinnen verlangen die Liebe wie alle Welt, nur daß das bei ihnen sperriger (störender) ist (*plus encombrant*:

26. Ebd., S. 126.

27. Ebd.

mehr Platz beansprucht). Was begehrt (wünscht) sie? Sie begehrt (wünscht sich) Kaviar. Man braucht nur zu lesen. Und was will sie? Sie will, daß man ihr keinen Kaviar gibt.«[28]

Und nun verweist Lacan zur Erklärung der Identifizierung der Patientin mit ihrer Freundin auf Freuds Bemerkungen über die Hypnose in *Massenpsychologie und Ich-Analyse*, wo dieser die Hypnose mit der hörigen Verliebtheit gleichsetzt, darin daß bei ihr das Objekt an die Stelle des Ichideals gesetzt wird (Die Hypnose wird als eine Massenbildung zu zweit definiert). Er erinnert an Freuds ahnende Vermutung:

»Die Art, wie sie erzeugt wird, ihre Beziehung zum Schlaf, sind nicht durchsichtig, und die rätselhafte Auswahl von Personen, die sich für sie eignen, während andere sie gänzlich ablehnen, weist auf ein noch unbekanntes Moment hin, welches in ihr verwirklicht wird und das vielleicht erst die Reinheit der Libidoeinstellungen in ihr ermöglicht.«[29]

»Worum handelt es sich da«, meint Lacan, »wenn nicht um die Stellen, die Plätze, die wir gerade zu erklären suchen? Das unbekannte Element, von dem Freud spricht, dreht sich um die Artikulation von Anspruch und Begehren.«[30]

»Wenn es für das Subjekt notwendig ist, sich einen unbefriedigten Wunsch zu schaffen, dann deswegen, weil das die Bedingung ist, damit sich für es ein realer Anderer konstituiert, das heißt einer, der nicht völlig der wechselseitigen Befriedigung des Anspruchs immanent ist, nicht gänzlich in der Beschlagnahme des Begehrens des Subjekts durch das Wort des Anderen bleibt.«[31]

In der Hypnose oder in der hörigen Verliebtheit wäre eine solche Reinheit der Libidoeinstellung gegeben, um es mit Freud zu sagen, das Begehren wäre voll und ganz eingefangen, beschlagnahmt durch den Anderen, der als Objekt an die Stelle des Ichideals getreten ist. Der Andere wäre das absolut einzige Objekt und nur noch sein Wort gälte. Sein Wunsch wäre Befehl. In diesem Extremfall, in dieser Reinheit der Libidoeinstellung wird greifbar anschaulich, was Lacan immer behauptet und bezüglich der Hysterie besonders betont: Das Begehren ist das Begehren des Anderen. Lacan behauptet, dieser Traum führe uns in seiner Dialektik eben zu dieser Erkenntnis. Damit der Andere für sie real wird, formuliert die Patientin einen Wunsch, den Wunsch nach Kaviar, den sie in der Realität nicht befriedigen will.

»Und dieser Traum ist unbestreitbar dazu da, sie in Bezug auf

28. Jacques Lacan: *Les formations de l'inconscient*, S. 364.

29. Sigmund Freud (1921c): *Massenpsychologie und Ich-Analyse*, in: *Gesammelte Werke*, Bd.XIII, S. 127.

30. Jacques Lacan: *Les formations de l'inconscient*, S. 364.

31. Ebd., S. 365.

die Lösung des Problems, das sie verfolgt, zu befriedigen.«[32] Wodurch ist nun aber der Wunsch nach Kaviar im Traum vertreten? fragt sich Lacan und erklärt, er erscheine durch die Vermittlung, die Mittelsperson der Freundin, mit der die Patientin sich identifiziert. Der Wunsch, der im Traum vorkommt, ist der Wunsch der Freundin, der nach geräuchertem Lachs.

»Und selbst genau in dem Augenblick, als sie kein Souper wird geben können, bleibt ihr nur das, etwas geräucherter Lachs, der gleichzeitig das Begehren des Anderen anzeigt und es als erfüllbares Begehren anzeigt, aber nur für den Andern. *Übrigens, Seien Sie unbesorgt, es ist geräucherter Lachs da.* Der Traum sagt zwar nicht, daß es so weit kommt, daß sie ihn ihrer Freundin gibt, aber die Absicht besteht.
Was dagegen aufgelassen wird, ist die Anfrage (Anspruch, Verlangen, Bitte) der Freundin, das traumbildende Element. Sie hat darum gebeten, bei ihr zum Souper eingeladen zu werden, wo man so gut ißt und außerdem den schönen Großfleischhauer treffen kann. [...] Kurz, jeder (auch der Großfleischhauer, wie wir gesehen haben) hat hier sein kleines Begehren jenseits, nur mehr oder weniger intensiv.«[33]

Das Problem, das Freuds Patientin mit ihrem Traum und mit dem dazugehörenden Kaviarsemmelsymptom löst – und es ist anzunehmen, daß diese »witzige« Frau eben dank ihrer Witzigkeit wohl kein besonders dramatischer Fall von Unglück war –, ist also, die Unmöglichkeit auszudrücken, Anspruch auf ein, auf ihr Begehren zu erheben und gleichzeitig genau darin, genau im Anspruch, zu bleiben. »Schenk mir keinen Kaviar«, bittet sie – und hat sich damit eine perfekte, witzige Versagung geschaffen, denn wenn der Mann ihr doch welchen schenken sollte, hat er ihr ihre Bitte nicht gewährt, gewährt er ihr aber die Bitte, so erfüllt er ihren Wunsch nicht. Interessanterweise – weder Freud noch Lacan erwähnen das – führt ihr der Traum überdies auch eine Unmöglichkeit, Anspruch zu erheben, vor: »Es ist Sonntagnachmittag, wo alle Läden gesperrt sind. Ich will nun einigen Lieferanten telephonieren, aber das Telephon ist gestört.« So hat sie sich im Traum noch etwas gegönnt: einen kleinen Sonntag, eine Pause im ständigen Anspruchérheben, das so typisch ist für Hysteriker, wie wir alle aus unserer Praxis ja wissen.

Lacan: »Im spezifischen Fall der Hysteriker spielt das Begehren als jenseits allen Anspruchs, d.h. in seiner Funktion als verweigerter Wunsch (verweigertes Begehren), eine ganz und gar vorherrschende Rolle. Sie werden nie etwas von einem Hysteriker oder einer Hysterikerin verstehen, wenn Sie nicht von diesem ersten strukturellen Element ausgehen. Andererseits ist der Hysteriker in der Beziehung des Menschen zum Signifikanten

32. Ebd.
33. Ebd.

eine ursprüngliche Struktur. Wenn Sie auch nur ein klein wenig mit einem Subjekt die Dialektik des Anspruchs weitertreiben, werden Sie immer an einem Punkt der Struktur der Spaltung von Anspruch und Begehren begegnen, sonst riskieren Sie, einen großen Fehler zu begehen, d.h. den Patienten hysterisch zu machen, denn alles, was wir hier analysieren, ist ja wohlgemerkt dem Subjekt unbewußt. Anders gesagt: der Hysteriker weiß nicht, daß er im Anspruch nicht befriedigt werden kann, aber es ist höchst wesentlich, daß Sie – Sie – das wissen.«[34]

34. Ebd., S. 365f.

Das Raubtier im Dschungel. Zu Henry James

Die Erzählung beginnt mit einer Begegnung, die ein Wiedersehen ist. John Marcher bemerkt bei einem Besuch eines Herrenhauses in größerer Gesellschaft aus der Ferne eine junge Dame, die ihm bekannt vorkommt, von der er jedoch nicht weiß, wo er sie »hintun« soll.

»Ihr Bild (*face*, Gesicht, im Original) beschäftigte ihn als die Fortsetzung von etwas, dessen Anfang ihm abhanden gekommen war. Er kannte es und sah es gern in dieser Stunde, denn es schien ihm Vergangenes wachzurufen; was es aber wachrief, wußte er nicht, und das berührte oder unterhielt ihn um so lebhafter, da er auch bemerken konnte – obwohl die junge Dame sich durch kein deutliches Zeichen verriet –, daß sie selbst den Faden nicht verloren hatte. Sie hatte ihn nicht verloren, doch sie würde ihn, das erkannte er, ihm nicht zureichen, solange er nicht die Hand danach ausstreckte [...].«[1]

Wenn es also um die Fortsetzung eines abhanden gekommenen Anfangs geht in diesem Gemahnen an etwas Zurückliegendes, das sich der Erinnerung versagt und das daher nichts Wichtiges gewesen sein kann, wie Marcher zu wissen meint, was aber in merkwürdigem Widerspruch dazu steht, daß der aktuelle Eindruck so gewichtig wirkt, wenn es also überhaupt zu einer Fortsetzung kommen soll, ist gleichzeitig für unseren Helden die Notwendigkeit gegeben, sich selbst darum zu bemühen, die Notwendigkeit »of putting forth his hand«, die Hand auszustrecken, wenn er sich wieder in Besitz des Abhanden Gekommenen setzen will. Von selbst, ohne sein Zutun, wird es sich ihm nicht erschließen.

Dieser Anfang ist aufs Kunstvollste komponiert. Weatherend – so heißt der englische Herrensitz, auf dem die Begegnung stattfindet, also ein Ort halkyonischer Geborgenheit, wo alles Wetter zu Ende ist, wo die Wechselfälle der Zeit zur Ruhe gekommen sind – ist wegen seiner Kunstschätze eine Attraktion für Besucher. Die Nachbarn, bei denen Marcher mit mehreren anderen zu Gast ist, profitieren von dieser Nähe, pflegen ihre Gäste mit einem Besuch dort zu traktieren. Und

1. Henry James: Henry James: »Das Raubtier im Dschungel« (übers. v. Alice Seiffert), in: *Erzählungen II*, Leipzig 1968, S. 308.

nach Tisch schwärmen die geladenen Fremden durchs Haus und besichtigen die zahllosen Kostbarkeiten, einige so sachverständig erregt und begierig, als handelte es sich um die Vorschau zu einer phantastischen Auktion, »wenn Besitzträume, je nachdem aufgeregt oder gedämpft, erhitzt oder abgekühlt werden«. Aber hier steht nichts zu Verkauf, hier gibt es nichts zu erwerben.

»The dream of acquisition at Weatherend would have had to be wild indeed, and John Marcher found himself, among such suggestions, disconcerted almost equally by the presence of those who knew too much and by that of those who knew nothing.«[2]

In der im Ganzen recht genauen, wenn auch etwas schwülstigen deutschen Übersetzung, die mir zur Verfügung stand, sind hier doch zwei ins Gewicht fallende Ungenauigkeiten: Die Besitzträume werden statt mit *wild*, mit *fieberheiß* bezeichnet – und das ist gravierend, wenn der Titel der Erzählung ein Raubtier im Dschungel beschwört, und *disconcerted* wird mit »er fand sich gestört« wiedergegeben, was viel zu mild ist, denn *disconcerted* heißt, daß Marcher aus dem Gleichgewicht kommt, sich nicht zurechtfindet, sich selbst nicht wiederfindet angesichts deren, die zu viel wissen und deren, die zu wenig wissen, daß er sich selbst zwischen einem Zuviel und Zuwenig an Wissen bei den anderen zu verlieren droht und sich daher absondern muß.

Es geht in Weatherend um ein Erkennenkönnen von Schätzen, Kunstschätzen, um ein Wissen um Werte und um die mit diesem Wissen oder auch möglicher Naivität einhergehende Tatsache, daß hier eine Begehrlichkeit angesichts von Objekten geweckt wird, die sich nur in kühnsten, wildesten Träumen ausdrücken kann, Träumen, die Marcher sich weise zu versagen weiß.

»In den weiten Räumen von Weatherend bestürmten Poesie und Tradition ihn mit so zwingender Gewalt, daß es ihn drängte, sich ein wenig abzusondern, um das rechte Verhältnis zu ihnen zu finden; doch, ungleich den mitunter gewiß begehrlichen Gelüsten mancher seiner Mitgäste, hatte diese Regung nichts gemein mit dem Verhalten von Hunden, die an einem Vorratsschrank schnuppern. Sein Impuls führte ihn unmittelbar in eine Richtung, die nicht vorauszuberechnen gewesen war«[3]

– nämlich zu einer näheren, sich wie zufällig durch ihr beiderseitiges Zurückbleiben in einem der Räume ergebenden Wiederbegegnung mit May Bartram, einer Begegnung, die in der Übersetzung unter dem Wort »zauberhaft« steht, im Englischen ist von *charm* die Rede,

2. Henry James: »The beast in the jungle«, in: (ders.) *Selected tales*, London 2001, S. 352.

3. Henry James: »Das Raubtier«, S. 308.

»zum Beispiel darin, daß es in Weatherend kaum eine Stelle gab, wo nicht irgend etwas des Zurückbleibens wert war. Zauberhaftes war in der Art, wie der vergehende Herbsttag in die hohen Fenster blickte; in der Art, wie der rote Schein, der abendlich unter einem tiefen, verhangenen Himmel hervorbrach, als ein langer Strahl sich niedersenkte und über altem Tafelwerk spielte, alten Gobelins, altem Gold, alten Farben.«[4]

So findet dieses Wiedersehen statt in einem herbstlich beleuchteten Rahmen, in dem es gilt, sich kostbarsten alten Objekten, Relikten aus einer poetischen Vergangenheit gegenüber zu verhalten, schauend und wertend, ohne reale Aussicht auf Besitz, weil ein solches *Vermögen*, das diese Schätze zusammengetragen hat, nur in wilden Träumen nicht unerreichbar ist. Es geht nicht darum, etwas zu erwerben, es geht in Weatherend nicht um Zukunft, sondern darum, rückwärts zu blicken, sich kundig in das Vergangene, das Alte, zu versenken und sich dem Zauber dieser Atmosphäre hinzugeben. Und May Bartram ist für Marcher sofort zu erkennen als »part of the establishment«, sie gehört zu Weatherend, jedoch nicht als Tochter des Hauses, nicht als Teilhaberin an diesem Besitztum, an diesem unermeßlichen Vermögen, sondern offenbar als arme Verwandte, die sich als eine Art Fremdenführerin nützlich zu machen hat, die alles weiß über die zu erschauenden Kostbarkeiten, ja auch über die Lieblingsplätze der Schloßgespenster, und doch nicht für ihre Dienste entlohnt werden kann. »Sie sah nicht etwa aus, als ob man ihr Geld anbieten dürfte – unmöglich konnte man weniger danach aussehen.«[5] Und doch ist Marcher, als sie sich schließlich unter der Menge auf ihn zutreiben läßt, sicher, daß er

»etwas wie ein Stück Wahrheit erfaßt hatte, für das die anderen zu dumm und stumpf waren. Sie lebte hier wirklich unter härteren Bedingungen als irgend jemand außer ihr, sie lebte hier infolge von mancherlei in der Zwischenzeit über sie hergegangenen Schicksalen, und sie erinnerte sich seiner genauso, wie er sich ihrer erinnerte – nur ein gut Teil besser.«[6]

Und hier erinnere ich an den Satz vom Anfang und daran, wie behutsam so ein Text übersetzt werden muß: »Bild« für *face* zu nehmen, in diesem Kontext, würde May Bartram einem Kunstgegenstand, einem der traumhaften Schätze von Weatherend gleichsetzen, aber sie wird eingeführt als ein Gesicht, als ein schauender lebendiger Mensch, Teil der Veranstaltung, aber Führerin, Wissende unter harten Bedingungen, jemand, der selbst nichts hat außer Wahrnehmung und Wissen. Auf ihr Kunstwissen ist Marcher nicht angewiesen, das merkt sie

4. Ebd., S. 310.

5. Ebd., S. 309.

6. Ebd., S. 310.

gleich, als sie ihm taktvoll ihre Fremdenführerdienste anbietet, falls er nicht auf ihre frühere Bekanntschaft zurückkommen möchte. Aber auf ein anderes Wissen bei ihr ist er das äußerst dringend, denn es stellt sich alsbald heraus, daß er sich ihrer früheren Begegnung nur höchst unscharf erinnert, auch wenn der Klang ihrer Stimme genügt, um ihn mit einem Schlag wieder ins Bild zu setzen, wie er meint. Ja, »Er *sprang* geradezu drauflos, um vor ihr dazusein. ›Vor Jahren und Jahren bin ich Ihnen in Rom begegnet. Ich erinnere mich genau an alles, was damit zusammenhing.‹«[7] »He almost jumped at it«. Ein Sprung wird hier anläßlich der ersten Worte Marchers an May Bartram evoziert, an dieser Stelle zum ersten Mal, ein Sprung, von dem im Fortgang der Erzählung im Zusammenhang mit dem Gleichnis vom Raubtier im Dschungel noch öfters die Rede sein wird. Nun, Marcher springt also in diesem Augenblick, aber haarscharf daneben. Es war nicht in Rom, sondern in Neapel, weiß sie sich besser zu erinnern, es war in Gesellschaft von anderen Leuten, als er genannt hat, und sie war dort nicht mit Tante und Onkel, sondern mit ihrer Mutter und ihrem Bruder. (Dieser Bruder ist übrigens eine Lücke in der Geschichte, sozusagen die einzige fallen gelassene Masche in diesem so dicht gestrickten Text; er taucht nie wieder auf, als hätte der Autor James ihn vergessen. May ist nach dem Tod ihrer Mutter inzwischen fast mittellos allein geblieben, abhängig von ihrer reichen Großtante, der Witwe von Weatherend). Und Marcher genießt es geradezu, sich von May Bartram korrigieren zu lassen, es schmeichelt ihm, wie gut sie sich an ihre Begegnung erinnert. Das Unwetter, vor dem sie sich zusammen in Sicherheit bringen mußten, das er (hier in Weatherend!) erwähnt, war nicht in der Villa der Caesaren, sondern in Pompeji, wo sie einem bedeutenden archäologischen Fund (!) beiwohnten. Aber als alle Erinnerungen ihrer jugendlichen Begegnung vor zehn Jahren (er war fünfundzwanzig, sie zwanzig) von ihr präzisiert sind, bleibt für Marcher ein schales Gefühl zurück. Soll das alles gewesen sein?

»Sie sahen einander an wie mit dem Gefühl einer verpaßten Gelegenheit; die gegenwärtige würde um soviel besser sein, wenn die andere, die weit entfernte, im fremden Land, nicht so töricht unergiebig gewesen wäre. Offenbar waren es alles in allem nicht mehr als ein Dutzend nette Geringfügigkeiten, die sich zwischen ihnen zugetragen hatten, jugendlich Alltägliches, harmlos Naives, unwissend Einfältiges: Winzigkeiten, Keime vielleicht, doch nun zu tief vergraben – allzu tief ... schien es nicht so? –, um nach so vielen Jahren aufzusprießen.«[8]

»[Und Marcher] hätte gern etwas erfunden, sie zusammen mit ihm den Wahngedanken

7. Ebd., S. 311.

8. Ebd., S. 312f.

träumen lassen, etwas Romantisches oder Gefährliches habe in der Tat am Anfang ihrer Bekanntschaft gestanden. Seine Phantasie stemmte sich gleichsam der Zeit entgegen, reckte sich mit größter Anstrengung aus nach etwas, das seinem Zwecke dienen könnte, und er dachte im stillen, wenn er's nicht fände, dann würde diese Skizze eines Neubeginns sich als höchst peinlich verpfuscht erweisen. Sie würden auseinander gehen, und diesmal mit keiner zweiten oder dritten Chance.«[9]

Doch dann, nach ein paar Minuten verschämten Zögerns, bringt sie die Erinnerung aufs Tapet, die die Atmosphäre klärt, sie liefert ihm das Bindeglied – »das Bindeglied, das er so unbegreiflich, so leichtfertig hatte verlieren können.«[10] Sie fragt ihn nämlich, ob er noch wisse, was er ihr damals an einem schwülen Tag unter dem Sonnensegel eines Boots im Golf von Neapel erzählt habe und was sie nie habe vergessen können, an das sie seither immer denken müsse.

Marcher traut seinen Ohren nicht, wäre es möglich, daß ...? Aber May Bartram macht auf ihn nicht den Eindruck, als hätte sie irgend ein jugendlich dummes Süßholzgeraspel, gar einen unbedachten Antrag oder so etwas Ähnliches von ihm ernst genommen und seither im Herzen bewegt. Vorsichtig tasten die beiden sich zur Aussprache des Unerhörten vor.

»Sie wartete, als ob es ihm unterdessen wiederkehren könnte; aber da er ihr nur verwundert in die Augen sah, kein Zeichen des Verstehens gab, schnitt sie sich den Rückzug ab; ›Ist es wirklich geschehen?‹
Da war es, daß für ihn, während er sie weiter groß ansah, ein Licht hervorbrach, und das Blut stieg ihm langsam ins Gesicht, das im Wiedererkennen zu brennen begann. ›Wollen Sie sagen, ich hätte Ihnen verraten ...?‹ Aber er stockte, aus der Furcht, nicht das Richtige sei ihm zurückgekehrt, aus der Furcht, sich preiszugeben.«[11]

Nun, der Autor spannt uns eine ganze Weile auf die Folter, nicht nur seine sprechenden Personen, die beide kaum für möglich halten, daß Marcher tatsächlich vergessen konnte, was er damals auf dem Wasser dem jungen Mädchen anvertraut hat. Beim Leser, der die Erzählung zum ersten Mal liest, werden hier unwillkürlich allerlei Phantasien frei gesetzt, vielleicht sogar wilde. Was könnte Unerhörtes geschehen sein, das Marcher damals erwartete? Nun, es ist nicht geschehen, erfahren wir, aber das Geständnis von damals gilt auch heute noch. Marcher läßt es sich von ihr wiederholen.

»›Es war ganz einfach. Sie sagten, Sie trügen seit Ihrer frühesten Zeit, zutiefst in Ihnen

9. Ebd., S. 314

10. Ebd., S. 314.

11. Ebd., S. 316.

verwurzelt, die Empfindung für etwas Seltsames, unerhört Fremdes [*something rare and strange*] bestimmt zu sein, zu etwas vielleicht Gewalttätigem und Entsetzlichem, das Sie früher oder später treffen wird, das Sie bis ins Mark mit jeder Fiber Ihres Körpers ahnen, ja untrüglich wissen und das Sie vielleicht eines Tages überwältigen, Ihr Ich unter sich begraben wird‹.
›Nennen Sie das so ganz einfach?‹ fragte John Marcher.
Sie dachte einen Augenblick nach. ›Es war wohl einfach, weil ich Sie zu verstehen schien, während sie sprachen.‹
›Sie verstehen es wirklich?‹ fragte er begierig.« [*eagerly*][12]

Und damit sie ihn auch wirklich ganz versteht, erklärt er ihr wieder, daß es nicht darum gehe, daß er große Taten vollbringen werde, er sei nicht größenwahnsinnig. Nein, es handle sich darum:

»zu erwarten ... etwas, dem ich zu begegnen, dem ich ins Gesicht zu blicken habe, etwas, das ich plötzlich über mein Leben hereinbrechen sehe; kann sein, um alles fernere Bewußtsein zu ersticken, kann sein, mich zu vernichten, auf der andern Seite kann es sein, nur um alles zu verändern, meine Welt bis zum Grunde zu erschüttern und mich den Folgen zu überantworten, wie sie sich auch gestalten mögen.«[13]

Und nun wagt May Bartram, die zugegebenermaßen seit zehn Jahren, seitdem der junge Marcher ihr damals als einziger Person auf der Welt sein innerstes Geheimnis anvertraut hat, unablässig an ihn denken muß, eine Deutung, die sie damals, weil sie noch zu jung und gehemmt war, nicht vorzubringen gewagt hat. Könnte dieses erwartete Ereignis nicht einfach die Liebe sein, fragt sie ihn. Er verneint entschieden. Wenn es das wäre, dann wüßte er es inzwischen, denn er hat geliebt, aber es hat ihn nicht völlig überwältigt und aus der Bahn geworfen.

»›Es war angenehm, es war erfreulich, war jämmerlich‹, erläuterte er. ›Aber es war nicht ein unerhört anderes. Es war nicht so, wie *mein* Erlebnis sein soll.‹« »Dann war es nicht Liebe«, sagt May und fragt:
»Sie wollen etwas, das ganz Ihr eigen ist – etwas, das niemand außer Ihnen kennt oder gekannt hat?«
Und Marcher erklärt:
»›Es handelt sich nicht darum daß ich etwas will – Gott weiß, daß ich nichts will. Es handelt sich allein um die Ahnung, die mich heimsucht – mit der ich alle meine Tage lebe.‹
Er sagte das so klar und gesammelt, daß es sie, wie er sehen konnte, nur noch tiefer ergriff. Wäre sie nicht vorher schon gefesselt gewesen, sie wäre jetzt gefesselt worden.«[14]

12. Ebd., S. 319.
13. Ebd., S. 319f.
14. Ebd., S. 320f.

[*interested* heißt das bei James, also sie ist dazwischen, sie steckt mit drin, es geht sie etwas an. Sie ist interessierte Partei].

Gut, und das besiegelt diese Wiederbegegnung, sie wird mit ihm warten. Sie lacht nicht über ihn, sie hält ihn nicht für verrückt, nimmt seine Gewißheit, sein Gefangensein in dieser Vorahnung, ernst.

»›Ich will mit Ihnen wachen‹, sagte May Bartram.«[15] Und so haben wir gerade dem Beginn einer wunderbaren Freundschaft beigewohnt. Sie wird lange Jahre dauern und mit May Bartrams Tod enden, und Marchers Eindruck davon in diesen Jahren wird so beschrieben:

»Sie waren buchstäblich auf voller Fahrt, zusammen im selben Boot; Marcher bezweifelte das keineswegs, genausowenig wie das andere, daß der glückhafte Grund dafür der vergrabene Schatz ihres Wissens war. Mit seinen eigenen Händen hatte er den kleinen Hort heraufgefördert, die Kostbarkeit ans Licht gehoben – das heißt in den Bereich der matten Helle, die aus ihrer beider scheuen Verschwiegenheit geschaffen war – die Kostbarkeit, deren Versteck er, nachdem er selbst sie in den Boden gesenkt, so lange, so unbegreiflich vergessen hatte. Ein seltener Glücksfall hatte es gefügt, daß er wieder an ebenden Ort geraten war, und das machte ihn gleichgültig gegen jede andere Frage, dem merkwürdigen Zufall einer Gedächtnislücke hätte er zweifellos mehr Zeit zugewendet, hätte es ihn nicht gedrängt, so viele Zeit der linden, tröstlichen Zukunft zuzuwenden, die, wie er die Dinge ansah, dieser selbe hilfreiche Zufall jung und frisch erhalten hatte.«[16]

Marcher hat nie gedacht, nie die Absicht gehabt, daß jemand mit ihm wissen soll. Doch nun ist es so, und er ergreift dankbar dieses Geschenk des Schicksals, das ihm einmal die Zunge gelöst hat, – und gegenüber der Richtigen. Sie ist die Richtige. Die naheliegende Folge dieses Umstands wäre gewesen, May Bartram zu heiraten, das ist Marcher klar, aber genau der Grund, warum sie ihm nahe ist, der Grund ihres engen Verhältnisses, nämlich ihre Mitwisserschaft und Teilnahme an seiner Erwartung, schließt ja für ihn eine Ehe aus. Wie könnte er in Erwartung dieses überwältigenden, alles umstürzenden Ereignisses jemanden ehelich an sein ungewisses Schicksal binden?

Und nun müssen wir, bevor wir den Fortgang und das Ende dieser Geschichte betrachten, kurz Halt machen in der Bewegung dieses Textes, dessen sogartige Überredungskunst, dessen Fesselndes hoffentlich mitzuempfinden war. Uns muß das Unbegreifliche dieser Gedächtnislücke Marchers beschäftigen.

James wagt hier etwas in Bezug auf Wahrscheinlichkeit, auf der

15. Ebd., S. 322.

16. Ebd., S. 324.

Ebene eines psychologischen gesunden Menschenverstands ist dieses Vergessen Marchers ja eine Ungeheuerlichkeit. Einmal in seinem Leben hat er die Isolation, in der er sich von klein auf befindet, durchbrochen, einmal hat er ausgesprochen, was er gegenüber seinen Mitmenschen für unzumutbar hält, was ihn von ihnen trennt wie eine verborgene Verkrüppelung, wie ein kaschierter Buckel, heißt es im Text. Er war immer überzeugt, daß seine Gewißheit des ihm bestimmten Umsturzes von andern schlicht als Wahnidee angesehen werden mußte und er als lächerlicher Verrückter betrachtet würde, wenn er davon spräche. Daher verhält er sich stets so unauffällig wie möglich, seine tadellosen gesellschaftlichen Umgangsformen werden als *colourless*, als farblos bezeichnet (In scharfem Gegensatz zu dieser Farblosigkeit steigt ihm aber, als May Bartram ihn auf sein Geständnis anspricht, das Blut ins Gesicht und er errötet brennend). Er pflegt sein bescheidenes Vermögen, ein geerbtes Haus, einen Garten auf dem Land, er bekleidet ein bescheidenes stilles Amt im Staatsdienst, er geht so oft unter Menschen, wie es nötig ist, um nicht als Sonderling Aufmerksamkeit zu erregen, hat zwangsläufig nur Bekannte, keine intimen Freunde. Aber einmal hat es ihn hingerissen, er hat es riskiert, sich einer jungen Frau zu offenbaren – und sie hat ihn nicht ausgelacht, sie hat ihn ernst genommen, sie hat ihn verstanden! Und diesen aufwühlenden Vorstoß, diesen Ausbruch aus dem Gefängnis seiner Einsamkeit, hat er völlig wieder vergessen! Genau in dieser Unbegreiflichkeit muß aber der entscheidende Hinweis liegen. Marchers Obsession ist eine Obsession durch das Zukünftige, durch das, was ihm einmal, vielleicht in ferner Zeit noch, zustoßen wird. Aber diese Obsession wird in der Erzählung – und das ist atemberaubend raffiniert! – unter dem Vorzeichen des Vergessens eingeführt. Nicht die Obsession als solche wurde vergessen, das ist unmöglich, denn sie begleitet ihn ja jeden Augenblick seiner Existenz, aber daß er von ihr gesprochen, sie einem anderen offenbart, gezeigt hat. Marcher stellt sich als ein Mensch heraus, der Allerpersönlichstes, Alleraufwühlendstes, was zwischen ihm und einem anderen Menschenwesen vorgefallen ist, vergessen kann. In dem so reich instrumentierten Beginn der Erzählung auf Weatherend, dem Ort, an dem die Schätze der Vergangenheit gehütet werden und zur Schau stehen, dem Ort, wo man in die Vergangenheit zurückblickt, dem Ort der Poesie und Tradition, ist alles auf Zurückliegendes, auf ein Früher Einmal hin abgestimmt. Erst durch beiderseitiges *Zurückbleiben* kommt es zu dem Gespräch der Wiederaufnahme ihrer Beziehung. Um dieses unbegreifliche Vergessen, um das Rätsel eines aus dem Gedächtnis entschwundenen Zurückliegenden, ist ein kunstvoller gleichsam historisierender Rahmen gebaut. Marcher hat damals auf dem südlichen Gewässer einen Vorstoß gemacht, etwas einem anderen Menschen, einer Frau, gegenüber getan, was ihm nur als ein Übergriff vorkommen kann. Er hat ihr von seiner Obsession mit der Zukunft gesprochen und es vergessen. Und die Umkehrung des Vorzeichens durch das Vergessen rückt für den Leser die Qualität dieser Obsession in ein völlig anderes Licht, als Marcher je bewußt werden soll. Durch das Banner des Vergessens, das der Erzähler James hier aufrichtet, dreht sich unwillkürlich die Richtung, in die Marchers Obsession weist, von der Zukunft auf die Vergangenheit. Marcher, dem Namen nach also einer, der vorwärts marschiert, beschäftigt sich mit seinem ganzen Denken und Fühlen mit dem, was sein Schicksal, seine Zukunft für ihn bereithält. Vor dem Wiedersehen auf Weatherend ignoriert er, daß er etwas für ihn ungeheuer Bedeutsames vergessen hat. Aber auch in der so zukunftsträchtigen Wiederbegegnung mit der jungen Frau, die ihn daran erinnert, die nicht vergessen hat, kommt ihm angesichts der Verwunderung über seine Vergeßlichkeit nicht der Verdacht, daß gerade seine Obsession mit der Zukunft eigentlich davon herrühren könnte, daß er einer ist, der vergißt, daß er möglicherweise schon einmal etwas vergessen hat, etwas (vielleicht auch so einen Übergriff) was bereits vorgefallen ist und für das er in seiner gewissen Ahnung eines ausstehenden umwälzenden Ereignisses Strafe oder Erlösung erwartet. Der kostbare Schatz des Wissens, den ihm May Bartram zu hüten scheint, heißt in Wirklichkeit: Ich weiß jetzt, daß du vergessen hast. Und genau damit beschäftigt er sich nicht.

Kurz, um den psychoanalytischen Begriff zu gebrauchen, dieses Vergessen bei Marcher weist hin auf die zwangsneurotische Struktur, in der er lebt – zwar frei von den lärmenden Zwangssymptomen, die mit dieser Struktur einhergehen können (von Zwangshandlungen wird in der Erzählung nichts berichtet), aber besessen von einer Zwangsidee, einer Zwangsvorstellung, und im übrigen gehemmt. »Ich will nichts«, behauptet er. Freud hat, sehr früh schon, die Struktur der Zwangsneurose als eine Veranstaltung erkannt, die dazu dient, verdrängtes heftigstes Trieberleben der frühen Kindheit unbewußt bleiben zu lassen, den Trieb (Sexualtrieb), der mit vorzeitiger, unerträglicher Schuld beladen ist, zu fesseln, zu bändigen, zu hemmen, ihn nur in den ins Absurde entstellten Abkömmlingen der Zwangssymptome und -vorstellungen zum Bewußtsein zuzulassen. Marcher hat May Bartram von seiner Obsession gesprochen, nachdem die beiden einem archäologischen Fund in Pompeji beigewohnt haben. Der Meeresboden des Golfs von Neapel, über dem Marcher mit ihr Boot gefahren ist, ist übersät mit versunkenen Relikten aus der antiken Vergangenheit. Das Raubtier im Dschungel, als das Marchers Obsession beschrieben wird, *the beast,* die Bestie, die in seiner Vorstellung geduckt im dichten Unterholz lauert, um eines Tages zum Sprung anzusetzen, ist in diesem Licht zu lesen als ein (übrigens in seiner dem Autor vermutlich unbewußten Anspielung auf das männliche Glied ja nahezu obszönes) Bild für sein von Kindheit an verdrängtes triebhaftes Begehren seiner persönlichen Frühgeschichte.

Die Ahnung ist unheimlich, weil sie auf unbewußtem Heimlichem, Geheimem beruht. Was Marcher als ein Überwältigtwerden durch ein absolut Fremdes erwartet, ist gleichzeitig, das wird im Text immer wieder betont, sein Eigenstes, sein Persönlichstes. Ohne sein Zutun, ohne sein Wünschen und Wollen, meint Marcher, wird es ihn einmal ereilen – und weil er davon so unumstößlich überzeugt ist, darf er sich auf nichts anderes einlassen. Seine May Bartram gegenüber angedeuteten Liebeserfahrungen waren erfreulich und jämmerlich, nicht überwältigend. Die Triebhemmungen, die er sich auferlegt, sind so stark, daß er ruhigen Gewissens jede Triebhaftigkeit bei sich leugnen kann.

Und doch löst seine Beziehung zu May Bartram immer wieder leise Beunruhigung in ihm aus, obwohl er sie von dieser Wiederbegegnung an als etwas Gegebenes ansieht. »Sie war einfach vorhanden, war mit jener bestürzenden Frage an ihn, damals im Herbstlicht von Weatherend, mit einem einzigen Satz ins Dasein gesprungen.«[17] (»had *sprung* into being with the first *penetrating* question to him«[18]) Der Text, der streng Marchers Perspektive einhält, verrät auch hier durch die Wortwahl mehr, als Marcher wahrhaben möchte. Wieder ist von einem Sprung die Rede, und die Frage war *penetrating,* eindringend, als hätten sich die Geschlechterrollen zwischen ihnen verkehrt. Wozu übrigens noch ein Kuriosum in diesem Text anzumerken ist, das erst im heutigen Sprachgebrauch seine Bedeutung gewinnt. Es heißt da nämlich ein paar Zeilen weiter: »The rest of the world of course thought him queer, but she, she only, knew how, and above all why, queer [...] She took his gaiety from him ...«[19] Bestimmt hatten die beiden Wörter *queer* und *gay* um die Jahrhundertwende noch nicht die homosexuelle Konnotation, die sie heute haben, aber sie sind eben da zu lesen. Wie gesagt, heiraten kann er May Bartram nicht, denn auch wenn offen ist, ob er das lauernde Raubtier eines Tages erlegen oder ob es ihn reißen wird, auf eine Tigerjagd nimmt man keine Dame mit. Marchers Beunruhigung durch seine Beziehung zu May Bartram ist – und auch das ist typisch für den Zwangsneurotiker – moralischer Natur. Er hat sich bisher für einen völlig selbstlosen Menschen gehalten, weil er keinen anderen mit seiner Obsession belastet hat. Das ist nun vorbei, denn seine Beziehung zu May gründet ja auf ihrem Wissen darum. Und ab und zu fragt er sich doch, nicht etwa, was er von ihr will, o nein, das glaubt er ja zu wissen, sie soll einfach mit ihm wachen, damit er nicht so allein auf der Welt ist, – nein, er fragt sich ab und zu doch, was *sie* eigentlich von ihrer Beziehung zu ihm hat. Nach langen Jahren ihres regelmäßi-

17. Ebd., S. 327.

18. Henry James: »The beast«, S. 365.

19. Ebd., S. 367.

gen Umgangs besprechen sie einmal, was wohl die Leute, die andern, von ihrer Beziehung denken, und versichern sich gegenseitig, daß in den Augen der andern alles wohl völlig normal erscheinen müsse, auch wenn für May Bartram damit ihre Unbescholtenheit – wir sind im spätviktorianischen Zeitalter – gefährdet ist. Aber sie hat sich niemandem gegenüber zu verantworten (der Bruder wird ja nicht mehr erwähnt). Seit dem Tod ihrer Großtante lebt sie allein in einem kleinen Haus in London, wo sie Marchers Besuche empfangen kann, so oft sie mag. Und in Bezug auf dieses Haus, das sie sich aus der Erbschaft ihrer Großtante leisten kann, macht Marcher den einzigen Scherz in dieser Erzählung. Er schreibt ihr, als er von ihrer geplanten Niederlassung in London erfährt (ungefähr ein Jahr nach ihrer Wiederbegegnung, während dessen sie sich nur sporadisch haben treffen können) in launigem Ton:

»das große Unbekannte, das er so lange im Schoß der Götter gewähnt, sei vielleicht nichts anderes als die ihn so nahe berührende Tatsache, daß sie ein Haus in London erworben habe. Es war die erste Andeutung, die sie sich wieder gestatteten, einer anderen brauchte es zwischen ihnen bisher kaum; doch als sie ihm darauf erwiderte, es befriedige sie keineswegs, wenn etwas so Geringfügiges den Höhepunkt einer so außerordentlichen Spannung bedeute, da mußte er sich beinahe fragen, ob sie nicht sogar einen stolzeren Begriff von seiner Einzigartigkeit habe als er selbst.«[20] (»that she was by no means satisfied«[21])

Marcher entgeht der sexuelle Unterton der Wortwahl von *satisfied, climax*, mit der sie auf sein mattes Scherzchen darüber antwortet, daß sie jetzt doch noch einen Lohn für ihre Fremdenführerdienste erhalten hat. Seine Beunruhigung beschäftigt sich ganz mit moralischen Fragen von Selbstsucht und nach Gebühr zu belohnender Selbstlosigkeit. Nie fragt er sich, zwar was sie von der Beziehung zu ihm zu erdulden hat – das schon –, aber nie, was sie von ihm will. Er meint auch das zu wissen, glaubt, sie sähe nicht nur hinter seiner sozialen Maske die verzweifelten Augen, sondern sähe gleichzeitig auch mit seinen Augen aus dieser Maske heraus auf die Welt, teile voll und ganz – aus derselben Perspektive wie er – seine Erwartung, seine Spannung und Neugier. Sein Schicksal soll ihre Neugier befriedigen, das wäre ihr wahrer Lohn.

Erst nach langen Jahren, an einem ihrer Geburtstage, als er ihr wieder eines seiner inzwischen Tradition gewordenen Geschenke gebracht hat, ein kleines, aber erlesen gearbeitetes Schmuckstück, das er skrupulös immer etwas teurer wählt, als er sich eigentlich leisten kann, liefert May Bartram ihm einen für ihn ganz neuen und nicht mehr mo-

20. Henry James: »Das Raubtier«, S. 328.

21. Henry James: »The beast«, S. 366.

ralischen Grund zur Beunruhigung über ihre Beziehung. Aus Andeutungen dämmert ihm, daß ihre Perspektive sich nicht mehr, wie er bisher mit solcher Sicherheit angenommen hat, mit seiner deckt. Sie sprechen wieder einmal über das Erwartete und, durch ein seltsames Zögern bei ihr darauf gebracht, fragt er jetzt sie, was sie ihn damals, ohne eine Antwort zu bekommen, in Weatherend gefragt hatte, nämlich ob sie sich fürchte. Sie antwortet, sie wisse jetzt, daß *er* sich nicht fürchte.

»›Nein, Sie fürchten sich nicht. Aber‹, sagte sie, ›unsere Wache ist damit nicht zu Ende. Das heißt, Ihre Wache. Sie haben noch alles zu sehen vor sich.‹
›Warum dann nur ich, und Sie nicht auch?‹ fragte er. Den ganzen Tag über hatte er heute das Gefühl gehabt, daß sie mit etwas zurückhielt, und er spürte das auch jetzt. Da es sein erster derartiger Eindruck war, bedeutete er geradezu einen Wendepunkt. Das wurde nur noch deutlicher, als sie zunächst keine Antwort gab, weshalb er an ihrer Stelle weitersprach. ›Sie wissen von etwas, das ich nicht weiß.‹ Und dann, und für einen Mann von Mut klang seine Stimme ein wenig unsicher: ›Sie wissen, was geschehen soll.‹ Ihr Schweigen, zusammen mit dem Gesicht, das sie ihm zuwandte, war beinah ein Eingeständnis – es überzeugte ihn. ›Sie wissen, und Sie scheuen sich, es mir zu sagen. Es ist so schlimm, daß Sie sich fürchten, ich könnte es erraten.‹
Dies alles mochte zutreffen, denn sie sah aus, als hätte er, unvermutet für sie, einen Zauberkreis durchbrochen, den sie heimlich rings um sich gezogen. Dennoch wollte sie keine Unruhe aufkommen lassen, obwohl an ihm jedenfalls ihr hohes Bemühen verloren war. ›Sie werden es nicht erraten.‹«[22]

Das ist also der ausdrücklich als solcher bezeichnete Wendepunkt in ihrer Beziehung. Aber noch einmal reagiert er moralisch darauf, »als ob Marcher sich überdies, wie es hin und wieder geschah, vor Ichsucht in dieser Sache dunkel gewarnt fühlte«.[23] Er hat ein dunkles Gefühl, daß sie bei dieser langen und bis jetzt so fruchtlosen Warterei vielleicht doch nicht so ganz auf ihre Kosten kommt und daß es in dieser Sache nicht nur ganz um ihn allein geht. Und so – und das ist fast komisch – lädt er sie zum Ausgleich immer öfter zu Opernbesuchen ein, auch ein Dutzendmal im Monat, und anschließend geht er dann meistens noch mit ihr nach Hause, nimmt ein gepflegtes kleines Abendessen mit ihr ein, und dann spielen die beiden auf dem Klavier die eben gehörte Opernmusik nach. Er führt sie also, um sie irgendwie für ihre Selbstlosigkeit zu entschädigen, zu Veranstaltungen, wo es in höchsten Tönen um leidenschaftliche Gefühle und oft Tod, ja Liebestod geht (Wagner, Puccini, Verdi beherrschen um die Jahrhundertwende die Opernbühne). Und anläßlich solch eines Abends fragt er sie wieder, ob es ihr nichts ausmache, was die Leute von ihrer Beziehung halten. Und sie

22. Henry James: »Das Raubtier«, S. 337f.
23. Ebd., S. 338.

antwortet, nein, es mache ihr nichts aus, denn so wie die Leute dächten, er habe eine Beziehung zu einer Frau, so dächten sie auch von ihr, sie habe einen Mann. »›It has not been a question for me. If you've had your woman, I've had‹, she said, ›my man‹.«[24] Und beide müssen lachen, als sie andeuten, daß die Leute wohl eine etwas anders geartete Vorstellung von ihrer Intimität haben, als diese in Wirklichkeit ist. (*intimacy* ist in der mir vorliegenden Übersetzung zwar korrekt, aber eben doch sehr abgeschwächt mit »nahes Verhältnis« übersetzt).

»It's all that concerns me – to help you to pass for an man like another«, erklärt sie ihm. Und er: »‹How kind, how beautiful, you are to me! How shall I ever repay you?‹
She had her last grave pause, as if there might be a choice of ways. But she chose: ›By going on as you are.‹« [25]

Und das tut er natürlich, er macht weiter, wie bisher, ohne darüber nachzusinnen, ob sie tatsächlich an eine Alternative gedacht hat, sich überhaupt eine Alternative vorstellen kann. Er macht weiter, bis er merkt, daß ihre Gesundheit Anlaß zu Besorgnis gibt und ihm der Gedanke kommt, er könnte sie am Ende verlieren.

»Er empfand in diesen Tagen, was er, sonderbar genug, nie vorher empfunden hatte, ein unerbittlich wachsendes Grauen, sie durch irgendeine Katastrophe – eine Katastrophe, die aber keineswegs *die* Katastrophe sein würde – zu verlieren.«[26]

Und als sie ihm schließlich den Verdacht gesteht, an einer Blutkrankheit zu leiden, ist er sich über einen schrecklichen drohenden Verlust klar, aber sein erster Gedanke gilt ihr, nämlich dem, was *ihr* vorenthalten bleiben wird. Wenn sie stirbt, wird sie nicht mehr erleben, worauf sie so lange mit ihm gewartet hat. »Sie hatte gelebt, um zu sehen, was in Wirklichkeit zu sehen sein werde, und es würde ihr das tiefste Herz zerreißen, sollte sie aufgeben müssen, bevor sie die Erfüllung geschaut.«[27] So empfindet er das, ganz selbstlos ihren Verlust über seinen stellend. Trotzdem kommen ihm, als ihre Krankheit sich deutlicher zeigt, quälende Zweifel.

»So überraschte es ihn, sich bei der in allem Ernst gestellten Frage ertappen zu sollen – und er *hatte* sich dabei ertappt –, ob das große Ereignis seines Lebens nun Gestalt annehme und nicht in mehr bestehe, als daß ihm auferlegt sei, diese bezaubernde Frau, die wundervolle Freundin für immer von sich scheiden zu sehen. Jetzt, da er in Gedanken

24. Henry James: »The beast«, S. 374.

25. Ebd., S. 375.

26. Henry James: »Das Raubtier«, S. 342.

27. Ebd., S. 343.

sich einer solchen Möglichkeit gegenübersah, hatte er ihr diese Eigenschaften so rückhaltlos zugesprochen, wie nie zuvor; trotzdem bezweifelte er kaum: Als Antwort auf sein langwährendes Rätsel wäre das bloße Verschwinden selbst einer so edlen Gestalt von der Szene seines Lebens nur ein enttäuschend flaues Nachlassen der Spannung. Zusammengesehen mit seiner früheren stolzen Gebärde würde es einen Absturz von der Höhe seiner Würde bedeuten, in dessen Schatten John Marchers Dasein nur zu einem beispiellos grotesken Mißlingen werden konnte. [...] Auf etwas ganz anderes hatte er gewartet, nicht auf etwas dieser Art.«[28]

Und angesichts ihres nahenden Endes kommt ihm der furchtbare Gedanke, daß es vielleicht überhaupt zu spät sein könne, daß das Rätsel kraftlos und alt geworden sei wie er selbst und nun nichts mehr geschehen werde. Und das wäre entsetzlich, der Bankrott seines Lebens. Und an dieser Stelle, an diesem Punkt seiner schmerzlichen Überlegungen, ist zum ersten Mal im Text von einem ausdrücklichen Wunsch, einem Begehren Marchers die Rede: »he had but one desire left – that he shouldn't have been ›sold‹«.[29] »Ein einziger Wunsch war ihm geblieben, daß er nicht ›gehöhnt‹ worden war.«[30]

Und dann kommt es schließlich zu der Szene an einem Apriltag, als sie, die nun kaum noch ihren Sessel zu Haus verlassen kann, ihn im kalten Licht eines vergehenden Nachmittags und zum ersten Mal ohne Kaminfeuer bei sich empfängt und er es wagt, sie auf den Wendepunkt vor einiger Zeit anzusprechen, als sie hat durchblicken lassen, daß sie weiß, was ihm geschehen wird. Erst leugnet sie entschieden, so etwas behauptet zu haben, doch als er nicht locker läßt, gibt sie es zu, auf das Schrecklichste von allen Möglichkeiten gekommen zu sein, aber wieder sucht sie ihn mit der Mitteilung zu trösten, er selbst werde es nicht erraten. Und zum zweitenmal in dieser Erzählung erglüht sein Gesicht wie damals bei May Bartrams erster Andeutung auf sein Geheimnis auf Weatherend. Er meint, vielleicht denke auch sie an das Schrecklichste, das er sich neuerdings ausgemalt hat, nämlich, daß er sich in seiner Ahnung überhaupt getäuscht hat, einfach ein Esel war. Doch sie sagt ihm, er verstehe sie nicht. Sie denke an etwas ganz anderes, auch wenn er es gar nicht merken werde, wenn es eintreffen solle. Sie ist während des Gesprächs aus ihrem Sessel aufgestanden, und steht als hoch aufgerichtete schlanke, weiß verhüllte Gestalt, alt und schön, vor ihm.

»›Ich habe Sie nicht verlassen.‹ – Es war durch das Bemühen, die Schwäche zu meistern, wirkliche Größe in dieser Beteuerung; und wäre ihr rascher Impuls nicht glücklicherweise

28. Ebd., S. 344f.

29. Henry James: »The beast«, S. 379.

30. Henry James: »Das Raubtier«, S. 347.

erfolgreich verlaufen, er hätte ihn beängstigt, statt ihn zu beruhigen. Aber der kalte Zauber in ihren Augen hatte sich, indes sie vor ihm stand, über ihre ganze Gestalt ergossen, so daß für kurze Zeit die Jugend ihr zurückgekehrt schien. Deswegen konnte er nicht Mitleid mit ihrer Schwäche fühlen; er konnte sie nur sehen, wie sie sich ihm zeigte – selbst jetzt noch kräftig, ihm zu helfen.«[31]

»›Wie auch die Sache stehen möge - *dies* ist nicht die Wahrheit. Was auch die Wirklichkeit sei – es *ist* eine Wirklichkeit. Die Tür ist nicht zugeschlagen. Die Tür steht offen‹, sagte May Bartram.
›Also soll etwas kommen?‹
Sie zögerte noch einmal, und immerfort ruhten ihre lieblichkalten Augen auf ihm. ›Es ist nie zu spät.‹ Sie hatte mit ihrem unhörbaren Schritt die Entfernung zwischen ihnen vermindert und stand eine kurze Zeit näher bei ihm ... dicht bei ihm, wie noch belastet mit dem Unausgesprochenen. [...] sie ließ ihn jedoch nur warten, das heißt, er wartete nur. An ihrer Bewegung und an ihrem Blick war ihm plötzlich bezwingend in aller Schönheit aufgegangen, daß sie ihm mehr zu geben hatte. [...] Sie hatte recht, unwiderleglich; denn was er in ihrem Antlitz sah, war die Wahrheit, und seltsam, widersprüchlich: Während die Worte, die von Schaudern sprachen, noch in der Luft nachklangen, schien sie es ihm als das Mildeste, Lindeste darzubieten. Das machte ihn staunen, leichteren Herzens dem entgegensehen, was sie ihm offenbaren würde; und so blieben sie während einiger Minuten stumm, ihr Antlitz leuchtend vor ihm, ihre Nähe unwägbar überredend, und sein weitoffenes Auge sehr freundlich, aber sehr gespannt.[32]«

Das Ende ist jedoch, daß ihm die erwartete Offenbarung nicht zuteil wird, sie schließt nach einer Weile die Augen und sagt »Ich bin zu krank«. Dann klingelt sie nach ihrem Dienstmädchen und läßt sich in den Sessel zurückführen. Marcher begreift, daß er jetzt gehen muß und fragt erschrocken: »Was ist denn geschehen?« »Was geschehen sollte«, antwortet sie.

Das war das vorletzte Gespräch, das die beiden miteinander führen. Von nun an ist sie zu krank, um ihn zu empfangen, und als er sie auf ihrem Krankenlager dann doch noch einmal sprechen kann, sagt sie ihm, sie könne ihn jetzt beruhigt verlassen, denn das Erwartete sei ja tatsächlich zu einem ganz bestimmten Zeitpunkt eingetreten und er habe es nicht bemerkt, habe nicht leiden müssen. Und als er ihr versichert, er leide doch, sagt sie: Nicht! Nicht!. Er brauche es nicht zu wissen – »da wir's nicht sollten.« Er versteht sie nicht Aber er fragt sie doch: »So ist es das, woran Sie sterben?« Und sie schaut ihn darauf nur an und meint: »Aber ich kann nicht!« Und das ist ein Abschied.

Sie stirbt und er ist mit ihrem Tod allein. Auch noch eine Kusine

31. Ebd., S. 353f.

32. Ebd., S. 355f.

vierten Grades, die May Bartram nie gekannt hat, hat bei der Beisetzung mehr Rechte an der Verstorbenen als er. Er trauert um sie in ohnmächtigem Zorn, das Einzige, was ihn am Leben erhält, ist nun noch die Aufgabe, zu entdecken, was ohne sein Bewußtsein geschehen sein soll. Durch angestrengtes Nachdenken versucht er, den verlorenen Bewußtseinsinhalt zurückzugewinnen.

»In manchen Augenblicken erklärte er vor sich, er wolle ihn entweder zurückgewinnen oder für alle Zeit auf Bewußtsein verzichten, mit einem Wort, er erhob diese Idee zur Triebkraft seines Lebens. [...] So wurde der verlorene Bewußtseinsinhalt [*the lost stuff of consciousness*] etwas für ihn wie ein verirrtes oder entführtes Kind für einen untröstlichen Vater. Er suchte danach in allen Himmelsrichtungen gleich einem, der treppauf, treppab an Türen klopft und bei der Polizei nachforscht.«[33]

Hier hat sich also erfüllt, was der Beginn auf Weatherend mit seiner Gerichtetheit ins Vergangene eröffnete: Nun bemüht sich Marcher, zum ersten Mal, seine Vergangenheit zu erforschen, fruchtlos.

Er beschließt, auf Reisen zu gehen. Und sucht vorher noch May Bartrams Grab auf, das schweigt wie ein Stein und deren beide Namenszüge auf der Grabplatte ihn ansehen wie ein Augenpaar aus einem Gesicht, das ihn nicht kennt.

Und nach einem Jahr, das ihm weder Erleuchtung noch besondere Erlebnisse gebracht hat, kehrt er aus der Ferne zurück und findet nun doch noch an diesem Grab etwas wie eine Heimstätte. Von da an besucht er es regelmäßig. Hier ruht die einzige, bei der sein Rätsel, bei der die Einzigartigkeit seines Lebens aufgehoben war und noch ist, weil sie darum wußte. Mehr wußte als er. Hier ruht seine einzige Identität.

»Der Flecken Erde, die Tafel mit dem eingemeißelten Namen, die wohlgepflegten Blumen empfand er so durchaus als zu ihm gehörend, daß er für diese Stunde einem Landmann glich, der befriedigt ein Stück Eigentum überblickt. Was auch geschehen war – es war geschehen.«[34]

Er kann in seiner Inbesitznahme dieser Grabstätte seine Frage ruhen lassen, nur muß er sich oft dieser Ruhe versichern, macht daraus ein kleines ihm liebes Ritual. Und an dieser Stelle habe ich, erinnere ich mich gut, bei meiner inzwischen weit zurückliegenden ersten Lektüre dieser Erzählung gedacht, sie sei zu Ende, und mich gewundert, daß da noch ein paar Seiten folgten.

33. Ebd., S. 369.

34. Ebd., S. 372.

Aber sie folgen, und nun springt das Raubtier, springt und springt. Es springt ihn an an einem Herbsttag, als die Ruhe, die ihn sonst an diesem Grab erfaßt, sich plötzlich eher als völlige Lustlosigkeit, als *taedium vitae* äußert und er sich am liebsten auf das Grab legen und nie mehr aufstehen würde, so schwach und alt und allein und aussichtslos fühlt er sich nun auf der Welt. Ein geringfügiger Zwischenfall bringt ihm plötzlich Klarheit.

»Es war das Werk eines bloßen Zufalls, ein Wimperzucken – wie er später erkannte –, aber er sollte fortan dem Glauben leben, daß ihm die Klarheit, wenn sie nicht in dieser einen Gestalt gekommen wäre, in einer anderen doch hätte kommen müssen. Er sollte diesem Glauben leben, sage ich, obgleich er, wie ich genauso bestimmt erwähnen darf, viel anderem nicht mehr leben sollte.«[35]

Auffallenderweise schaltet sich hier der Erzähler persönlich ein, was er sonst kaum tut.

Der Auslöser, der Zwischenfall, der mit einem Schlag alles beleuchtet, ist das Gesicht eines Mitmenschen – eines *fellow mortal,* das ihn anblickt »with an expression like the cut of a blade«[36], mit einem Ausdruck so schneidend wie der Schnitt einer Klinge. Das Gesicht gehört einem Mann mittleren Alters und unbestimmter Klasse, der nahebei an einem frischen Grab gestanden hat und nun an ihm vorüber geht. Und Marcher sieht darin einen unsäglichen Schmerz, der ihn erst tief erfaßt und ihn sich mitleidsvoll fragen läßt, »was für ein Vergehen, was für ein Unrecht sich darin ausdrückte, was für eine unheilbare Wunde. Was hatte der Mann besessen, daß sein Verlust ihn so bluten und doch weiterleben machte?«[37] Doch dann durchbohrt es ihn mit jäher Qual.

»Der Anblick soeben vor seinen Augen zeichnete ihm wie in lodernder Flammenschrift etwas auf, das er bis zum Äußersten, das er sinnlos verfehlt hatte, und was er verfehlt hatte, glühte in ihm als ein Feuerbrand, daß es ihn schmerzte mit herzklopfender Pein. Er hatte *außerhalb* seines Lebens gesehen, nicht im eigenen Innern erfahren, wie eine Frau betrauert wurde, wenn sie wahrhaft geliebt war: das überwältigte ihn mit aller Gewalt einer Gewißheit, das war es, was das Gesicht des Fremden aussagte, das ihn noch blendete wie eine rauchende Fackel. Das Wissen, es war ihm nicht auf den Flügeln des Erlebten gekommen, es hatte ihn gestreift, ihn angestoßen, ihn umgestürzt, unehrerbietig wie das Schicksal, dreist wie der Zufall.«[38]

35. Ebd., S. 373f.

36. Henry James: »The beast«, S. 399.

37. Henry James: »Das Raubtier«, S. 376.

38. Ebd., S. 377.

Es ist die Stunde der Wahrheit für Marcher.

»Es war die Wahrheit, die lebendige und ungeheuerliche, daß in all der Zeit, da er gewartet hatte, das Warten selbst sein Teil gewesen war. Die Gefährtin seiner Wacht hatte das in einem bestimmten, unvergeßlichen Augenblick begriffen, und sie hatte ihm die Möglichkeit gezeigt, sein Verhängnis abzuwenden.«[39]

Doch er hat nur dumpf und verständnislos auf den Fluchtweg, den sie ihm gewiesen hat, geglotzt, ohne ihn zu erkennen. Der Fluchtweg wäre gewesen, sie zu lieben. Aber sein Verhängnis kann niemand wenden, er hat ihr Begehren nicht empfunden, weder ihre leidenschaftliche Liebe zu ihm erkannt noch sie erwidern können. Und er weiß nun, daß an jenem Tag im kalten Aprillicht, als sie vor ihm gestanden hat, sich ihm wahrhaft phallisch aufgerichtet und in weiße Schleier gehüllt gezeigt hat und er nichts tat, nur wartete, das Raubtier gesprungen ist und an seiner Stelle sie getroffen hat, tödlich getroffen, denn sie hat – im Unterschied zu ihm – wirklich gelebt. So war die Dame ohne sein Wissen doch immer mit ihm auf der Tigerjagd gewesen, zu der er meinte, sie nicht mitnehmen zu dürfen.

Und nun fühlt er wenigstens namenlosen bitteren Schmerz, um sich, um sie. Die letzten Sätze der Erzählung lauten:

»Er sah den Dschungel seines Lebens und sah das niedergeduckte Tier, dann, während er schaute, erkannte er wie an einem Wehen der Luft, daß es sich aufgerichtet hatte, ungeheuerlich und grausig, zu dem Sprung, der ihn vernichten sollte. Seine Augen dunkelten – es war nahe; und unwillkürlich sich abwendend in seiner Sinnestäuschung, um ihm auszuweichen, warf er sich kopfüber auf das Grab.«[40]

Wörtlich läßt die Erzählung in Erfüllung gehen, was Marcher vorausgesagt hat, daß das Erwartete etwas ist, dem er ins Gesicht blicken muß (*face it*), es ist schließlich das Gesicht eines *fellow mortal*, in dem ihn ein Erkennen des Begehrens einholt. Moustapha Safouan hat bei einem Vortrag über Lacans Seminar *Das Begehren und seine Deutung*[41] an diese Stelle bei James erinnert, als Parallele zu Hamlets Sprung in Ophelias offenes Grab, als er Laertes lauthals um die tote Schwester klagen und sich zu ihr ins Grab stürzen hört und sieht. Lacan hat betont, wie es den Anblick, das Beispiel und Vorbild eines anderen, eines Mitmenschen und immer auch gleichzeitig Rivalen braucht, um ein Be-

39. Ebd., S. 378.

40. Ebd., S. 379.

41. Moustapha Safouan: »Das Begehren und seine Deutung«, in: *Berliner Brief der Freud-Lacan-Gesellschaft. Psychoanalytische Assoziation Berlin*, Nr. 6, Berlin, Februar 2004, S. 3-16, hier S. 15f.

gehren, das aus den Angeln gehoben ist und sein Objekt verloren hat, wieder einzurichten – und wie es dabei um einen Verlust geht. Das Gesicht des anderen wird von James einer nackten Klinge verglichen, es evoziert einen Schnitt. Marcher sieht in dem leidverzerrten Gesicht des Trauernden, daß dieser Mann ein Objekt der Leidenschaft verloren hat – und daß sein eigenes Leben nur darauf ausgerichtet war, das Risiko eines solchen Verlusts zu vermeiden. Marcher hat erst jetzt schlagartig verstanden, daß Leidenschaft unter der Bedingung eines Verlusts entsteht, unter der Bedingung des Zulassens eines Verlusts, der gleichbedeutend mit Leidenschaft ist – wer leidenschaftlich liebt, weiß und spürt mit jeder Faser, daß ihm etwas je schon Verlorenes fehlt. Marcher hat jetzt am Ende verstanden, daß er sein Leben lang bei sich diesen Verlust geleugnet hat, unter dem Vorwand, er habe erst noch zu geschehen.

Die Erzählung ist keine psychoanalytische Fallgeschichte, wir kennen Marchers Kindheit nicht, weil er davon nichts wissen will und der Autor die Decke des Vergessens darüber gebreitet hat. Sie ist eher eine stilistisch auf völlig anderer Ebene ausgeführte Parabel wie Kafkas »Vor dem Gesetz«, wo ein Mann sein Leben vor einer von einem Wächter behüteten Tür verbringt, um dann im Tod von eben diesem Wächter, der ihn nie eingelassen hat, zu erfahren, daß diese Tür, die nun geschlossen wird, allein für ihn bestimmt war. Wenn Lacan sagt, der Zwangsneurotiker suche in seinem Begehren die Begegnung mit dem Unmöglichen, dann haben Kafkas Wartender und Marcher gefunden, was sie begehrten – auf Kosten des Lebens. Sie haben ein Leben lang gewartet, daß die Tür geschlossen wird, weil die Passage durch diese Tür eine Initiation bedeutet hätte, eine symbolische Kastration, um das Geschlechtliche auf sich zu nehmen. Die Tür ist noch offen, sagt May Bartram in dem entscheidenden Augenblick, als könnte Marcher wirklich durchmarschieren – aber er kann nicht in seiner tiefen Hemmung in Bezug auf das Geschlecht, das immer einen Schnitt bedeutet. Von dieser Hemmung weiß James bewußt, von den Gründen dafür weiß dieser Text wohl mehr als das Bewußtseins seines Autors weiß – und hier erinnere ich an den vergessenen Bruder. Ein kleiner Satz hätte ja genügt, diesen Bruder aus der Welt oder nach Indien oder sonstwohin zu schaffen, aber James hat ihn vergessen und das ist so im Text stehen geblieben – das ist doch merkwürdig, oder sollen wir sagen *queer*?

Die kleinen Zutaten –

Vom Wert des Sprachüberschusses

In Gottfried Kellers spätem Roman *Martin Salander* (1886 erschienen) gibt es eine kleine Episode, die vom Wert des nicht unbedingt zum Sachverständnis Notwendigen in der Sprache handelt.

Das Ehepaar Salander hat gerade erfahren, daß der Ehemann der Tochter Setti wegen betrügerischen Bankrotts verhaftet wurde. Der besonnene Vater, Martin Salander, sagt zu seiner Frau:

»›Ich würde sofort nach Unterlaub fahren, wenn ich nicht dächte, es hülfe jetzt zu nichts. Sie wird einige Tage auf sich selber gestellt und wahrscheinlich froh sein, wenn niemand kommt! Einen rechtlichen Beistand braucht sie noch nicht, da die Lage einfach ist. Das Bare, das wir mitgegeben haben, ist natürlich verschwunden; die übrige Aussteuer können sie ihr nicht nehmen. So denk' ich, wir telegraphieren einstweilen nur um ein Lebenszeichen. Sie mag berichten, ob man sie holen soll und wann;‹ [...]
Er nahm also ein Formular, beschrieb es mit den erforderlichen lakonischen Worten und gab es der Frau.
Sie las den Blitzbrief, studierte einen Augenblick daran herum und beschrieb ein neues Formular. Verwundert las Martin Salander dasselbe, als sie fertig war. Sie hatte die gleich harten Steinblöcken dastehenden Haupt- und Zeitwörter mit den dazugehörigen, sie verbindenden Kleinwörtern versehen, sonst aber nichts geändert.
›Du hast ja gar nichts dazugetan, als die Pronomina, den Artikel und einige Präpositionen und dergleichen. Dadurch wird ja lediglich die Depesche dreimal so teuer!‹ sagte er, noch immer überrascht.
›Ich weiß wohl, es ist vielleicht närrisch‹, erklärte sie bescheiden, ›Allein es will mir vorkommen, daß diese kleinen Zutaten die Schrift milder machen, ein wenig mit Baumwolle umhüllen, so daß Setti das Gefühl hat, als hörte sie uns mündlich reden, und dafür reut mich die höhere Taxe nicht. Wenn du aber willst, so unterschreib' ich das Ding selbst!‹
›Es ist merkwürdig, wie recht du hast!‹ sprach Salander, der die drei oder vier Zeilen nochmals gelesen. ›Es nimmt sich in der Tat urplötzlich fein und herzlich aus. Wo zum Kuckuck holst du die wunderbar einfachen Stilkünste? Nein, das mußt du selbst unterschreiben, es wäre mir altem Schulfex nicht eingefallen!‹«[1]

---

1. Gottfried Keller: *Martin Salander*, in: *Sämtliche Werke*, Bd. 12, Bern 1943, S. 335f.

Hier stehen also die »erforderlichen lakonischen Worte« gegenüber »kleinen Zutaten«, in diesem Falle einfach den grammatisch korrekten Verbindungsgliedern zwischen den Wörtern im Satz. Diese scheinen nichts an der Aussage des Telegramms zu ändern, und doch machen sie daraus eine völlig andere Botschaft. Das nicht im üblichen Telegrammstil, sondern in vollständigen Sätzen abgefaßte Telegramm zeigt der Tochter, ohne daß darüber ein Wort verloren werden müßte, daß ihre Eltern in eine vom Herzen kommende Verbindung zu ihr treten, die jenseits der ökonomischen Konventionen solcher »Blitzbriefe« liegt. »Du bist uns teuer« ist die Botschaft dieses ungewöhnlichen Telegramms und eben nicht: »Du bist uns durch deine törichte, eigensinnige Gattenwahl teuer zu stehen gekommen, und wir müssen auf unsere Ausgaben achten«. Wunderbar einfache Stilkünste.

Eigentlich weiß ich nicht, ob dieser Begriff »Sprachüberschuß«, den ich aus Bezeichnungsnot heraus für meinen Titel geprägt habe, nicht ein Unding ist, ob er überhaupt irgendeine berechtigte sinnvolle Bedeutung hat. Geht es um ein Zuviel im Sprechen oder Schreiben? Um etwas, was nicht notwendig wäre, aber wozu denn nicht notwendig? Welche Instanz wäre zuständig für die Wertung eines Zuviel? Freilich fallen einem da sofort Lehrer, Lektoren, Redakteure ein, deren Aufgabe es ja unter anderem ist, Wiederholungen, überflüssige Wendungen und vor allem die sogenannten Füllwörter aus Texten zu streichen. Aber wo sind die Regeln festgelegt, die solches Überflüssige bestimmen? Und selbst wenn sie festgelegt wären, wenn es solche Kriterien gäbe, wären sie allgemein gültig, verbindlich für alle und jeden und in jeder Sprech- oder Schreibsituation? Meine, wie ich offen gestehe, sehr persönlichen Überlegungen dazu werden sich aufspannen müssen unter einem Bogen zwischen zwei Szenen, die sich meiner Vorstellung dazu aufdrängen. Die eine, die von dem Salanderschen Telegramm, die ich seit meiner ersten Lektüre noch als junge Studentin der Germanistik nie mehr vergessen habe, wurde eben angeführt, die zweite liegt am extremen anderen Ende des Bogens und stammt aus dem Fassbinder-Film, den ich für einen seiner besten halte *Warum läuft Herr R. Amok?* Gegen Schluß dieses Films ist die Nachbarin (Irm Herrmann) zu Besuch bei der R.schen Kleinfamilie und erzählt der Ehefrau R.s von ihrem Skiurlaub. Sie plappert und plappert und plappert, während Herr R. (Kurt Raab) auf dem gestörten Fernsehapparat herumhaut, in dem er sich, wenn mich meine Erinnerung nicht täuscht, gerade eine Sportsendung ansehen wollte und der nun nur schwarzweiße Striche und Brummgeräusche von sich gibt. Dann verläßt Herr R. das Wohnzimmer, kehrt mit einer Axt zurück und macht ein blutiges Ende mit der Nachbarin, seiner Frau und auch dem kleinen Sohn.

Das nicht abzustellende Geplapper der Nachbarin ist der Tropfen, der das Faß zum Überlaufen bringt, aber dieser Explosion geht im Lauf dieses abgrundtief traurigen Films viel Gerede voraus, unehrliches, bösartiges, oberflächliches und banales Geschwätz der Kollegen R.s, der Eltern, der Ehefrau – und wenn der im allgemeinen fast verstummte R. einmal selbst zum Sprechen ansetzt, gelingt es ihm auch nicht besser oder er wird überhört oder nicht verstanden oder man ist peinlich berührt, wenn er bei einer Betriebsfeier betrunken plötzlich dem Chef seine Liebe und Brüderschaft anträgt. Daß die Nachbarin am Schluß ungebeten zu viel redet, ist quälend deutlich, aber falls es sich hier, in diesem Zuviel, um einen Sprachüberschuß handelt, müßte eigentlich fast der ganze Dialog dieses Films unter diesen Begriff fallen: Es ist eine Sprache in Versatzstücken, in Klischees, eigentlich ein sprachlicher Ausschuß im Sinn von Schrott, Leere, Hohlheit, totaler Wertlosigkeit, also ein Sprachmangel. In den Siebzigerjahren in Deutschland, als die jungen Wilden und Erneuerer des Theaters und Films – ich nenne von ihnen jetzt nur Martin Sperr, Franz Xaver Kroetz, Rainer Werner Fassbinder und den seinen sehr persönlichen Einzelweg gehenden Peter Handke – als diese jungen Leute die großartigen Stücke Ödön von Horvaths wiederentdeckten und stilistisch wiederaufnahmen, schrieb die Kritik ernsthaft und beeindruckt viel über die erschütternd hoffnungslose »Sprachlosigkeit« dieser Figuren, auch über deren »Kommunikationslosigkeit«, eben weil sie, wie schon erwähnt, in Versatzstücken sprachen. Als ihr grundlegender existentieller Mangel wurde benannt, daß sie keine eigene Sprache hätten, auf Grund ihrer sozialen Unterworfenheit und Machtlosigkeit nicht zu einer eigenen Sprache fänden.

Wenn wir aber Lacans Setzung ernst nehmen, daß uns die Sprache vom Anderen kommt (und das meist ganz ohne, daß wir uns dieser Tatsache bewußt wären), verschiebt sich, denke ich, in dieser Auffassung etwas Entscheidendes. Die im so gegeißelten Mangel aufscheinende Forderung nach einer »eigenen Sprache«, über die man verfügen müßte (damit war gemeint: adäquater Ausdruck der Gefühle und Wünsche), verleitet zu einer Selbsttäuschung, die auch nicht weniger naiv ist als die Art, wie diese Figuren sprechen. Niemand besitzt seine Sprache, niemand ist deren Herr und Meister – auch der so viel bewunderte »Meister der Sprache«, der beredte Mensch, der Rhetoriker, der große Schriftsteller nicht. Und doch verstehen wir sehr gut, was mit diesem so benannten Mangel an »eigener Sprache« gemeint ist: Es ist das Fehlen des Subjektiven, das sich seines von der Sprache Durchquert-, seines von der Sprache (immer des Anderen) Gesprochenwerdens inne wird und seine Not und seine Lust damit hat, ja, vielleicht sogar ein wenig damit zu spielen vermag. Das Versatzstückartige der Sprache hat nur diesen Charakter, wenn der Sprechende oder Schreibende papageienhaft, d.h. im unerschütterten Echoglauben an die Wahrheit des Wiederholten fertige Wendungen zitiert, ohne von diesem Zitieren zu wissen oder zumindest zu ahnen, ohne sich als Zitierender zu fühlen und zu zeigen, also wenn er tatsächlich meint, über eine »eigene« Sprache zu verfügen – und das kann auf allen sozialen Stufen und auf allen Stufen der Bildung vorkommen. Das Zuviel des Plapperns der Nachbarin R.s, in dem sie sichtlich genießt, ist für R. die endgültige Bestätigung seines Ausschlusses aus dem Genießen der anderen, aus dem Genießen des Blabla, von dem Lacan in *Encore* spricht. Es ist die Unmöglichkeit seines Mitredenkönnens, die sich während des ganzen Films aufbaut und immer deutlicher enthüllt, die Unmöglichkeit eines Sprachgenießens wie die anderen, mit den anderen, in den anderen. Zuviel und Mangel decken sich, wenn das Subjektive nicht mehr zur Sprache kommen kann. Und so bildet der weitgespannte Bogen der beiden Szenen, die mich hier zum Sprechen gebracht haben, eigentlich einen Kreis. Die »Steinblöcke« des Telegrammstils erhalten durch die kleinen Zutaten der grammatischen Verbindungen eine weiche, wärmende Watteschicht der Abmilderung, der großmütigen Elternliebe, in der die Tochter sich als Subjekt angesprochen fühlen kann, aber auch das unaufhörliche, weitschweifige, so wortreiche Geplapper der Nachbarin R.s ist wie ein harter Steinblock ohne Riß, ohne Lücke für etwas anderes, ohne Lücke für den anderen, an den sie sich scheinbar richtet, den sie, wie es umgangssprachlich heißt, »vollquatscht«, ohne ihn im Geringsten als anderen wahrzunehmen. Auf gespenstische Weise ist es in dieser Szene wohl für R., als spräche der große Andere der Sprache selbst und genösse sich selbst, als gäbe es ihn, R. in dieser Sprache gar nicht – und wenn jemand so einen radikalen Ausschluß erfährt, dann kann er leicht verrückt werden und auf dieses Gefühl des Nichtseins mit einem Versuch der Vernichtung reagieren, dann ist der Griff zur Axt von furchtbarer Konsequenz, ein letztes Sich-Aufbäumen des zernichteten Subjekts.

Wenn ich also hier vom *Wert* des Sprachüberschusses spreche, vom Wert der kleinen Zutaten, dann meine ich mit »Überschuß« gerade nicht diese Sprachtotalität, sondern genau die Risse in einer glatten Sprachoberfläche, in einem Sprachkörper, durch die das Subjektive sickert, und das Subjektive ist nicht etwa ein Gegensatz, sondern ein Zeugnis der Existenz des anderen, nicht ein Besitz, sondern eine Spaltung. Wir Psychoanalytiker sind in unserer Arbeit auf diese Risse in der Sprache des Analysanten angewiesen, wir horchen auf die verwendeten Füllwörter wie »eigentlich«, »ja«, »doch«, »ganz«, »natürlich« usw. oder auch auf die Abwesenheit solcher Füllwörter, weil sie uns anzeigen, in welchem Maße und von wo jemand von sich zu einem anderen spricht. Wie er versucht, das Gesagte für sich zu relativieren und den andern damit zu befragen, vielleicht zu verführen oder zu überzeugen. Freuds Grundregel »Sagen Sie alles, was Ihnen einfällt«, ist ein Aufruf zum Unökonomischen, zum Zügelschießenlassen beim Sprechen, zur Aufgabe des Urteils über Notwendigkeit und Überflüssiges. Und auch ein Aufruf, sich nicht um Wiederholungen zu scheren, sie nicht zu meiden, wie das anderswo die Regel ist. Das Bewußtsein, daß in der Analysesitzung einer zuhört, wird dabei bewirken, daß diese Aufforderung nicht als eine zum nur sich selbst im großen Anderen genießenden Geplapper (das auch ein gelehrtes Dozieren sein kann) mißverstanden wird – Nachbarinnen, die vom Skiurlaub plappern oder auch, warum nicht, echte Mystikerinnen werden sich keiner analytischen Situation unterziehen, weil sie keine Frage an den anderen haben, was auch heißt, keine Frage über sich selbst als Subjekt. In solchen Diskursen ist der Überschuß sozusagen bei sich selbst. Der Sprachüberschuß, von dessen Wert ich hier gesprochen habe, ist ein über die beabsichtigte Aussage Hinausrutschen hin zum andern und zur eigenen Spaltung. Diese kleinen Zutaten gesellen sich gleichberechtigt, wenn auch theoretisch weniger beachtet, zu dem klassischen Zuviel in der Sprache, mit dem die Analyse arbeitet, der Plurivalenz der Bedeutungen und den Fehlleistungen.

Was ist wirklich geschehen?

Was ist wirklich geschehen? Es gibt eine literarische Gattung, die von dieser Frage zu leben scheint, es ist der Kriminalroman. Und es gibt eine Praxis des Sprechens, die psychoanalytische Praxis, in der diese Frage nicht selten aufzutauchen pflegt. Im Kriminalroman wird die Frage meistens beantwortet. Und in der psychoanalytischen Praxis? Findet auch da eine solche Frage eine Antwort? Was impliziert eine solche Frage überhaupt, worauf richtet sich ein solches Begehren zu wissen?

Freud war von dieser Frage besessen, als er seinem Freund Wilhelm Fließ in den neunziger Jahren des vorvorigen Jahrhunderts von seinen fortschreitenden Erkenntnissen auf dem Gebiet der Neurosen und ihrer vermuteten Ursachen in zahlreichen Briefen Mitteilung machte. Es ging ihm darum, die neurotischen, vor allem die hysterischen Symptome durch alle Entstellungen und Verschiebungen hindurch zurückführen zu können auf das, was er damals eine »Urszene« nannte, d.h. auf einen traumatischen Vorfall, der vergessen, bzw. als unakzeptierbar verdrängt worden war und nun das ganze Leben hindurch unerkannt seine störenden psychischen Folgen zeitigte. Das Unakzeptierbare dabei mußte nach Freuds immer überzeugterer Vermutung darin liegen, daß das spätere moralische Bewußtsein die sexuelle Natur dieses Vorfalls erkannte und ihn deshalb als etwas zu Verdammendes und Beschämendes aus sich ausstoßen, von sich fernhalten mußte. Daß in diesen Vorfall die wichtigsten, am meisten geliebten, am höchsten geachteten Nächsten der neurotisch Erkrankten einbezogen waren (nämlich die Eltern, vorwiegend der Vater, Geschwister, Verwandte, Betreuer usw.), war nur logisch, so skandalös es auch war. Freud war schon so gut wie sicher, die anstößige, aber absolut schlüssige und einleuchtende Entdeckung gemacht zu haben, daß die so verbreiteten Neurosen, an denen gerade auch seine gutbürgerlichen Zeitgenossen und Zeitgenossinnen litten und für die sie vergeblich mit allerlei Kuren Heilung suchten, ihre Ursache in einem in der Kinderzeit erfahrenen und von der bewußten Verarbeitung abgehaltenen sexuellen und dazu noch meist inzestuösen Übergriff hatten. Freuds neue, aus wissenschaftlichem Forscherdrang entwickelte Methode der *talking cure* war also damals in ihrem letzten Ziel durch nichts Geringeres als durch die Aufdeckung eines verabscheuungswürdigen, ja eigentlich kriminellen Vorfalls bestimmt: Die erwachsene neurotische Person mußte als Kind Opfer einer perversen sexuellen Handlung gewesen sein. Von dieser Entdeckung versprach sich Freud bleibenden Ruhm, wenn die empörten Bestreitungen und Anfeindungen einmal widerlegt sein würden und die wissenschaftlich objektive Haltung gesiegt hätte.

Allerdings gab es eine Freud selbst »eigentümlich berührende« Erscheinung bei der Darlegung seiner wissenschaftlichen Forschung: Seine in den *Studien über Hysterie* angeführten Krankengeschichten, mußte er feststellen, waren »wie Novellen« zu lesen, entbehrten »sozusagen des ernsten Gepräges der Wissenschaftlichkeit«. »Ich muß mich damit trösten, daß für dieses Ergebnis die Natur des Gegenstandes offenbar eher verantwortlich zu machen ist als meine Vorliebe«, schreibt er über die Notwendigkeit, »eine eingehende Darstellung der seelischen Vorgänge, wie man sie vom Dichter zu erhalten gewohnt ist«, zu liefern.[1] Die vollkommenste, am reinsten in sich abgerundete dieser »dichterischen« Darstellungen aus den *Studien über Hysterie* ist bestimmt die Vignette *Katharina* ..., die so beginnt:

»In den Ferien des Jahres 189* machte ich einen Ausflug in die Hohen Tauern, um für eine Weile die Medizin und besonders die Neurosen zu vergessen. Es war mir fast gelungen, als ich eines Tages von der Hauptstraße abwich, um einen abseits gelegenen Berg zu besteigen, der als Aussichtspunkt und wegen seines gut gehaltenen Schutzhauses gerühmt wurde. Nach anstrengender Wanderung oben angelangt, gestärkt und ausgeruht, saß ich dann, in die Betrachtung einer entzückenden Fernsicht versunken, so selbstvergessen da, daß ich es erst nicht auf mich beziehen wollte, als ich die Frage hörte: ›Ist der Herr ein Doktor?‹ Die Frage galt aber mir und kam von dem etwa achtzehnjährigen Mädchen, das mich mit ziemlich mürrischer Miene zur Mahlzeit bedient hatte und von der Wirtin ›Katharina‹ gerufen worden war.«[2]

In dem fast durchweg in direkter Rede wiedergegebenen Dialog, der sich nun zwischen dem Doktor Freud und der an nervöser Verstimmung und hysterischen Symptomen leidenden Serviererin und Verwandten der Wirtin entspinnt, stellt sich prompt heraus, was Freud in sicherer Ahnung vermutet und wonach er zielstrebig fragend forscht: Das Mädchen ist als Kind einem sexuellen Übergriff ausgesetzt gewesen (im Text heißt es, daß es der Onkel war, eine später hinzugefügte Anmerkung berichtigt, es handelte sich um den Vater). Der »Fall« ist aufgeklärt – durch einen Doktor, der – alles in der Erzählform weist darauf hin – wieder einmal Detektiv gespielt hat, ja, hat spielen müs-

1. Sigmund Freud (1895d): *Studien über Hysterie*, in: *Gesammelte Werke*, Bd. I, S. 227.
2. Ebd., S. 184.

sen, obwohl er doch Ferien machen und sich ein bißchen von seinem anstrengenden Beruf erholen wollte. Auf frappierende Weise gleicht nämlich der Anfang der Katharinageschichte einem klassischen Detektivgeschichtenbeginn. Dem Doktor Freud geht es darin ähnlich wie – um nur eines der zahllosen Beispiele, die sich hier aufdrängen, herauszugreifen – Dorothy Sayers' Hobbydetektiv Lord Peter Whimsey, der zu seiner, aber gewiß nicht zur Überraschung des Lesers sogar am Morgen seiner Hochzeitsnacht über eine frische Leiche im Keller seines abgeschiedenen Flitterwochenlandhauses stolpert. Wenn Freud also meint, es müsse mit »der Natur des Gegenstandes« zu tun haben, daß sein wissenschaftliches Anliegen einer »dichterischen« Darstellung bedarf, und auch wenn Freud damit freilich nur die Schilderung fein verästelter seelischer Vorgänge im Sinn hat, könnte möglicherweise eine tiefere Verwandtschaft seines Gegenstands mit der Gattung der Fiktion, der erzählenden Erfindung, also des Erdichteten, im Spiel sein, als der Wissenschaftler und Doktordetektiv wahrhaben will. Freud hat ja selbst immer wieder darauf hingewiesen, daß er »die Dichter« als seine wichtigsten Verbündeten ansieht. Sie wissen aus dunklen Quellen, was er als Forscher auf dem Weg der wissenschaftlich theoretischen Erkenntnis zu entdecken und ins Licht zu heben bemüht ist. Aber mündet dieses »dichterische« Wissen tatsächlich in etwas wie die Erkenntnis dessen, was wirklich geschehen ist, das nun mit Freud wissenschaftlich aufspürbar zu werden hat, unwiderleglich? Das wäre eine überraschende, wirklich völlig neue Anwendung der dichterischen Arbeit; die »Wirklichkeit«, das Tatsächliche ist schließlich nur thematische Zielsetzung in den besonderen und eigentlich nicht ganz zur Literatur zu zählenden Sparten der Biographie und Autobiographie und wird auch da nicht ohne Vorsicht oder gar Augenzwinkern auf den Plan gerufen. Goethes Autobiographie heißt immerhin *Dichtung und Wahrheit*. Und die literarische Gattung, die sich wesentlich thematisch der Aufklärung von Geschehenem, von Verbrechen annimmt, also die Kriminalliteratur, die zu Freuds Zeit ihre ersten Blüten getrieben hatte, wird auch heute noch, trotz ihrer ungeheuren Erstarkung und Verbreiterung nur in seltenen Fällen zur sogenannten großen Literatur, der Literatur der »Dichter« gezählt. Aber dessen ungeachtet hat sie einen Siegeszug der Popularität angetreten, und das sozusagen Arm in Arm mit den sich stetig fortentwickelnden Naturwissenschaften.

Daß wissenschaftliche Methoden zur Aufklärung und Aufdeckung von Verbrechen eingesetzt wurden, hat ein (nur drei Jahre jüngerer) Zeitgenosse und Berufskollege Freuds auf literarischem Gebiet zu enormem Erfolg geführt: Arthur Conan Doyle, der englische Arzt und – als Schriftsteller – der Erfinder von Sherlock Holmes. Daß aus kleinsten, oft völlig unwichtig erscheinenden Details eine ganze Kette von weiterführenden Schlüssen gezogen werden kann, macht Holmes' Detektivgenie aus, das »streng wissenschaftlich« arbeitet, d.h. die Gesetze der Logik und der Naturwissenschaften der Epoche zu seinen Zwecken einsetzt. Heutzutage sind übrigens mehrere Bücher verfaßt worden, die anhand von Sherlock Holmes-Geschichten physikalische und chemische Gesetze und Formeln zu veranschaulichen und unterhaltsam zu lehren suchen. Und in dieser Umkehrung des ursprünglichen Erzählmotivs erscheint eines sehr deutlich: Es geht in diesen frühen Detektivgeschichten logisch wissenschaftlicher Prägung vor allem um die Methode des Erkennens. Man kann herausfinden, was wirklich passiert ist, wenn man nur alle Spuren gewissenhaft beachtet, auch noch die geringste korrekt zu lesen versteht – kraft eines nimmermüden Intellekts und eines Wissens über kausale Verkettungen. Was wirklich geschehen ist, ist erkennbar, um dieses intellektuelle Erfolgserlebnis geht es in erster Linie. Der Intellekt triumphiert über das Böse, und je intelligenter der jeweilige Agent des Bösen ist, der im Dunkeln agiert, desto heller leuchtet das Licht der Aufklärung, weil für das aufmerksame, unbestechliche Auge auch das Verwischen der Spuren unweigerlich neue Spuren der Entstellung hinterlassen muß – ganz unvertraut klingt das in Bezug auf das Procedere der psychoanalytischen Methode nicht, für das Freud allerdings nicht den Kriminalroman, sondern das Vorgehen des Archäologen als Bild benutzt.

Conan Doyle hatte für seinen Detektiv Sherlock Holmes ein großes Vorbild, nämlich den französischen Sonderling Chevalier C. Auguste Dupin, den geistigen Sohn des Amerikaners Edgar Allan Poe, der ein paar Jahrzehnte zuvor als der eigentliche Erfinder der Detektivgeschichte auf den Plan getreten war. Es gibt von Poe drei Dupin-Erzählungen, die gleichsam einen rationalen Gegenpol in seinem sonst so stark dem Übersinnlichen, Gespenstischen verschriebenen Œuvre bilden. Die letzte, *Der entwendete Brief*, ist bekanntlich in die Geschichte der Psychoanalyse nach Freud eingegangen: Lacan setzte seinen Text *Das Seminar über den ›Entwendeten Brief‹* an den Anfang seiner 1966 publizierten *Schriften*. Aber die Frage »Was ist wirklich geschehen?« behandeln im strengen Sinn nur die beiden ersten: *Der Doppelmord in der Rue Morgue* und *Das Geheimnis der Marie Rogêt*. Der *Doppelmord* führt Dupin mit seiner dem gewöhnlichen Menschenverstand fast unfaßlichen Geistesschärfe ein; um das Genie seines Freundes zu illustrieren, berichtet der bewundernde Icherzähler das Beispiel, wie Dupin auf einem gemeinsamen Gang durch die Straßen von Paris durch reine Beobachtung der Umgebung und der fast unmerklichen Mimik seines schweigenden Weggenossen eine ganze Assoziationskette dessen unausgesprochener Gedanken errät, auf deren letzten er dann zur Verblüffung des Freunds eine Antwort gibt, als hätten sie sich die ganze Zeit laut miteinander unterhalten. Im *Doppelmord* steht die Polizei vor dem ihr unlösbaren Rätsel, wie nachts in einem geschlossenen Raum eine Mutter und eine Tochter auf bestialische Weise ermordet werden konnten und die Täter, deren heftigen Wortwechsel die auf das

Geschrei der Frauen hin ins Haus stürzenden Nachbarn und Passanten mithörten, verschwunden sein können, obwohl es keinen anderen Ausgang gibt als die Treppe, auf der die Herbeieilenden sich bereits befanden, und die Fenster des Raums von innen verriegelt sind. Von den Tätern wissen die Leute nur, daß der eine erregt Französisch sprach, der andere ihm mit schriller und gleichzeitig heiserer Stimme laut schreiend in einer Fremdsprache antwortete. Die Umstände sind also äußerst seltsam, und gerade das bringt Dupin auf die richtige Fährte. Er erklärt seinem Freund:

»Die Polizei ist eben in den häufig vorkommenden, aber groben Irrtum verfallen, das Ungewöhnliche mit dem Unerforschlichscheinenden zu verwechseln. Indessen bin ich der Ansicht, daß gerade dieses Abweichen von dem Wege des Gewöhnlichen uns einen Fingerzeig dafür geben kann, was geschehen muß, um der Wahrheit auf die Spur zu kommen. Bei Untersuchungen dieser Art sollte man nicht so rasch fragen: was ist geschehen, als: was ist hier geschehen, was noch nicht vorher geschehen ist? Und in der Tat steht die Leichtigkeit, mit der ich dieses Rätsel lösen werde – oder vielmehr schon gelöst habe –, in direktem Verhältnis zu der scheinbaren Unlösbarkeit, die es für die Polizei hat.«[3]

Das Ungewöhnliche an dem Doppelmord in der Rue Morgue besteht vor allem in der ungeheuren Körperkraft, mit der die Greuel offenbar ausgeführt wurden, in der Tatsache, daß kein Tatmotiv zu erkennen ist, da Gold, Juwelen und Wertpapiere offen verstreut in dem Zimmer herumliegen, darin daß, wie natürlich erst Dupin entdeckt, an einem der hochzuziehenden Fenster mit Selbstschluß der Befestigungsnagel innen abgebrochen ist, so daß das verriegelt scheinende Fenster sich doch ganz leicht bewegen läßt (hier meldet sich allerdings mein kritischer realistischer Lesergeist: Solche hochzuziehenden Fenster gibt es in England und Amerika, aber doch wohl kaum im Paris des 19. Jahrhundert, sei's drum!) und vor allem darin, daß die praktischerweise aus verschiedenen Nationen stammenden Zeugen darauf schwören, der eine Täter mit der merkwürdigen Stimme habe eine bestimmte Fremdsprache gesprochen, aber alle der jeweiligen Fremdsprache, die sie meinen, erkannt zu haben, nicht im geringsten mächtig sind. Kurz, es war tatsächlich – im eigentlichen Sinn des Worts – ein bestialischer Mord, aber kein Verbrechen: Der Täter war nämlich kein Mensch, sondern ein entfleuchter Orang-Utan, der aus seinem Käfig entkommen war und in nachahmendem Spieltrieb das Rasiermesser seines Besitzers benutzen wollte. Von seinem Herrn dabei überrascht und erschreckt, kam es zu einer nächtlichen Verfolgungsjagd durch die Pariser Straßen, bei der der riesige behende Affe über den Blitzableiter und

3. Edgar Allan Poe: *Der Untergang des Hauses Usher und andere Erzählungen*, Zürich, 1965, S. 369f.

ein zu dem Zeitpunkt offen stehendes Fenster ins Haus der Rue Morgue eingedrungen war und auf demselben Weg von seinem Besitzer, einem Matrosen, eingeholt wurde, der darauf in seinem Entsetzen angesichts der Bluttaten wieder außen am Haus herunterkletterte, worauf auch das Tier aus dem selbstschließenden Fenster mit dem ominösen gebrochenen Nagel entwich.

Es dürfte nicht ohne Bedeutung sein, daß die erste eigentliche moderne Detektivgeschichte, die sich des Rätsels, was wirklich geschehen ist, annimmt, kein menschliches Verbrechen aufdeckt, sondern eine höchst unglückliche, absolut unvorhersehbare, außergewöhnliche Verkettung von Zufällen. Und doch: So rational die Dupin-Geschichten Poes sich auch gebaren, als ich den *Doppelmord in der Rue Morgue* zum ersten Mal las und bereits die Aufklärung des Falls hinter mir hatte, rüttelte der Wind am Fenster meines Zimmers und einen winzigen, grauenhaften Augenblick lang fürchtete ich – es war tiefe Nacht und ich war allein –, wenn ich mich jetzt umdrehte, würde ich den sein Rasiermesser schwingenden Orang-Utan bei mir eindringen sehen. Dieses Gefühl des Unheimlichen bei der ersten Lektüre ist mir so unvergeßlich, wie es nicht wieder nachzuvollziehen ist. Aber vielleicht verdanke ich dieser Erinnerung den auch beim wiederholten Lesen der Geschichte noch heute fortbestehenden Eindruck, daß mich die Aufklärung dieses Falles nicht enttäuscht, wie es mir sonst fast immer am Schluß eines Krimis geht, wenn ich schließlich erfahre, was geschehen ist, und sich dieses gewisse schale Gefühl einstellt (auf das noch zurückzukommen sein wird). Ich erfahre hier dank Dupin (Poe), was »wirklich« geschehen ist, aber es ist eben tatsächlich etwas, was noch nie zuvor geschehen ist, das Rätsel hat eine völlig unvorhersehbare Lösung gefunden – der bestialische Mörder ist gar kein Mörder, sondern ein schuldunfähiges, also unschuldiges wildes Tier, wohl das in einer zivilisierten Welt (Paris) ausgebrochene Triebhafte schlechthin.

In dieser Hinsicht unterscheidet sich die Urgeschichte aller modernen Dektektiv- und Kriminalerzählungen radikal von der Freudschen Katharina-»Novelle«, bei der die Lösung des Falls durch »Erraten«, wie Freud selbst zugibt, gefunden wird. Ein Erraten, das möglich wird, weil Freud bereits eine Vorstellung von dem hat, was geschehen sein muß. Dupin würde einer solchen Haltung, wie Freud sie in der Katharina-Geschichte an den Tag legt, vermutlich methodisch aufs Entschiedenste widersprechen, denn den Literaten Poe würde das Vorhersehbare als solches wohl kaum interessieren, so skandalös und morbide es auch sein mag. Das Gedankenspiel der Schlußfolgerungen besteht bei Poe ja gerade darin, daß sie etwas noch nicht Gedachtem auf die Spur kommen sollen. In der zweiten der Dupin-Erzählungen *Das Geheimnis der Marie Rogêt* nimmt Poe fast wörtlich die Zeitungsberichte über einen rätselhaften New Yorker Mordfall auf und verlegt das ganze Geschehen nach Paris, wo Dupin, von der ratlosen Polizei zu

Hilfe gerufen, den Fall löst. Diesmal ist, was wirklich geschehen ist, völlig unspektakulär, im Grunde banal und unbedeutend. Interessant ist dafür der Weg der Lösung und die Parallele zur Realität. »Der Zweck der Geschichte war die Ergründung der Wahrheit«[4], schreibt Poe in der Vorbemerkung und bemerkt anschließend an die Erzählung:

»Man wird aus meinem Bericht ersehen, daß zwischen dem Schicksal der unseligen Mary Cecilia Rogers, soweit man dieses Schicksal kennt, und dem einer gewissen Marie Rogêt bis zu einem bestimmten Punkt eine Parallele besteht, deren wundersame Genauigkeit die Vernunft verwirren könnte. Ich sage, alles dies wird man sehen. Möge man aber nicht einen Augenblick annehmen, daß es meine versteckte Absicht gewesen sei, im weiteren Verlauf dieser Geschichte und in der Wiedergabe der Aufdeckung ihres Geheimnisses diese Parallele zu verlängern oder anzudeuten, daß die in Paris zur Entdeckung des Mörders einer Grisette angewandten Maßnahmen nun in einem ähnlichen Falle ein ähnliches Resultat zeitigen würden.

Denn hinsichtlich dieser letzteren Annahme sollte man bedenken, daß die unbedeutendste Abweichung in den Einzelheiten der beiden Fälle zu den bedeutsamsten Fehlschlüssen führen könnte, da sie den Lauf der beiden Geschehnisse ganz voneinander treiben würde; gleichwie ein in der Arithmetik ein an sich unwesentlicher Fehler schließlich durch die Macht der Multiplikation an allen Enden ein Resultat zeitigt, das von der Richtigkeit ungeheuer abweicht. Und was die erstere Annahme anlangt, so müssen wir im Auge behalten, daß gerade die Wahrscheinlichkeitsrechnung, auf die ich hingewiesen, jeden Gedanken an die weitere Ausdehnung der Parallele verbietet: – verbietet mit einer Positivität, die um so strenger ist, als diese Parallele bereits lang und genau verlaufen ist.«[5]

Und nun ist es an der Zeit, angesichts dieser sich mannigfach herstellenden »Parallelen« innezuhalten und uns eines – das Entscheidende – klarzumachen: Wir sind bei Poe wie bei allen anderen Detektivgeschichten auf dem Gebiet der Fiktion. So logisch, so ausgeklügelt und nach mathematischen Wahrscheinlichkeitsrechnungen fundiert (Poe) oder nach wissenschaftlichen Gesetzen vorgehend (Poe und Doyle) die Aufdeckung des Geschehenen, des wirklich Geschehenen in allen diesen Geschichten auch ist, dieses »wirklich« Geschehene ist wie die ganze Geschichte eine literarische Erfindung, auch im Fall von Marie Rogêt und seiner, wie sich nach der Verfassung der Erzählung herausstellen sollte, frappierenden Ähnlichkeit der Aufklärung des Geschehenen mit dem realen Fall der Mary Cecilia Rogers.

Es wäre eine Vereinfachung, jetzt zu behaupten, daß auch Freud an einem gewissen Punkt seiner Forschungstätigkeit zu derselben Erkenntnis gekommen ist. Aber es gibt diesen Brief an Fließ vom 21. Sep-

4. Ebd., S. 405.
5. Ebd., S. 491f.

tember 1897, in dem er ihm miteilt, daß er sich in seiner Annahme, die Ursache der Neurosen müsse ein wirklich geschehener Vorfall sein, getäuscht hat. »Und nun will ich Dir sofort das große Geheimnis anvertrauen, das mir in den letzten Monaten langsam gedämmert hat. Ich glaube an meine Neurotica nicht mehr.«[6]

Er erklärt nun dem Freund seine »Motive zum Unglauben«, erstens »durch die fortgesetzten Enttäuschungen bei den Versuchen, eine Analyse zum wirklichen Abschluß zu bringen«, zweitens durch »die Überraschung, daß in sämtlichen Fällen der *Vater* als pervers beschuldigt werden mußte, mein eigener nicht ausgeschlossen«, und drittens, und das ist das Wichtigste, durch »die sichere Einsicht, daß es im Unbewußten ein Realitätszeichen nicht gibt, so daß man die Wahrheit und die mit Affekt besetzte Fiktion nicht unterscheiden kann.«

»Wäre ich verstimmt, unklar, ermattet, so wären solche Zweifel wohl als Schwächeerscheinungen zu deuten. Da ich im gegensätzlichen Zustande bin, muß ich sie als Ergebnis ehrlicher und kräftiger intellektueller Arbeit anerkennen und stolz darauf sein, daß ich nach solcher Vertiefung solcher Kritik noch fähig bin. Ob dieser Zweifel nur eine Episode auf dem Fortschreiten zur weiteren Erkenntnis darstellt?
Merkwürdig ist auch, daß jedes Gefühl von Beschämung ausgeblieben ist, zu dem doch Anlaß sein könnte. Gewiß, ich werde es nicht in Dan erzählen, nicht davon reden in Askalon, im Lande der Philister, aber vor Dir und bei mir habe ich eigentlich mehr das Gefühl eines Sieges als einer Niederlage.
[...] Heiter sein ist alles. Ich könnte mich ja sehr unzufrieden fühlen. Die Erwartung des ewigen Nachruhms war so schön und des sicheren Reichtums, die volle Unabhängigkeit, das Reisen, die Hebung der Kinder über die schweren Sorgen, die mich um meine Jugend gebracht haben. Das hing alles daran, ob die Hysterie aufgeht oder nicht. Nun kann ich wieder still und bescheiden bleiben, sorgen, sparen, und da fällt mir aus meiner Sammlung die kleine Geschichte ein: Rebekka, zieh das Kleid aus, du bist keine Kalle mehr.«[7] (*Kalle* = jiddisch: Braut.)

Die sichere Einsicht, daß es im Unbewußten ein Realitätszeichen nicht gibt, daß man die Wahrheit von der mit Affekt besetzten Fiktion nicht unterscheiden kann, also daß eine so leidenschaftlich triebbesetzte wie perhorreszierte unbewußte Phantasievorstellung und die (vergessene, verdrängte) Erinnerung an einen tatsächlichen Vorfall psychisch denselben Stellenwert und dieselbe Auswirkung haben können, diese Einsicht des angesichts der geplatzten Mißbrauchstheorie so auffallend heiteren, ja, fast übermütigen Briefs wird bei Freud in der Tat zum Fortschreiten weiterer Erkenntnis führen: Es geht nämlich um nichts

6. Sigmund Freud (1985c [1887-1904]): *Briefe an Wilhelm Fließ*, Frankfurt/M. 1986, S. 283.
7. Ebd., S. 284ff.

Geringeres als um die Wahrheit der Fiktion. Freuds anfängliche Versessenheit auf das Tatsächliche, auf die Wirklichkeit, die er hinter den Entstellungen der Erinnerung und der Vieldeutigkeit der Symptome seiner Neurotiker zu erfassen suchte, bedeutete ja, daß für ihn etwas Wahres hinter den von den Zeitgenossen als verrückt oder »gesponnen« abgetanen Äußerungen sein mußte, die er von seinen Patienten und Patientinnen zu hören bekam. Daß dieses Wahre regelmäßig zu derselben »Urszene« führte, machte in dem Augenblick, wo Freud deren Tatsächlichkeit dubios wurde, den Weg frei für sein neues Denken, daß es hier um eine andere Wahrheit ging als um eine naturwissenschaftlich nachweisbare »Wirklichkeit« – um eine Wahrheit, von der seit jeher die Mythen und die Dichter berichtet hatten – um Urphantasien, wie sie die wahre eigentliche erste »Kriminalgeschichte« darstellt, von der hier noch gar nicht die Rede war, – die Geschichte des Ödipus. 1915 schreibt Freud:

»Die Beobachtung des Liebesverkehres der Eltern ist ein selten vermißtes Stück aus dem Schatze unbewußter Phantasien, die man bei allen Neurotikern, wahrscheinlich bei allen Menschenkindern, durch die Analyse auffinden kann. Ich heiße diese Phantasiebildungen, die der Beobachtung des elterlichen Geschlechtsverkehres, die der Verführung, der Kastration und andere, *Urphantasien*.«[8]

Erst von dieser Erkenntnis aus konnte Freud den Ödipuskomplex konstruieren, die fast mathematisch gesetzmäßig formulierte Dreieckskonstellation, in der das Menschlein seine Triebwünsche und die Rätsel des Geschlechtsunterschieds zu verorten hat – innerhalb eines Gesetzesrahmens, angesichts einer Unmöglichkeit, die durch ein Verbot signifiziert, faßbar gemacht wird. Und erst aus dieser Freudschen Erkenntnis entwickelte Lacan schließlich den Begriff des Symbolischen und stellte die Triade des Symbolischen, Imaginären und Realen auf, in der sich in seiner Theorie über das Psychische das, was gemeinhin »Wirklichkeit« heißt, dem Menschen auffaltet. Das Reale der Triade Lacans ist nicht die zu erkennende Wirklichkeit, sondern genau das, was sich dem Erkennen immer entzieht, das dem Gedanken, der Sprache Unfaßbare.

Es ist bezeichnend, daß Lacan als literarische Detektivgeschichte, mit der er die Ordnung des Symbolischen veranschaulicht, den *Entwendeten Brief* wählt, also diejenige der drei Dupin-Erzählungen Poes, in der die Frage »Was ist wirklich geschehen?« keine Rolle spielt. Im *Entwendeten Brief* geht es um die Aufgabe, den Weg aufzuspüren, den

8. Sigmund Freud (1915f.): »Mitteilung eines der psychoanalytischen Theorie widersprechenden Falles von Paranoia«, in: *Gesammelte Werke*, Bd. X, S. 242.

ein bestimmter Signifikant nimmt (der ihre Untreue verratende Liebesbrief an die Königin, den der machtgierige Minister ihr vor ihren Augen gestohlen hat, ohne daß sie eingreifen konnte) – es geht Lacan darum, zu zeigen, wie ein Subjekt, das sich in den Besitz eines Signifikanten zu setzen meint, fortan diesem Signifikanten und dem daraus folgenden Wiederholungszwang unterworfen (*subiectus*) ist. Die schlaue und gleichzeitig dumme Pariser Polizei ist in Poes Geschichte mit ihrem Latein am Ende, weil sie glaubt, die »Wirklichkeit« bis zur höchsten Vollendung der Gründlichkeit durchforscht zu haben. Der Minister muß ja den entwendeten Brief jederzeit zur Hand haben, um die Königin damit erpressen zu können, er kann ihn keinem anderen anvertrauen (da jeder ihn dann damit übervorteilen könnte), aber er trägt ihn, wie die Polizei durch fingierte Überfälle weiß, weder am Leib mit sich herum, noch hat er ihn irgendwo in seinen immer wieder bis auf die letzte raffinierte Versteckmöglichkeit durchsuchten Räumen verborgen. Erst Dupin kommt auf die einfache Idee, daß der Minister den Brief gar nicht versteckt haben kann, sondern daß er offen, jedermann zugänglich, wenn auch umgewendet und mit einem anderen Siegel versehen, daliegen muß. Die Polizei hat nach etwas Verstecktem gesucht, Dupin richtet sein Augenmerk auf etwas offen zu Tage Liegendes, aber Entstelltes. Er entdeckt dieses Gesuchte auch prompt und schafft es, hinter dem Rücken des nichtsahnenden Ministers den Brief durch einen äußerlich ähnlichen auszutauschen, so daß nun der Minister gar nicht weiß, daß er nicht mehr im Besitz seines Unterpfands für seine erpresserischen Machenschaften ist und fortan seinem sicheren Untergang entgegen arbeitet. Dank Dupin ist der signifikante Brief an seine wahre Adresse zurückgekehrt, und auch der düpierte Minister hat nun einen an ihn gerichteten von Dupin bekommen, ein boshaftes Zitat aus der klassischen französischen Tragödie.

Lacan liest in dieser Dupin-Geschichte das wesentlich Psychoanalytische *ante letteram* und gibt damit auch einen Hinweis auf unser Thema, der Frage nach dem »wirklichen Geschehen«. Die Pariser Polizei denkt psychologisch dümmlich, sie sucht nach einem Versteck im Faktischen, Räumlichen. Dupin verfolgt dagegen den zwangsläufigen Weg der Wiederholungen der Signifikanten, von der »Urszene« im Boudoir der Königin aus, als sie vom König beim Lesen des verräterischen Briefs überrascht, diesen offen hinlegt, um keinen Verdacht zu erregen, und stumm mitansehen muß, wie der Minister diesen erst durch einen eigenen, daneben abgelegten ersetzt und ihn dann einsteckt. Für Dupin existiert damit im Durcheinander der faktischen, räumlichen Welt eine symbolische Ordnung, das Versteck des Briefs kann nur ein offenes, deutlich sichtbares sein, das ist das Gesetz dieser Entwendung, das zur Wiederholung der Szene führt.

In der Psychoanalyse geht es nicht, wie bei der Polizei, darum, eine »Wirklichkeit« dingfest zu machen, sondern die Signifikantenverknüpfungen einer als solche nicht wiederzuholenden Szene aufzuspüren, damit die Wiederholung dieser Szene sich auflösen kann.

Manche Kriminalromane heute schwingen sich zum Niveau ihres Poeschen Ursprungs auf, aber nur manche. Die Fiktion erlaubt, etwas dingfest zu machen, indem man es erzählt, das sprachlich Unfaßliche durch Erzählung, durch eine sprachliche Konstruktion, zu ersetzen – und alles kommt darauf an, wie etwas erzählt wird, was für eine – manchmal durchaus köstlich »realistisch« oder auch manieristisch erscheinende – Sprachwelt da erschaffen wird. Manche Kriminalromane, die besten, verzichten auf eine eindeutige Lösung des erzählten rätselhaften Falls, manche bringen sie, und dann wird es sehr schwierig, damit man das Buch, das man, wenn es gut geschrieben ist, bis kurz vor dem Ende gefesselt gelesen hat, nicht mit einem kleinen Seufzer »na ja« aus der Hand legt. Die Kriminalgeschichte lebt – seit Ödipus – von unseren Urphantasien und deren Auswirkungen in unserer alltäglichen Lebenswelt. Wird eine solche »realistisch« erklärt und aufgedeckt, als das »was wirklich geschehen ist«, spüren wir vielleicht eine momentane Befriedigung, aber auch, daß es nicht das war, was wir eigentlich suchten. Der echte Kriminalgeschichtenleser greift dann schnell zum nächsten Buch seines zur Zeit wegen dessen Sprachwelt hoch geschätzten Autors, denn Kriminalromane, die am Schluß ein Verbrechen aufklären, sind dem Gesetz der Serie unterworfen. »Was wirklich geschehen ist« war eben doch nicht das Ende, die Erkenntnis hat nichts erledigt, es braucht eine nächste Geschichte.

Anhang

Antwort auf eine Umfrage zu Jacques Lacans 80. Geburtstag

1. Wie sind Sie zu Lacan gekommen?
2. Wie arbeiten Sie mit Lacan?
3. Wie weit gehen Sie mit Lacan?

1. Ich bin über die Linguistik und den Strukturalismus zu Lacan gekommen. Ich muß damals den Namen vage in Verbindung mit französischen Strukturalisten gehört haben, sonst hätte ich wohl nicht den ersten Band der Points-Taschenbuchausgabe der *Écrits* mitgenommen, als er auf dem Ausstellungstisch meiner Mailänder Buchhandlung lag. Ich weiß noch, daß ich zuerst *Fonction et champ de la parole et du langage en psychanalyse* las, aber an den Eindruck dieser ersten Lektüre selbst kann ich mich kaum mehr erinnern. Es wäre eine Konstruktion, jetzt zu behaupten, der Text hätte etwas in mir angesprochen, was mir in der Linguistik fehlte, ich habe bestimmt nicht viel begriffen. Ich war zu diesem Zeitpunkt nach der Doktorarbeit einfach in der Schwebe, wußte nicht richtig, wo und in welcher Richtung ich weitermachen wollte. Jedenfalls habe ich dann angefangen, Freud gründlich zu lesen und allmählich den Gedanken an eine systematische Weiterbeschäftigung mit der Linguistik aufgegeben. Es hat eine gewisse Zeit gebraucht (ungefähr ein Jahr), bis der Moment des Schließens kam, des Entschlusses nämlich, eine Analyse zu machen, in die mein plötzlich bewußtgewordener und aussprechbarer Wunsch, als Analytikerin zu arbeiten, eingehen sollte.

In der Zwischenzeit gab es zwei Lacanianer in Mailand, und es schien mir nur folgerichtig, mich an einen von ihnen zu wenden, schon aus dem banal praktischen Grund, daß ich als »Außenseiterin«, die nicht von der Medizin oder Psychologie her kam, nicht erst noch ein zusätzliches Pflichtvorbereitungsstudium durchlaufen wollte, dessen Sinn ich nach der Freud-Lektüre nicht einsah, aber auch und vor allem, weil mir durch den Namen, die »Marke«, Lacan ein theoretischer Ansatz der Praxis ermöglicht wurde (das Einrücken des Unbewußten in die Sprache), von dem ich mich in meinem bisherigen Interesse und in meiner Lust an Sprachlichem, Sprachtheoretischem betroffen und beunruhigt fühlte.

2./3. Diese beiden Fragen möchte ich nicht getrennt beantworten, und ich habe Schwierigkeiten mit ihnen, auch stilistische Schwierigkeiten, denn wo solche Fragen »mit Lacan« gestellt werden, ist von der Psychoanalyse die Rede, so pompös und fatal das auch klingen mag. Es geht mit Lacan um die Psychoanalyse, das ist sein Anspruch, das behauptet er, so will er seine Handlungen aufgefaßt wissen, und damit *muß* ich mich auseinandersetzen, in meiner täglichen Praxis, in meinem Verhältnis zu den Kollegen, zu den Institutionen, zur Öffentlichkeit, wenn ich »mit Lacan« arbeite. Es handelt sich nicht um eine technische Einzelfrage, wenn ich z.B. auf der nicht festgelegten Dauer der Sitzung bestehe, und es handelt sich auch nicht um die sauren Trauben, wenn ich keine Kassenanalyse machen kann, sondern um mein Verständnis der Interventionsmöglichkeiten, der Position des Analytikers, des Vertrags, den er mit seinen Analysanten schließt.

Dieses »Verständnis« dessen, worum es geht bei der Analyse, das ich »mit Lacan« zu gewinnen suche, heißt für mich die Erfahrung und das Bewußtsein, in einer *äußerst* problematischen Disziplin zu stehen. Sie ist – anders als eine wissenschaftliche Disziplin, aber auch anders als eine Philosophie oder Religion – untrennbar an das Werk ihres Stifters Freud gebunden, das in seinem Paradigma eine Reihe von neuen Problemen produziert. Es geht für mich »mit Lacan« darum, konsequent an diesen neuen Problemen zu arbeiten, wobei konsequent bedeutet, daß die Rückkehr zu Freud unerläßlich ist, wenn der Ansatz der Probleme aus ihrem Paradigma nicht zugeschüttet und verleugnet werden soll. Freud etikettierte diese Probleme unter der Bezeichnung Widerstände gegen die Psychoanalyse und stellte zugleich fest, daß Analyse nur möglich ist in der Übertragung, also in einer Form des Widerstands. Man hat mit Lacan weder eine »postfreudianische«, schlauere Theorie noch ein Credo, hinter dem sich eine Gruppe im Namen Freuds versammeln und stabilisieren könnte, weil sie in diesem Sinn glaubt, den Widerstand gegen die Psychoanalyse (den eigenen Widerstand) zu überwinden. Ich verstehe Lacans »hartnäckigen Weg« der Matheme als die Bemühung, das Widerständige an der Psychoanalyse so genau und sauber wie zur Zeit möglich zu fassen, das, was man wissen kann, an seine Stellen zu bringen (zu schreiben), damit es nicht als irgendeine Weltanschauung die Stelle verstopft, die Freuds Werk, vom Wissenschaftlichen her kommend, aufgerissen hat und von deren Spalt aus es allein wirksam ist, weil es keine theoretische Lösung des Problems der Analyse gibt.

Literatur

Lou Andreas-Salomé: »Zum Typus Weib«, in: *Imago. Zeitschrift für Anwendungen der Psychoanalyse auf die Geisteswissenschaften*, Bd. III, 1, 1914, S. 1-14.

Lou Andreas-Salomé: »Was daraus folgt, daß es nicht die Frau gewesen ist, die den Vater totgeschlagen hat«, in: *Almanach für das Jahr 1928*, Wien 1927, S. 24-30.

Italo Calvino: *Sechs Vorschläge für das nächste Jahrtausend*, München 1991.

Charles Dickens: *Große Erwartungen*, München 1993.

— *Great Expectations*, London 1894.

Sigmund Freud (1895d): *Studien über Hysterie*, in: *Gesammelte Werke*, Bd. I.

— (1900a): *Die Traumdeutung*, in: *Gesammelte Werke*, Bd. II/III.

— (1905c): *Der Witz und seine Beziehung zum Unbewußten*, in: *Studienausgabe*, Bd. IV.

— (1907a [1906]): »Der Wahn und die Träume in W. Jensens ›Gradiva‹«, in: *Studienausgabe*, Bd. IV.

— (1908e [1907]): »Der Dichter und das Phantasieren«, in: *Studienausgabe*, Bd. X.

— (1909b): »Analyse der Phobie eines fünfjährigen Knaben«, in: *Studienausgabe*, Bd. VIII.

— (1909c [1908]): »Der Familienroman der Neurotiker«, in: *Studienausgabe*, Bd. IV.

— (1915f): »Mitteilung eines der psychoanalytischen Theorie widersprechenden Falles von Paranoia«, in: *Gesammelte Werke*, Bd. X.

— (1916-17a [1915-17]): *Vorlesungen zur Einführung in die Psychoanalyse*, in: *Studienausgabe*, Bd. I.

— (1921c): *Massenpsychologie und Ich-Analyse*, in: *Gesammelte Werke*, Bd. XIII.

— (1923b): *Das Ich und das Es*, in: *Gesammelte Werke*, Bd. XIII.

— (1924d): »Der Untergang des Ödipuskomplexes«, in: *Gesammelte Werke*, Bd. XIII.

— (1925h): »Die Verneinung«, in: *Studienausgabe*, Bd. III.

— (1925j): »Einige psychische Folgen des anatomischen Geschlechtsunterschieds«, in: *Gesammelte Werke*, Bd. XIV.

— (1930a [1929]): *Das Unbehagen in der Kultur*, in: *Studienausgabe*, Bd. IX.
— (1933a [1932]): *Neue Folge der Vorlesungen zur Einführung in die Psychoanalyse*, in: *Gesammelte Werke*, Bd. XV.
— (1937c): »Die endliche und die unendliche Analyse«, in: *Gesammelte Werke*, Bd. XVI.
— (1940a [1938]): *Abriß der Psychoanalyse*, in: *Gesammelte Werke*, Bd. XVII.
— (1950c [1895]): *Entwurf einer Psychologie*, in: *Gesammelte Werke*, Nachtragsband.
— (1985c [1887-1904]): *Briefe an Wilhelm Fließ*, Frankfurt/M. 1986.
— *Brautbriefe*. Briefe an Martha Bernays aus den Jahren 1882-1886, hg. v. Ernst L. Freud, Frankfurt/M. 1968.

Johann Wolfgang Goethe: *Die Leiden des jungen Werther*, Stuttgart 1987.

Johann Peter Hebel: »Kannitverstan«, in: *Die Kalendergeschichten. Sämtliche Erzählungen aus dem Rheinischen Hausfreund*, hg. v. H. Schlaffer u. H. Zils), München/Wien 1999.

Henry James: »Das Raubtier im Dschungel« (übers. v. Alice Seiffert), in: *Erzählungen II*, Leipzig 1968.
— »The beast in the jungle«, in: *Selected tales*, London 2001.

Gottfried Keller: *Gesammelte Briefe*, hg. v. C. Helbling, Bd. 3,1, Bern 1950.
— *Das Sinngedicht*, Frankfurt/M. u. Leipzig 2000.
— *Martin Salander*, in: *Sämtliche Werke*, Bd. 12, Bern 1943.

Jacques Lacan: Das Seminar, II, *Das Ich in der Theorie Freuds und in der Technik der Psychoanalyse*, übers. v. H.-J. Metzger, Olten/Freiburg 1980.
— »Die Bedeutung des Phallus«, übers. v. Ch. Creuzot, N. Haas, S. Weber, in: Schriften II, Olten/Freiburg 1975.
— Le séminaire, livre V, *Les formations de l'inconscient*, Paris 1998.

Gotthold Ephraim Lessing: »Anmerkungen über das Epigramm«, in: *Werke und Briefe*, Bd. 7, Werke 1770-1773, Frankfurt/M. 2000, S. 181-290.

Walter Muschg: »Freud als Schriftsteller«, in: *Die Zerstörung der deutschen Literatur*, Bern 1956.

Detlev Otto: »Die Diskretion und die Identität in Gottfried Kellers *Sinngedicht*«, in: *Der Wunderblock. Zeitschrift für Psychoanalyse*, Nr. 3, Berlin 1979, S. 33-58.

Edgar Allan Poe: *Der Untergang des Hauses Usher und andere Erzählungen*, Zürich 1965.

Moustapha Safouan: »Das Begehren und seine Deutung«, in: *›Berliner Brief‹ der Freud-Lacan-Gesellschaft. Psychoanalytische Assoziation Berlin*, Nr. 6, Berlin, Februar 2004, S. 3-16.

Oswald Spengler: *Der Untergang des Abendlandes*, München 1918/1922.

Die Veröffentlichungen von Jutta Prasse

ZUSAMMENGESTELLT VON CLAUS-DIETER RATH IM SOMMER 2004[1]

Die Angaben sind nach Erscheinungsdatum geordnet. Die italienischen und französischen Publikationen wurden in der Regel von Jutta Prasse selbst in diesen Sprachen verfaßt bzw. dorthin übersetzt.

A. Texte

L'Anima d'on alter von Luigi Illica. Das Milanesische im 1. Akt einer Dialektkomödie d. ausgehenden 19. Jahrhunderts. Freiburg i.Br., Univ., Phil. Fak., Dissertation, 1971, 198 S.

»Das Faktum von Heidelberg. Dokumente des Sozialistischen Patienten-Kollektivs (SPK)«. (Beitrag zum Kongreß *Psychoanalyse und Politik*, Mailand, 8.-9. Mai 1973), in: G. Deleuze/F. Guattari/G. Gervis u.a.: *Antipsychiatrie und Wunschökonomie*, Berlin 1976, S. 81-89 (Übers. v. M. Pfeiffer; Originalausgabe: A. Verdiglione [Hg.]: *Psicanalisi e politica*, Milano 1973).

»Introduzione« [Einleitung zu]: Lou Andreas-Salomé: *La materia erotica. Scritti di psicoanalisi*, hg. v. Jutta Prasse, Rom 1977, S. 7-18.

»Bericht: Zur Lacan-Rezeption in Italien«, in: *Der Wunderblock. Zeitschrift für Psychoanalyse*, Berlin, Sondernummer I, 1978, S. 83-90.

»Lou Andreas-Salomé e la psicanalisi«, in: *Centro Studi ›Rainer Maria Rilke e il suo tempo‹*, Atti del sesto convegno (29.-30. September 1977), Triest 1979, S. 35-47.

»Freud, Lacan e una questione di realismo«, in: *Aut Aut* 177-178, *A partire da Lacan*, Firenze, maggio-agosto 1980, S. 205-222.

»Introduzione« [Einleitung zu]: Georg Groddeck: *Questione di donna* (Ein Frauenproblem), Milano 1980.

---

1. Mit freundlicher Unterstützung durch Anna Leube, Hinrich Lühmann, Fausto Malcovati, Georg Malcovati und das Lacan-Archiv Bregenz (Psychoanalytische Bibliothek, Bahnhofstraße 27, A-6900 Bregenz, Tel./ Fax 0 55 74 – 48 3 77, Homepage: www.bregenznet.at/Lacan-Archiv/).

»Schreibend sich den Tod verdienen. Über Jean Rhys«, in: Merkur, Nr. 398, Juli 1981, S. 752-756.

»Antwort auf eine Umfrage zu Jacques Lacans 80. Geburtstag« (neben Beiträgen von N. Haas, V. Haas, G. Korintenberg, D. Lehr, L. Mai, R. Nägele, P. Posch, H.-J. Rheinberger, Ch. Schrübbers, R. Stalder, M. Turnheim), in: *Der Wunderblock. Zeitschrift für Psychoanalyse*, Nr. 8, Berlin, Oktober 1981, S. 21-23. [In diesem Band]

»Una scuola di psicanalisi a Berlino« (Antwort auf eine Anfrage aus Mailand zu der Berliner Sigmund-Freud-Schule), in: *FREUDIANA. Scienza, psicanalisi, clinica*, Band 1, Milano 1982, S. 159-162.

»Der blöde Signifikant und die Schrift – Stilfragen« (1. Teil) (Vortrag bei einer Tagung der Sigmund-Freud-Schule, Berlin 29.-31. Mai 1981), in: *Der Wunderblock. Zeitschrift für Psychoanalyse*, Berlin, Mai 1982, Nr. 9, S. 3-22.

»Der blöde Signifikant und die Schrift – Stilfragen« (2. Teil), in: *Der Wunderblock. Zeitschrift für Psychoanalyse*, Berlin, Februar 1983, Nr. 10, S. 37-49.

»Nachwort« zu: Lou Andreas-Salomé: *Rodinka. Russische Erinnerung*, hg. v. E. Pfeiffer, München 1985, S. 264-272.

»Sexualität und Wissen«, in: *Brief der Psychoanalytischen Assoziation ›Die Zeit zum Begreifen‹*, Berlin 1988, S. 4-11.

»Vertäuungen des Wissens: Freuds ›Entwurf einer Psychologie‹ und die Frage der Sexualität« (Vortrag bei der Öffentlichen Tagung der Arbeitsfelder, Berlin 19.-21. Mai 1989), in: *Brief der Psychoanalytischen Assoziation ›Die Zeit zum Begreifen‹*, Sonderheft, Berlin 1989, S. 33-42.

»Sexualität und Wissen« (Vortrag auf der Tagung der Wissenschaftlichen Arbeitsgruppe *Pädagogik und Psychoanalyse* der *Deutschen Gesellschaft für Erziehungswissenschaft*, Kassel, 7. April 1989), in: *Arbeitshefte Kinderpsychoanalyse*, Heft 10, September 1989, S. 32-41. [In diesem Band]

»*Konstruktionen in der Psychoanalyse«, in: Brief der Psychoanalytischen Assoziation ›Die Zeit zum Begreifen‹*, Nr. 5, Berlin 1990, S. 5-14.

»Das Freudsche Unheimliche der Fremde«, in: *Brief der Psychoanalytischen Assoziation ›Die Zeit zum Begreifen‹*, Sonderheft 2, Reader zur Tagung *Kultur der Psychoanalyse*, Berlin, 5.-7. Oktober 1990, S. 55-66.

»Die Hysterikerin und ihr Opfer« (Vortrag bei einer Tagung, Berlin 1989), in: Gudrun Kohn-Waechter (Hg.): *Schrift der Flammen: Opfermythen und Weiblickeitsentwürfe im 20. Jahrhundert*, Berlin 1991, S. 261-272.

»Wenn jemand spricht, wird es heller« (Vortrag bei dem Symposium *Stimme und Ohr. Theorien und Techniken des Hörens*, Kassel, Sommer 1990), in: *FRAG.MENTE, Schriftenreihe zur Psychoanalyse*, Heft 35/36, *Unterbrochene Verbindungen*, Kassel 1991, S. 23-30.

»Das Ideal: Zur Frage der Autorisierung des Analytikers und der analytischen Institution«, in: *Brief der Psychoanalytischen Assoziation ›Die Zeit zum Begreifen‹*, Nr. 9 vom 15. Juni 1992, S. 38-51.

»Seldwyla oder Eine ideale Mutter. Gottfried Kellers *Frau Regel Amrain und ihr Jüngster*«, in: *RISS. Zeitschrift für Psychoanalyse*, 7/Nr. 20, Zürich 1992, S. 36-49. [In diesem Band]

»Der Geldkomplex«, in: *Brief der Psychoanalytischen Assoziation ›Die Zeit zum Begreifen‹*, Sonderheft 3, Reader zur Tagung »Geld«, Berlin, 11.-13. Dezember 1992, S. 122-131.

»Ein Kind wird geschlagen« (Vortrag beim 14. Workshop Kinderpsychoanalyse in Kassel, 7. Februar 1993), in: *Arbeitshefte Kinderpsychoanalyse*, Heft 17, Juni 1993, S. 75-87.

[Editorial] »Zu diesen Texten«, in: Jutta Prasse/Claus-Dieter Rath (Hg.): *Lacan und das Deutsche. Die Rückkehr der Psychoanalyse über den Rhein*, Freiburg 1994, S. 9-10.

»Angelus Silesius oder die Löcher in der Geschichte« (Vortrag bei der Tagung *Lacan und das Deutsche* der *Fondation Européenne pour la Psychanalyse*, Berlin, 28. Mai 1992), in: Jutta Prasse/Claus-Dieter Rath (Hg.): *Lacan und das Deutsche. Die Rückkehr der Psychoanalyse über den Rhein*, Freiburg 1994, S. 57-60.

»L'interpretazione tra psicanalisi e critica letteraria«, in: *Scibbolet, Rivista di psicanalisi*, Nr. 1, *L'interpretazione psicanalitica*, Milano 1994, S. 171-185.

»Schule, Assoziation. Ein Besinnungsaufsatz nach der Schulzeit«, in: *Brief der Psychoanalytischen Assoziation ›Die Zeit zum Begreifen‹*, Nr. 13, Berlin, Juli 1994, S. 25-27.

»Die Klärung der Erkenntnis – die Verwirrung des Traumes: Die Arbeit (auf) der anderen Seite«, in: *KUBIN. Die andere Seite der Wirklichkeit. Ein Symposium zu Aspekten des Unheimlichen, Phantastischen und Fiktionalen*, Salzburg 1995, S. 79-90.

»Scuola, associazione« (Übersetzung von »Schule, Assoziation. Ein Besinnungsaufsatz nach der Schulzeit«; übers. v. A. Sciacchitano), in: *Scibbolet, Rivista di psicanalisi*, Nr. 2, *La coscienza*, Milano 1995, S. 329-330.

»Das ernsthafte Spiel der Aggression«, in: *Studien zur Kinderpsychoanalyse*, hg. v. Österreichische Studiengesellschaft für Kinderpsychoanalyse, Bd. XII, Göttingen/Zürich 1995, S. 35-49.

»Kästchen« (Mit Bezug auf Arbeiten von Sibylle Lewitscharoff), in: M. Sturm/G. Chr. Tholen/R. Zendrom (Hg.): Phantasma und Phantome. Gestalten des Unheimlichen in Kunst und Psychoanalyse, Linz 1995, S. 170-179.

»Der Abhub der Erscheinungswelt und die Sprache unserer Wahrnehmungen« (Vortrag bei der ersten Tagung des Lacan-Archivs, Bregenz, 18./19. Juni 1994), in: Michael Schmid (Hg.): *Zur Frage der*

Transmission (in) der Psychoanalyse, RISS – Materialien 1, Zürich 1995, S. 137-147. [In diesem Band]

»Le désir des langues étrangères« (1992 in Dublin beim ersten Kongreß der *Fondation Européenne pour la Psychanalyse* gehaltener Vortrag. Deutsche Rückübersetzung erschienen 2001 [s.u. Tholen/Schmitz/Riepe]), in: *La clinique lacanienne*, No. 1, Paris: Érès 1996, S. 195-208.

»Il padre incubo«, in: *COSA FREUDIANA, Bollettino di psicanalisi*, Nr. 10/11, Rom 1996, S. 73-82.

[Glossar] »Ersatz; Fetisch (Freud); Freud; Objekt; Übertragung«, in: Ulrich Giersch/Gottfried Fliedl/Martin Sturm/Rainer Zendron/Offenes Kulturhaus Linz (Hg.): *Wa(h)re Kunst – Der Museumsshop als Wunderkammer. Theoretische Objekte, Fakes und Souvenirs*, Gießen 1997, S. 131, 133, 134, 143f., 151.

»Ein Kriminalroman in der psychoanalytischen Institution«, in: André Michels/Peter Müller/Achim Perner (Hg.): *Psychoanalyse nach 100 Jahren. Zehn Versuche, eine kritische Bilanz zu ziehen*. München/Basel 1997, S. 9-25.

»›Kück‹ und Sprung: Ein paar Bemerkungen zur Deutung in der Psychoanalyse und in der Literatur« (Vortrag in der Mitgliederversammlung der *Assoziation für die Freudsche Psychoanalyse*, Berlin, 14. Juni 1997. Der Text lehnt sich in einigen Teilen an einen in Mailand in italienischer Sprache gehaltenen Vortrag an. Veröffentlicht in: *Scibbolet, Rivista di psicanalisi*, Nr. 1, Milano 1994: »L'interpretazione tra psicanalisi e critica letteraria«), in: *Brief der Psychoanalytischen Assoziation ›Die Zeit zum Begreifen‹*, Nr. 19/20, Berlin 1997, S. 73-83. [In diesem Band]

»Qu'est-ce qu'un père en psychanalyse?« (Vortrag bei einem Colloquium in Louvain la Neuve 1996), in: R. Steichen/P. Servais (Hg.), *Identification et identités dans les familles. Individu? Personne? Sujet?*, Louvain-la-Neuve 1998, S. 211-217.

»Große Erwartungen, kleine Aufmerksamkeiten« (Vortrag bei der Tagung *Aufmerksamkeit* in Schaan/Liechtenstein 1. Oktober 1996), in: Norbert Haas/Rainer Nägele/Hans-Jörg Rheinberger (Hg.): Liechtensteiner Exkurse III: *Aufmerksamkeit*, Eggingen 1998, S. 161-181. [In diesem Band]

»Regardez!« (Französische Übersetzung von »Ein Kind wird geschlagen«; übers. v. E. Suchet), in: *L'ésprit de survie*, Libres Cahiers pour la psychanalyse. Printemps 2000, Nr. 1, Paris 2000, S. 39-49.

»*Die rote Couch* und *Libido Omnibus* oder was heute so über Psychoanalyse erzählt wird« (Eröffnungsvortrag beim Kongreß der *Assoziation für die Freudsche Psychoanalyse* [AFP] und der *Freud-Lacan-Gesellschaft* [FLG]: *Psychoanalyse jenseits der Verordnung*, Berlin, 14. Januar 2000 »Heutige Fiktionen über Psychoanalyse und was sich daran zeigt). (Zu Irvin Yalom *Die rote Couch* und François Gantheret *Libido Omnibus*)« In: *texte. psychoanalyse. ästhetik. kulturkritik*, 3, 20. Jg., Wien 2000, S. 73-91.

»Reine Haut« (Vortrag beim Kongreß *Die Haut* der *Freud-Lacan-Gesellschaft*, Berlin, 3.-5. Dezember 1999), in: *›Berliner Brief‹ der Freud-Lacan-Gesellschaft. Psychoanalytische Assoziation Berlin*, Sonderheft Nr. 1 *Die Haut*, Berlin 2000, S. 49-63.

»Die Subversion des Körpers« (Besprechung des Films *Boys dont cry*. Regie: Kimberly Peirce), in: *Die Tageszeitung*, 3. Februar 2000, Kultur, S. 15.

»Nach dem Doktorspiel« (Besprechung des Films *Eine pornografische Beziehung*. Regie: Frédéric Fonteyne), in: *Die Tageszeitung*, 13. April 2000, Kultur, S. 13.

»East of High School« (Besprechung des Films *The Virgin Suicides*. Regie: Sofia Coppola), in: *Die Tageszeitung*, 15. November 2000, Kultur, S. 14.

»Das Glück trägt Leggings« (Besprechung des Films *Brot und Tulpen*. Regie: Silvio Soldini), in: *Die Tageszeitung*, 21. Dezember 2000, Kultur, S. 15.

»Die Darstellung der Sexualität im deutschen Kino – am Beispiel von *Rossini*« (Vortrag bei der Tagung *FRAU MACHT FILM* zum 20. Jubiläum des Verbandes der Filmarbeiterinnen, Berlin, 18.-19. September 1999), in: *Die Frau, die Macht, der Film – Niederschrift der Tagung*, Berlin, Januar 2000, S. 67-70.

»Fremdsprache« (Vortrag auf dem Kongreß *Übertragung – Übersetzung – Überlieferung. Episteme und Sprache [in] der Psychoanalyse Freuds und Lacans*, Kassel, 14.-16. Juli 2000; Rückübersetzung ins Deutsche – und zugleich Überarbeitung – des am 15. November 1992 in Dublin beim ersten Kongreß der *Fondation Européenne pour la Psychanalyse* gehaltenen Vortrags »Le désir des langes étrangères«, veröffentlicht in: *La clinique lacanienne*, Nr. 1, Paris 1996), in: Georg Christoph Tholen/Gerhard Schmitz/Manfred Riepe (Hg.): *Übertragung – Übersetzung – Überlieferung. Episteme und Sprache in der Psychoanalyse Lacans*, Bielefeld 2001, S. 93-104. [In diesem Band]

»Encore!« (Über die Fernsehsendung *Wer wird Millionär?*), in: *RISS. Zeitschrift für Psychoanalyse*, Heft 52, Basel/Wien 2001/III, S. 11-17.

»Zum Untergang des weiblichen Ödipuskomplexes« (Vortrag bei der Tagung *Ödipale Passagen. Von den Frühformen des Ödipuskomplexes zur Anerkennung des Gesetzes*, Kassel, 2.-5. November 2000), in: *Arbeitshefte Kinderpsychoanalyse*, Heft 29/30 *Ödipale Passagen*, Juni 2001, S. 125-142. [In diesem Band]

»Das brennende Kind« (Vortrag bei der Berliner Psychologischen Gesellschaft anläßlich des hundertsten Geburtstags von Jacques Lacan im November 2001, *Jacques Lacan – seine Persönlichkeit und sein Werk*), in: *›Berliner Brief‹ der Freud-Lacan-Gesellschaft. Psychoanalytische Assoziation Berlin*, Nr. 5, Berlin, September 2002, S. 3-8.

»Das Kino der Zerstörungslust« (Vortrag beim Berliner Kongreß *Zerstörungslust* der *Freud-Lacan-Gesellschaft. Psychoanalytische Assoziation Berlin*, 7.-9. Dezember 2001), in: *›Berliner Brief‹ der Freud-Lacan-Gesellschaft. Psychoanalytische Assoziation Berlin*, Sonderheft Nr. 2 *Zerstörungslust*, Berlin 2002, S. 27-44.

»Zu Gabriele Reuters *Leidensgeschichte eines Mädchens*«, in: André Michels/Peter Müller/Achim Perner/Claus-Dieter Rath (Hg.), *Jahrbuch für klinische Psychoanalyse 4* (*Übertragung*), Tübingen 2002, S. 24-35.

»*Aufgegriffen*« (Zu einem in *Der Tagesspiegel* [10. April 2002] erschienen Bericht über Lachforschung), Glosse in der Homepage der *Freud-Lacan-Gesellschaft. Psychoanalytische Assoziation Berlin* (www.freud-lacan-berlin.de).

»*Aufgegriffen* – Das Prinzip »Knacken« (Zu einer in dem Magazin TIP [September 2002] erschienenen Ankündigung der ARD-Psychologen-Fernsehserie *Bloch*), Glosse in der Homepage der *Freud-Lacan-Gesellschaft. Psychoanalytische Assoziation Berlin* (www.freud-lacan-berlin.de).

»Lacan liest Freuds Traumdeutungen« (Vortrag beim *Colloquium Psychoanalyse* an der Freien Universität Berlin, 27. Mai 2002), in: Oliver Decker/Ada Borkenhagen (Hg.), *Psychoanalyse, Texte zur Sozialforschung*, 7. Jahrgang, Heft 12, Juni 2003, S. 97-113. [In diesem Band]

»Was ist wirklich geschehen? Zur Kriminalgeschichte in der Psychoanalyse« (Diesem Text liegt ein in Mazara del Vallo/Sizilien am 3. November 2001 beim Kongreß *Psicanalisi e Cultura oggi* der *Fondation Européenne pour la Psychanalyse* gehaltener Vortrag zugrunde), in: *›Berliner Brief‹ der Freud-Lacan-Gesellschaft. Psychoanalytische Assoziation Berlin*, Nr. 6, Februar 2004, S. 17-30. [In diesem Band]

»Die kleinen Zutaten – Vom Wert des Sprachüberschusses« (Vortrag beim Kongreß der *Freud-Lacan-Gesellschaft. Psychoanalytische Assoziation Berlin: Der Rede Wert. Psychoanalyse als Diskurserfahrung*, Berlin, 5.-7. Dezember 2003), erschienen auch in: *›Berliner Brief‹ der Freud-Lacan-Gesellschaft. Psychoanalytische Assoziation Berlin*, Sonderheft Nr. 3 *Der Rede* Wert, Berlin 2004, S. 59-64. [In diesem Band]

Im Druck

»Die Wahnsinnigen bei Georg Büchner« (Vortrag beim Kongreß der *Assoziation für die Freudsche Psychoanalyse: Strukturen und Produktionen [in] der Psychose*, Zürich, 20.-22. Dezember 2002).

»Der mörderische Konflikt. Krimis, Kreativität, Karriere und das Begehren zu wissen. Dorothy Sayers *Gaudy Night* (*Aufruhr in Oxford*)« (Vortrag in der Reihe *Psychoanalytische Lektüren* der *Freud-La-*

can-Gesellschaft. Psychoanalytische Assoziation Berlin, Literaturhaus Berlin, 22. November 2000).

B. Herausgeberschaft

Lou Andreas-Salomé: *La materia erotica. Scritti di psicoanalisi*, Roma 1977.

Lacan und das Deutsche. Rückkehr der Psychoanalyse über den Rhein (zus. mit Claus-Dieter Rath), Freiburg 1994.

C. Übersetzungen

1. Gezeichnet »Jutta Prasse«

Claudio Magris: *Weit von wo: verlorene Welt des Ostjudentums* (Lontano da dove: Joseph Roth e la tradizione ebraico-orientale), Wien 1974.

Lou Andreas-Salomé: *La materia erotica. Scritti di psicoanalisi* (zus. mit Clara Morena), Roma 1977.

Die Töchter von Karl Marx (Les filles de Karl Marx) (zus. mit Karin Kersten), Köln 1981.

Jacques Lacan: »Television« (Télévision) (zus. mit Hinrich Lühmann), in: Jacques Lacan: *Radiophonie, Television*. Weinheim/Berlin 1988.

2. Gezeichnet »Dora Winkler«

a) »Dora Winkler Übersetzungen Auswahl«
(von Jutta Prasse selbst zusammengestellt)

Aus dem Englischen

Kate Jennings: *Bist du glücklich?* (Snake), Zürich 2001.

William Maxwell: *Sie kamen wie die Schwalben* (They Came Like Swallows), Wien 2001.

Barbara Pym: *Vortreffliche Frauen* (Excellent Women), München 1988.

(dies.): *Tee und blauer Samt* (Crampton Hodnet), München 1990.

(dies.): *Quartett im Herbst* (Quartet in Autumn), München 1991.

(dies.): *Das Täubchen* (The Sweet Dove Died), München 1994.

(dies.): *Ein Glas voll Segen* (A Glass of Blessings), München 1995.

Israel J. Singer: *Die Familie Karnovski* (The Family Carnovsky), Wien 1997.

Aus dem Italienischen

Fruttero & Lucentini: *Der Liebhaber ohne festen Wohnsitz* (L'amante senza fissa dimora), München 1988 und mehrere Neuauflagen bis 1996.
(dies.): *Du bist so blaß – Eine Sommergeschichte* (Ti trovo un po' pallida), München 1987.
(dies.): *Der rätselhafte Sinn des Lebens* (Il significato dell'esistenza), München 1995.
Fruttero & Fruttero: *Der unsichtbare Zweite* (Visibilità zero), München 2000.
Melania Mazzucco: *Der Kuß der Medusa* (Il bacio della medusa), München 1999.
Alberto Moravia: *Die Reise nach Rom* (Il viaggio a Roma), München 1989.

Aus dem Französischen

Emmanuel Berl: *Geisterbeschwörung* (2 Romane: Sylvia; Rachel et autres grâces), Frankfurt/M. 1991.
Irène Némirovsky: *Der Fall Kurilow* und *David Golder*, Frankfurt/M. 1995.

b) Vom Herausgeber nachgetragen

Aus dem Englischen

F. Scott und Zelda Fitzgerald: *Lover! Briefe* (Dear Scott, Dearest Zelda: The Love Letters of F. Scott and Zelda Fitzgerald), München 2004.
Claire Messud: *Familie Jäger* (The Hunters), München 2004.
David Malouf: *Dream Stuff*, Wien [im Druck].

D. Mitwirkung in Filmen

Vaters Land, Regie: Nurith Aviv, gesendet von ARTE am 31. Oktober 2002.
Der Platz des Psychoanalytikers, Regie: Dagmar Jacobsen/Silvana Abbrescia-Rath, gesendet von ARTE am 16. Oktober 2003.

Textnachweise

Für die Zustimmung zum Wiederabdruck einiger Texte dankt der Herausgeber Ada Borkenhagen, Norbert Haas, Hilde Kipp, Michael Schmid, Georg Christoph Tholen, Peter Widmer und Ilsabe Witte.

»›Kück‹ und Sprung: Ein paar Bemerkungen zur Deutung in der Psychoanalyse und in der Literatur« (Vortrag in der Mitgliederversammlung der *Assoziation für die Freudsche Psychoanalyse*, Berlin, 14. Juni 1997. Der Text lehnt sich in einigen Teilen an einen in Mailand in italienischer Sprache gehaltenen Vortrag an. Veröffentlicht in: *Scibbolet, Rivista di psicanalisi*, Nr. 1, Milano 1994: »L'interpretazione tra psicanalisi e critica letteraria«), Erstpublikation in: *Brief der Psychoanalytischen Assoziation ›Die Zeit zum Begreifen‹*, Nr. 19/20, Berlin 1997, S. 73-83.

»Seldwyla oder Eine ideale Mutter. Gottfried Kellers *Frau Regel Amrain und ihr Jüngster*«, Erstpublikation in: *RISS. Zeitschrift für Psychoanalyse*, 7/Nr. 20, Zürich 1992, S. 36-49.

»Sexualität und Wissen« (Vortrag auf der Tagung der Wissenschaftlichen Arbeitsgruppe *Pädagogik und Psychoanalyse* der *Deutschen Gesellschaft für Erziehungswissenschaft*, Kassel, 7. April 1989), Erstpublikation in: *Arbeitshefte Kinderpsychoanalyse*, Heft 10, September 1989, S. 32-41.

»Zum Untergang des weiblichen Ödipuskomplexes« (Vortrag bei der Tagung *Ödipale Passagen. Von den Frühformen des Ödipuskomplexes zur Anerkennung des Gesetzes*, Kassel, 2.-5. November 2000), Erstpublikation in: *Arbeitshefte Kinderpsychoanalyse*, Heft 29/30 *Ödipale Passagen*, Juni 2001, S. 125-142.

»Große Erwartungen, kleine Aufmerksamkeiten« (Vortrag bei der Tagung *Aufmerksamkeit* in Schaan/Liechtenstein 1. Oktober 1996), Erstpublikation in: Norbert Haas/Rainer Nägele/Hans-Jörg Rheinberger (Hg.): Liechtensteiner Exkurse III: *Aufmerksamkeit*, Eggingen 1998, S. 161-181.

»Fremdsprache« (Vortrag auf dem Kongreß *Übertragung – Übersetzung – Überlieferung. Episteme und Sprache (in) der Psychoanalyse Freuds und Lacans*, Kassel, 14.-16. Juli 2000; Rückübersetzung ins Deutsche – und zugleich Überarbeitung – des am 15. November 1992 in

Dublin beim ersten Kongreß der *Fondation Européenne pour la Psychanalyse* gehaltenen Vortrags »Le désir des langes étrangères«, veröffentlicht in: *La clinique lacanienne*, Nr. 1, Paris 1996), Erstpublikation in: Georg Christoph Tholen/Gerhard Schmitz/Manfred Riepe (Hg.): *Übertragung – Übersetzung – Überlieferung. Episteme und Sprache in der Psychoanalyse Lacans*, Bielefeld 2001, S. 93-104.

»Das Rührende« (Dieser Text basiert auf einem Vortrag beim Colloquium *Affekt* in der Psychoanalytischen Assoziation *Die Zeit zum Begreifen*, Berlin, 14. Mai 1993) (Bislang unveröffentlicht).

»Der Abhub der Erscheinungswelt und die Sprache unserer Wahrnehmungen« (Vortrag bei der ersten Tagung des Lacan-Archivs, Bregenz, 18./19. Juni 1994), Erstpublikation in: Michael Schmid (Hg.): *Zur Frage der Transmission (in) der Psychoanalyse, RISS – Materialien* 1, Zürich 1995, S. 137-147.

»Der Sinn der Gattung in Gottfried Kellers *Sinngedicht* Oder: Wie findet ein Wissenschaftler eine Frau?« (Vortrag im Berliner Literaturhaus am 27. Januar 1999 als Auftakt zur Reihe *Psychoanalytische Lektüren* der *Freud-Lacan-Gesellschaft. Psychoanalytische Assoziation Berlin*) (Bislang unveröffentlicht).

»Lacan liest Freuds Traumdeutungen« (Vortrag beim *Colloquium Psychoanalyse* an der Freien Universität Berlin, 27. Mai 2002), Erstpublikation in: *Psychoanalyse, Texte zur Sozialforschung* (hg. Oliver Decker u. Ada Borkenhagen), 7. Jahrgang, Heft 12, Juni 2003, S. 97-113.

»Das Raubtier im Dschungel. Zu Henry James« (Vortrag im Berliner Literaturhaus am 13. November 2002 in der Reihe *Psychoanalytische Lektüren* der *Freud-Lacan-Gesellschaft. Psychoanalytische Assoziation Berlin*) (Bislang unveröffentlicht).

»Die kleinen Zutaten – Vom Wert des Sprachüberschusses« (Vortrag beim Kongreß der *Freud-Lacan-Gesellschaft. Psychoanalytische Assoziation Berlin: Der Rede Wert. Psychoanalyse als Diskurserfahrung*, Berlin, 5.-7. Dezember 2003), erschienen auch in: ›*Berliner Brief*‹ *der Freud-Lacan-Gesellschaft. Psychoanalytische Assoziation Berlin*, Sonderheft Nr. 3 *Der Rede* Wert, Berlin 2004, S. 59-64.

»Was ist wirklich geschehen? Zur Kriminalgeschichte in der Psychoanalyse« (Diesem Text liegt ein in Mazara del Vallo/Sizilien am 3. November 2001 beim Kongreß *Psicanalisi e Cultura oggi* der *Fondation Européenne pour la Psychanalyse* gehaltener Vortrag zugrunde), Erstpublikation in: ›*Berliner Brief*‹ *der Freud-Lacan-Gesellschaft. Psychoanalytische Assoziation Berlin*, Nr. 6, Februar 2004, S. 17-30.

»Antwort auf eine Umfrage zu Jacques Lacans 80. Geburtstag« (neben Beiträgen von N. Haas, V. Haas, G. Korintenberg, D. Lehr, L. Mai, R. Nägele, P. Posch, H.-J. Rheinberger, Ch. Schrübbers, R. Stalder, M. Turnheim), Erstpublikation in: *Der Wunderblock. Zeitschrift für Psychoanalyse*, Nr. 8, Berlin, Oktober 1981, S. 21-23.